大学受験 一問一答シリーズ

英文法・語法 一問一答【完全版】

東進ハイスクール・東進衛星予備校 講師

慎 一之 (しん かずゆき)

東進ブックス

はしがき

　まずは本書を手にしてくれて本当にありがとうございます。この本の説明をする前に皆さんにまず伝えておきたいことがあります。それは確かな英語力を身につけるために必要な土台となる2つの要素についてです。

確かな英語力を身につけるためには…

①単語や熟語などの語彙力がどれだけあるか
②英文法の知識をどれだけ理解しているか

この2つが重要です。

　現状の大学入試では，読解問題だけではなく英作文問題やリスニング問題なども多く登場します。しかし，**多様化する大学入試においても，語彙力が十分にあって，英文法をしっかりと理解できていれば，どんな形式の出題であっても十分に対応できる**のです。これは私が英語を教えるようになって以来，今日まで確信していることです。

　私がこの本を執筆するに至った最大の目的は，今この本を手にしてくれた皆さんに，この本を通じて大学入試に頻出の英単語や英熟語を習得し，そして何よりも英文法のルールを学びつつ，豊富な演習問題を通じて英文法を武器にしてほしいということです。この目的から，本書は単なる文法の本ではなく，大学入試に頻出な語彙力もつけることができる本になっています。しかも，皆さんには，私が自信を持って厳選した大学入試に頻出の文法問題を解き，**なぜその答えになるかという解法のプロセスを知ってもらいたいと思っています。**そして，その解法プロセスが理解できれば，基礎力が身につくだけではなく，東大や早慶大などの難関大学の文法問題も解ける可能性が高まります。

　本書では，高校1年生から英文法の勉強ができるように，基本的な問題から難関大学に出題される比較的レベルの高い問題まで，幅広いレベルの問題を網羅しています。「一問一答」形式にすることで，学校や塾の行き帰り，または少しでも時間が空いたときに，気軽に英文法を学ぶことができる本になっていますので，英単語帳の感覚で英文法の習得に取り組んでください。

また，すべての問題にネイティブの音声が収録されています。共通テストをはじめ，リスニング対策にも十分に役立ちますので，ぜひ活用してください。リスニング力を高めるためには，ネイティブの「発音」を知らなければなりません。『**音声を聞く→音読をする**』を繰り返して行うことで皆さんのリスニング力は飛躍的に上がります。音声を聞いた後に必ず音読をしてください。

　皆さんに1つお願いがあります。それは，「覚悟」を持って勉強してほしいということです。英文法の習得にはある種の「覚悟」が必要だと私は思っています。その覚悟とは，ズバリ，『**理解しながら継続して勉強すること**』です。どの教科の勉強にも共通していることだと思うのですが，少し勉強するだけでなんとかなるとか，根拠もない無意味なテクニックだけに頼ってしまうような勉強は単なる時間の無駄だと思ってよいです。確かに，英文法にも内容によっては理屈を考えるよりも，覚えてしまった方が早いものがあることも事実です。しかし，英文法の学習には原則「ルール」というものが伴います。その「ルール」を極力忘れないためには，納得するまで理解しなければなりませんし，「ルール」を習得するのにはある程度の時間も必要となります。まさに **NO PAIN, NO GAIN.** ということです。英文法の習得は決して容易なことではありませんが，この本をきっかけに皆さんの英文法の理解の扉を開いてほしいと思っています。

　最後に，断言します。**この本で勉強をすれば必ず英文法の力が身につきます。何度も何度もこの本を使って繰り返し勉強してください。どうしてその答えになるのかを自分で説明ができるまで理解してください。**

　本書を執筆するにあたり，いつも的確なアドバイスを与えていただき，私のわがままも我慢して受け入れていただいた東進ブックスの皆様には感謝してもしきれません。この場をお借りして厚く御礼申し上げます。

　この本を手にしてくれたすべての人たちが，今以上に英語力を身につけて，この先最高の人生を送れるように心から応援しています。

2021年12月

本書の特長

SPECIAL FEATURES

1 英文法・語法の知識を効率的にマスター

本書では，問題の難易度＋重要度を★印でシンプルに表すことにより，自分の目標レベルに合わせて，「解くべきもの」や「飛ばしてもよいもの」が一目でわかるようになっています。必ずしも**はじめからすべてマスターする必要はありません**。目標レベルに応じて優先順位を設定し，効率的に学習を進めていきましょう。

★★★ ＝ **必修レベル** 344 問（全体の 31.3%）

▶英文法・語法の知識として特に重要で，全受験生必修です。
基礎固めをしたい人は，まずこのレベルをマスターしましょう。

★★ ＝ **重要レベル** 599 問（全体の 54.4%）

▶英文法・語法の知識として一般的なレベルです。大学受験を目指すなら，ここまではマスターしておきたいレベルです。

★ ＝ **上級レベル** 157 問（全体の 14.3%）

▶英文法・語法の知識として発展的な知識です。英語を武器にしたい人や難関大学を目指す人は，ここまでマスターしましょう。

2 問題演習をしながら語彙力も身につく

確かな英語力の土台となる要素の 1 つが語彙力です。本書では，英文法・語法の知識を定着させるだけでなく，英単語・英熟語も習得できるよう，問題文や選択肢に含まれる語彙の中で，大学入試レベルで重要な語彙を中心に，覚えるべきものをピックアップしました。

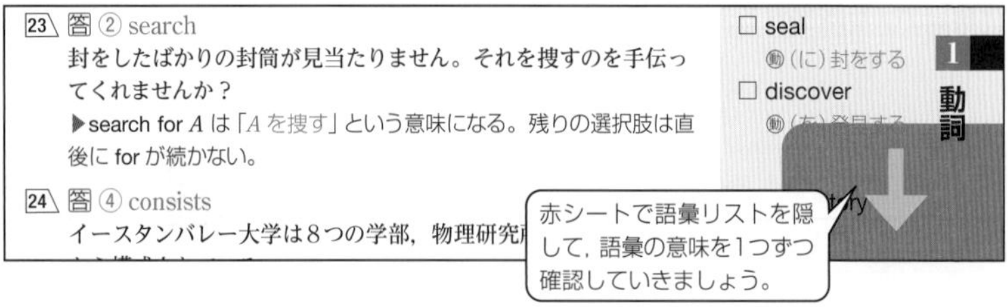
23 [答] ② search
封をしたばかりの封筒が見当たりません。それを捜すのを手伝ってくれませんか？
▶search for *A* は「*A* を捜す」という意味になる。残りの選択肢は直後に for が続かない。
24 [答] ④ consists
イースタンバレー大学は8つの学部，物理研究

□ seal
[動] (に)封をする
□ discover
1
動詞
赤シートで語彙リストを隠して，語彙の意味を1つずつ確認していきましょう。

❸ すべての問題にネイティブ音声付き

　本書は英文法・語法の問題集ながら，すべての問題にネイティブによる完成文の読み上げ音声が付いています。確かな英語力には豊富な語彙と英文法の理解が必要不可欠ですが，英語力の向上には音声学習も重要だからです。問題演習に取り組んだ後は，復習として必ず英文音声を聞きましょう。音声学習をすることで，本書で学習した知識のさらなる定着と，リスニング力の強化を図ることができます。

　特に，リスニング力を高めるためには，ネイティブの「発音」を知ることが重要です。音声学習の際は，『**音声を聞く→音読をする**』の流れで何度も繰り返し取り組み**ましょう**。読み上げ速度は，共通テストと同じになるように収録していますので，共通テスト対策にも効果的です。

　音声学習はおもに以下の2通りがあります。自分が取り組みやすい方法を選んで学習を進めてください。

❶ 音声データのダウンロード（パソコン用）

　本書の音声ファイルは，**東進 WEB 書店**（https://www.toshin. com/books/）から無料でダウンロードできます。本書ページの「書籍音声のダウンロードはこちらから」をクリックし，下記のパスワードを入力してダウンロードしてください。右の QR コードからもアクセスできます。

▶パスワード：**Eg4iQa7t**

※スマートフォンからアクセスする場合はストリーミング再生となります。ダウンロードはパソコンのみとなりますのでご注意ください。

❷ QR コードでストリーミング再生

　第1章〜第19章まで，各章の扉下部に QR コードが掲載されています。英文音声を聞きたい章の QR コードをスマートフォンやタブレットなどで読み取ると，WEB ブラウザを通じて音声を再生することができます。パスワードの入力は不要なので，手軽に音声を再生することができます。

本書の使い方

HOW TO USE

　本書は，一問一答形式の問題集です。全19章で様々な問題タイプの演習に取り組みながら，大学入試に必要な英文法・語法の知識を身につけることができるようになっています。各項目の機能を理解し，効率的に学習を進めていきましょう。

問題文
▶実際の入試問題から頻出の英文法・語法問題を厳選して収録しています。第19章はオリジナル問題です。

出典
▶問題文の出題元です。「改」とあるものは一部問題を改題しています。

問題番号
▶章ごとに1から番号がふられています。問題番号の下には，難易度＋重要度を示す★印が表示されていますので，ここで問題の取捨選択をしてください。

問題タイプ
▶問題文は基本的に空所補充問題となっています。そのほかの問題タイプの場合はアイコンで示されています。問題タイプに従って解きましょう。
（問題タイプの詳細→ p9）

整序 … 語句整序
正誤 … 正誤指摘
連立 … 連立完成
適語 … 適語補充
同意 … 同意選択

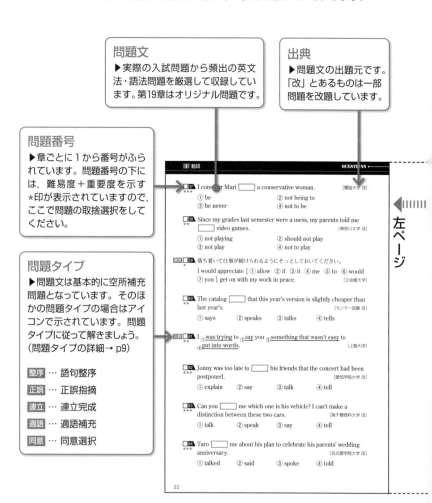

右ページに示された問題例：

1 動詞　　　　　　　　　　　　　　QUESTIONS

□37 I consider Mari ___ a conservative woman.　　［獨協大学 改］
① be
② not being to
③ be never
④ not to be

□38 Since my grades last semester were a mess, my parents told me ___ video games.　　［神奈川大学 改］
① not playing
② should not play
③ not play
④ not to play

整序 □39 落ち着いて仕事が続けられるようにそっとしておいてください。
I would appreciate [① allow ② if ③ it ④ me ⑤ to ⑥ would ⑦ you] get on with my work in peace.　　［立命館大学］

□40 The catalog ___ that this year's version is slightly cheaper than last year's.　　［センター試験 改］
① says
② speaks
③ talks
④ tells

正誤 □41 I ①was trying to ②say you ③something that wasn't easy to ④put into words.　　［上智大学］

□42 Jonny was too late to ___ his friends that the concert had been postponed.　　［愛知学院大学 改］
① explain
② say
③ talk
④ tell

□43 Can you ___ me which one is his vehicle? I can't make a distinction between these two cars.　　［高千穂商科大学 改］
① talk
② speak
③ say
④ tell

□44 Taro ___ me about his plan to celebrate his parents' wedding anniversary.　　［名古屋学院大学 改］
① talked
② said
③ spoke
④ told

左ページ

22

6

問題ページは，左側に問題文，右側に正解・日本語訳／完成文・解説・語彙リストが掲載されています。一問一答形式で正解を確認しながら，理解度に応じて日本語訳や解説の内容を参照しましょう。

また，本書はすべての問題にネイティブによる完成文の読み上げ音声が付いていますので，復習の際にはぜひ利用してください（音声の聞き方→ p5）。英文音声は聞くだけでなく，音読も行うとリスニング力をより強化できるのでオススメです。

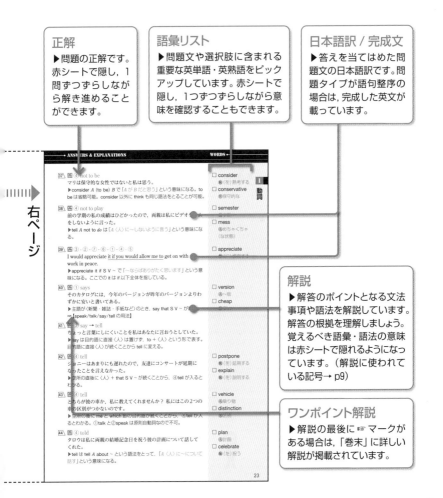

正解
▶問題の正解です。赤シートで隠し，1問ずつずらしながら解き進めることができます。

語彙リスト
▶問題文や選択肢に含まれる重要な英単語・英熟語をピックアップしています。赤シートで隠し，1つずつずらしながら意味を確認することもできます。

日本語訳 / 完成文
▶答えを当てはめた問題文の日本語訳です。問題タイプが語句整序の場合は，完成した英文が載っています。

解説
▶解答のポイントとなる文法事項や語法を解説しています。解答の根拠を理解しましょう。覚えるべき語句・語法の意味は赤シートで隠れるようになっています。（解説に使われている記号→ p9）

ワンポイント解説
▶解説の最後に ☞ マークがある場合は，「巻末」に詳しい解説が掲載されています。

右ページ

各章の終わりにはCHECKページが付いています。正答率の目標ラインを掲載していますので，問題を解き終わったら学習を振り返り，自分の目指すレベルに合わせて復習の優先順位を決めるなど，今後の学習方針を立てましょう。第1章～第18章のCHECKページには「WORDS CHECK TEST」も掲載しています。各章の語彙リストから出題されていますので，覚えられていなかったものは問題ページに戻り，問題内容も含めて復習をするように心がけるとよいでしょう。

目標ライン

▶章ごとに正答率の目標ラインを設定しています。

基礎 ＝【目標】共通テスト70％程度
標準 ＝【目標】共通テスト90％程度
難関 ＝【目標】難関私大合格

チェックシート

▶問題を解き終わったら演習結果を記録しましょう。右の目標ラインを参考に学習方針を立て，繰り返し演習することで定着を図りましょう。

単語テスト

▶章ごとに，語彙リストにピックアップされていた中から10問ずつ掲載されています。ここでは品詞も赤シートで隠れるようになっているので，定着度の確認に最適です。

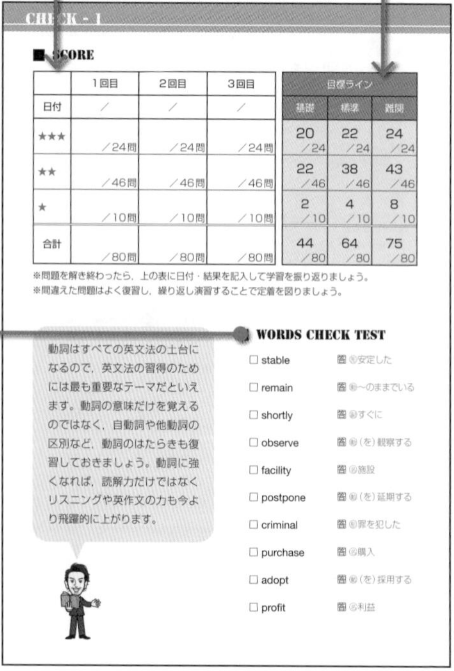

CHECK - 1

■ SCORE

	1回目	2回目	3回目
日付	／	／	／
★★★	／24問	／24問	／24問
★★	／46問	／46問	／46問
★	／10問	／10問	／10問
合計	／80問	／80問	／80問

目標ライン		
基礎	標準	難関
20／24	22／24	24／24
22／46	38／46	43／46
2／10	4／10	8／10
44／80	64／80	75／80

※問題を解き終わったら，上の表に日付・結果を記入して学習を振り返りましょう。
※間違えた問題はよく復習し，繰り返し演習することで定着を図りましょう。

動詞はすべての英文法の土台になるので，英文法の習得のためには最も重要なテーマだといえます。動詞の意味だけを覚えるのではなく，自動詞や他動詞の区別など，動詞のはたらきも復習しておきましょう。動詞に強くなれば，読解力だけではなくリスニングや英作文の力も今より飛躍的に上がります。

■ WORDS CHECK TEST

☐ stable [答] [形]安定した
☐ remain [答] [動]～のままでいる
☐ shortly [答] [副]すぐに
☐ observe [答] [動]（を）観察する
☐ facility [答] [名]施設
☐ postpone [答] [動]（を）延期する
☐ criminal [答] [形]罪を犯した
☐ purchase [答] [名]購入
☐ adopt [答] [動]（を）採用する
☐ profit [答] [名]利益

問題タイプについて

本書の問題は基本的に空所補充問題となっています。空所に当てはまる最も適切な選択肢を選んでください。問題文に日本語訳が含まれる場合は，日本語訳の意味になるように解答してください。そのほかの問題タイプの場合は，アイコンで示されていますので，以下の要領で解答してください。

[整序] … **語句整序**

語句を並び替えて空所や［　］内を埋め，正しい英文を作ってください。空所に (1)･(2) のような番号がある場合は，その空所に当てはまる選択肢を解答してください。

[正誤] … **正誤指摘**

下線部に誤りを含む選択肢を選び，正しい形に直してください。すべての選択肢に誤りがない場合，「NO ERROR」の選択肢を含む問題もあります。

[連立] … **連立完成**

(a) の英文とほぼ同じ意味になるように (b) の英文を完成させてください。選択肢がある場合は，最も適切な選択肢を選んでください。

[適語] … **適語補充**

空所に適切な語を入れてください。問題文に日本語訳が含まれる場合は，日本語訳の意味になるように適切な語を補充してください。

[同意] … **同意選択**

問題文の下線部と同じ意味になる表現を選択肢から選んでください。

凡例

[名] [動] [形] [副] [接] [前] [助] … 品詞

(　) … 語句中や語彙の意味に使われている場合→(　) 内の語は省略可能
解説文中で使われている場合→説明の補足

[　] … [　] 内の語と [　] 直前の語を入れ替え可能

〈　〉… 特定の品詞や特定の意味を表す語が入ることを示す

目 次

CONTENTS

10

第1章

動詞
VERBS

🔊 英文音声

※ QRコードをスマートフォン等で読み取ると,
　その章の英文音声が再生されます。(以下同様)

正誤 □ **1** ①When I visited at Australia, it ②made a good impression on me. I
★★★ hope to ③go there again some time ④in the future to enjoy various
outdoor activities. [上智大学 改]

□ **2** Students [____] global warming and how to protect the
★★★ environment. [駒澤大学 改]
- ① discussed
- ② discussed in
- ③ discussed for
- ④ discussed on

□ **3** John [____] Nancy last year, and they moved to a rural town.
★★★
- ① married
- ② married with
- ③ married to
- ④ got married with [和光大学 改]

□ **4** The administration's decision was to [____] taxes, which would put
★★★ a burden on people. [センター試験 改]
- ① rise
- ② have been rising
- ③ raise
- ④ be raising

□ **5** She [____] aside her book and stretched her arms. [慶應義塾大学 改]
★
- ① lied
- ② lain
- ③ laid
- ④ lay

正誤 □ **6** 彼は初め野心的ではなかったが，その会社に入ってからは野心的になった。
★★★ He wasn't ①ambitious ②at first, but he became ③so after he
④entered ⑤into the company. [姫路獨協大学 改]

□ **7** Our company [____] the crisis that hit the domestic economy last
★★ year, and now has more stable management than before.
- ① existed
- ② recovered
- ③ succeeded
- ④ survived

[名城大学 改]

[1] [答] ① When I visited at Australia → When I visited Australia
私はオーストラリアを訪れたとき，良い印象を受けた。さまざまな野外の活動を満喫するために，いつか将来またそこへ行きたいと思う。
▶visit ~ は「~を訪れる」という意味の他動詞なので前置詞は不要。

□ impression
[名]印象
□ outdoor
[形]野外の

[2] [答] ① discussed
学生たちは地球温暖化と環境を保護する方法について議論した。
▶discuss ~ は「~について議論する」という意味の他動詞なので前置詞は不要。

□ discuss
[動]（を）議論する
□ protect
[動]（を）保護する

[3] [答] ① married
去年，ジョンはナンシーと結婚して田舎の町に引っ越した。
▶marry *A* で「*A*〈人〉と結婚する」という意味の他動詞なので前置詞は不要。get married to *A* と同意表現になる。

□ marry
[動]（と）結婚する
□ rural
[形]田舎の

[4] [答] ③ raise
政府の決定は，税金を上げることだったが，それは人々に負担をかけるものだった。
▶空所の直後に目的語があるので，他動詞である③raise が入ることがわかる。①rise と②have been rising は自動詞なので不可。

□ administration
[名]政府
□ raise
[動]（を）上げる
□ burden
[名]負担

[5] [答] ③ laid
彼女は本を脇に置いて，腕を伸ばした。
▶空所直後の aside は副詞で，her book が目的語になるので他動詞である lay ~「~を横たえる」の過去形③laid が正解。

□ aside
[副]脇へ［に］
□ stretch
[動]（を）伸ばす

[6] [答] ⑤ into → 削除
▶enter ~ は「~に入る」という意味の他動詞なので前置詞は不要。

□ ambitious
[形]野心［大望］のある
□ enter
[動]（に）入る

[7] [答] ④ survived
当社は，昨年国内経済を襲った危機を切り抜けて生き残り，今では以前よりも安定した経営を行っています。
▶survive ~ は「〈事故・災害・危機など〉を切り抜けて生き残る，〈人〉よりも長生きする」という意味の他動詞として用いることが可能。

□ crisis
[名]危機
□ domestic
[形]国内の
□ stable
[形]安定した

8 ★★★ The storm was _____ our town, and volunteers distributed sandbags to each residence. [東亜大学 改]

① approaching   ② coming

③ arriving   ④ getting

正誤 **9** ★★ Any passenger ①whose luggage exceeds ②over the weight limit ③is subject to an extra ④charge. [愛知学院大学]

正誤 **10** ★★ I can't decide ①if ②I will ③join to the tennis club or the lacrosse team ④when I enter college.

⑤ NO ERROR [早稲田大学]

11 ★ The flight attendant announced, "Please remain _____ until the seat belt sign is turned off." [愛知学院大学 改]

① seat   ② seated   ③ seating   ④ to seat

12 ★★ His wife determined to devote herself to writing books, and she _____ her job yesterday. [中京大学 改]

① quit   ② refrained   ③ retired   ④ dropped

13 ★★★ Was John honest? The question _____ when he suddenly shifted to spending a considerable sum of money. [南山大学 改]

① arose   ② grew   ③ raised   ④ turned

14 ★★ Shortly after the typhoon, we found a cattle shed _____ on its side in the middle of the street. [センター試験 改]

① lay   ② laying   ③ lies   ④ lying

8 [答] ① approaching
嵐が私たちの町に近づいていたので，ボランティアが各住宅に土のうを配った。
▶空所直後に目的語があるので，他動詞の approach ~「~に近づく，取り組む」が入ることがわかる。

- □ approach [動]（に）近づく
- □ distribute [動]（を）配布する

9 [答] ② over → 削除
手荷物が重量制限を超えるどのお客さまも，追加料金が必要です。
▶exceed ~は「~を超える，~にまさる」という意味の他動詞になる。したがって，直後に前置詞は不要。

- □ subject [形]〚be subject to *A*〛*A* を必要とする
- □ extra [形]割増の

10 [答] ③ join to → join
大学に入学したときテニスクラブに入るかラクロスチームに入るか，僕には決められない。
▶join *A* は「*A* に参加する」という意味の他動詞。よって，前置詞の to は不要。また，同意表現として take part in *A*/participate in *A* も確認しておくこと。

- □ join [動]（に）参加する

11 [答] ② seated
客室乗務員は，「シートベルトサインが消えるまで座ったままでいてください」とアナウンスした。
▶seat は seat *A* で「*A*〈人〉を座らせる」という意味の他動詞。(*A*) remain seated で「(*A*〈人〉が）座ったままでいる」という意味になる。

- □ announce [動]アナウンスする
- □ remain [動]~のままでいる
- □ seat [名]座席

12 [答] ① quit
彼の妻は本の執筆に専念する決心をして，昨日仕事を辞めた。
▶quit ~ は「~を辞める」という意味の他動詞。③retired は retire from ~ という形で「~を退職する」という意味になる。

- □ determine [動]（を）決意する
- □ devote [動]〚devote *oneself* to *A*〛*A* に専念する

13 [答] ① arose
ジョンは誠実な人なのか？ 彼が急に巨額のお金を使うように変わったとき，そんな疑問が浮かんだ。
▶空所直後の when 以下は副詞節なので自動詞を入れる。arise は「(疑問・問題などが）生じる」という意味になる。

- □ arise [動]生じる
- □ shift [動]変わる

14 [答] ④ lying
台風の直後，道の真ん中に家畜小屋が横倒しになっているのを私たちは見つけた。
▶空所の直後には前置詞句が続くため，自動詞が入るとわかる。また find *A doing* の語法から，④lying が入るとわかる。

- □ shortly [副]すぐに
- □ cattle [名]家畜
- □ shed [名]小屋

15 "How long do you intend to stay?"
★★★
"The program [____] for four weeks."　　　　[獨協大学 改]

① demands　　② tells　　③ lasts　　④ needs

16 I need some paper to wrap this with. Any color will [____].
★★★
① be　　② come　　③ do　　④ go　　[立教大学 改]

17 Because of repeated disasters, the rice crop has [____] this year for
★★
the first time in 20 years.　　　　[東邦大学 改]

① broken　　② damaged　　③ injured　　④ failed

正誤 **18** When ①I graduated the high school, I was ②so exhausted that I
★★★
decided ③to go to university to rest ④for four years.　　[上智大学]

19 Thanks to my traveling companion, I [____] to Osaka without
★★★
getting bored.　　　　[青山学院大学 改]

① appeared　　② arrived　　③ got　　④ left

20 Some members of the council [____] to my proposal to restrict
★★
investments by mutual funds.　　　　[幾央大学 改]

① objected　　② wished　　③ observed　　④ failed

21 The traffic accident resulted [____] 10 confirmed deaths of
★★
passengers altogether.　　　　[宮崎産業経営大学 改]

① as　　② on　　③ of　　④ in

22 After the days of extreme dryness, the people hoped [____].
★★★
① to rain　　② having rain　　③ for rain　　④ raining

[南山大学 改]

[15] [答] ③ lasts
「どれくらいの間，滞在するつもりなの？」
「そのプログラムは4週間続くんだ。」
▶last (for~) は「(～間) 続く」という意味の自動詞。

☐ intend
[動]〖intend to *do*〗～するつもりである
☐ demand
[動] (を) 要求する
☐ wrap
[動] (を) 包む

[16] [答] ③ do
私はこれを包む紙が必要です。どんな色でも構いません。
▶do を自動詞で用いるとき，「十分だ，結構だ，間に合っている」という意味になる。また，この表現では will do で用いることが多い。

[17] [答] ④ failed
度重なる災害のせいで，今年は米が20年ぶりの不作だ。
▶空所の直後は副詞句が続いているため，自動詞である④faild が正解。「失敗する」という意味になる。

☐ disaster
[名]災害
☐ damage
[動] (に) 損害を与える

[18] [答] ① I graduated the high school → I graduated from the high school
その高校を卒業したとき，私はあまりに疲弊していたので，4年間休息するために大学へ行こうと決めた。
▶graduate は自動詞なので名詞が続く場合は from が必要。

☐ graduate
[動]卒業する
☐ university
[名] (総合) 大学

[19] [答] ③ got
旅仲間のおかげで，私は退屈せずに大阪に着きました。
▶空所直後の前置詞 to に注目する。get to *A* は「*A* に到着する」という意味になる。

☐ companion
[名]仲間
☐ appear
[動]現れる

[20] [答] ① objected
議会の議員の中には，投資信託による投資を制限するという私の提案に反対した人もいた。
▶object to ~ は「～に反対する」という意味になる。to は前置詞であることに注意。

☐ council
[名]議会
☐ restrict
[動] (を) 制限する
☐ observe
[動] (を) 観察する

[21] [答] ④ in
その交通事故のせいで，計10名の乗客の死亡が確認された。
▶result は，result in *A* で，「*A* の結果になる」という意味になる。

☐ confirm
[動] (を) 確認する
☐ altogether
[副]全部で

[22] [答] ③ for rain
極度に乾燥した日々の後で，民衆は雨を望んだ。
▶①to rain だと，rain が動詞，the people が意味上の主語となるので，「人々が雨が降る」という不自然な文になる。rain を名詞として，hope for *A* で表現する。

☐ extreme
[形]極端な
☐ dryness
[名]乾燥 (状態)

☐ **23** The envelope I have just sealed is missing. Will you help me [＿＿＿]
★★★ for it? 　　　　　　　　　　　　　　　　　　　　　　　　［南山大学 改］

① find　　　　② search　　　　③ discover　　　　④ locate

☐ **24** Eastern Valley University [＿＿＿] of eight departments, physics
★★ laboratories and other research facilities. 　　　　　　［南山大学 改］

① contains　　　② combines　　　③ composes　　　④ consists

☐ **25** The song [＿＿＿] sweet when sung by the little twin girls.
★★

① sounded　　② heard　　③ was heard　　④ was sounded

［獨協大学 改］

☐ **26** The story of that woman's life [＿＿＿] like a miracle. 　［桃山学院大学 改］
★★

① was said　　② heard　　③ told　　④ sounded

☐ **27** There had been various rumors about the candidate before the
★★★ campaign started, but he [＿＿＿] to be a gentleman. 　［名城大学 改］

① judged　　② made　　③ showed　　④ proved

正誤 ☐ **28** I ①said it ②so many times ③that she ④became to ⑤believe what I
★★ said. 　　　　　　　　　　　　　　　　　　　　　　［関西学院大学］

☐ **29** Professor Johnson [＿＿＿] that Mary give up chasing her dream.
★★

① discussed　　② mentioned　　③ told　　④ recommended

［南山大学 改］

23\ 答 ② search

封をしたばかりの封筒が見当たりません。それを捜すのを手伝ってくれませんか？

▶search for A は「A を捜す」という意味になる。残りの選択肢は直後に for が続かない。

24\ 答 ④ consists

イースタンバレー大学は8つの学部，物理研究所などの研究施設から構成されている。

▶consist of A は「A から成る」という意味になる。また，be composed of A/be made up of A も同意表現として確認しておくこと。

25\ 答 ① sounded

小さな双子の女の子がその歌を歌ったとき，その歌はかわいらしく聞こえた。

▶sound ＋形容詞で，「〜に聞こえる，思える」という意味になる。

26\ 答 ④ sounded

その女性の人生の物語は奇跡のように思えた。

▶sound like ＋名詞 で「〜のように思える」という意味になる。

27\ 答 ④ proved

選挙運動が始まる前その候補者に関してはさまざまな噂があったが，実は紳士であるとわかった。

▶prove to be 〜 は「〜だと判明する」という意味になる。

28\ 答 ④ became to → came to

私がそれを何度も話したので，彼女は私が言ったことを信じるようになった。

▶come to do は「〜するようになる」という意味になる。通常 to do の do は状態動詞がくる。become to do 〜 の用法はない。

29\ 答 ④ recommended

ジョンソン教授はメアリーに夢を追いかけるのを諦めるように勧めた。

▶選択肢の動詞がすべて過去形であるにもかかわらず，that 節内の動詞が原形であることに注目する。recommend に続く that 節は S (should) do 〜 となるため，④recommended が正解。

□ seal
動(に)封をする

□ discover
動(を)発見する

I

動詞

□ laboratory
名研究所

□ facility
名施設

□ combine
動(を)結合する

□ compose
動(を)構成する

□ sweet
形かわいらしい

□ twin
形双子の

□ miracle
名奇跡

□ candidate
名候補者

□ judge
動(を)判断する

□ recommend
動(を)勧める

□ chase
動(を)追いかける

□ **30** The president of our firm suggested ☐ business with that
★★　major insurance company.　　　　　　　　　　　　［早稲田大学 改］

　① us to do　　② to us to do　　③ we do　　④ we did

□ **31** The committee has warned that these books ☐ young people
★★　great harm.　　　　　　　　　　　　　　　　　［関西学院大学 改］

　① do　　　　② make　　　　③ have　　　　④ give

□ **32** I ☐ him a safe and prompt return from the dangerous northern
★　territory of that country.　　　　　　　　　　　　［青山学院大学 改］

　① longed　　② hoped　　　③ wanted　　④ wished

□ **33** It ☐ us a long time to calculate the cost of constructing a log
★★　cabin.　　　　　　　　　　　　　　　　　　　　［南山大学 改］

　① did　　　　② lasted　　　③ made　　　④ took

□ **34** It ☐ you one hundred and ten yen to withdraw your money at
★★　night.　　　　　　　　　　　　　　　　　　　　［摂南大学 改］

　① charges　　② costs　　　③ spends　　④ pays

□ **35** The proverb "Early to bed and early to rise ☐ a man healthy,
★★　wealthy, and wise" defines how we can maintain our physical and
　mental health.　　　　　　　　　　　　　　　　　［中部大学 改］

　① comes　　　② does　　　③ makes　　　④ puts

□ **36** His lack of warmth and courage caused him ☐ her and the
★★★　happiness she had brought him.　　　　　　　　　［亜細亜大学 改］

　① to lose　　② loose　　　③ losing　　　④ loss

30 [答] ③ we do
わが社の社長は，その大手保険会社と取引しようと提案した。
▶suggest は that S (should) *do* の形で「～を提案する」という意味になる。助動詞 should は省略が可能。

31 [答] ① do
その委員会はこれらの本が若者に多大な害を与えると警告している。
▶do *A* harm は「*A*〈人〉に害を与える」という意味になり，do *A* good は「*A*〈人〉に利益を与える」という意味になる。

32 [答] ④ wished
私は，彼がその国の危険な北部地帯から無事に，そしてすぐに帰ってくることを祈った。
▶wish は wish *A B* の形で，「*A*〈人〉のために *B*〈成功・幸運など〉を祈る」という意味になる。

33 [答] ④ took
私たちは丸太小屋の建設の費用を計算するのに長い時間がかかった。
▶It takes *A B* to *do* は，「*A*〈人〉が～するのに *B*〈時間〉がかかる」という意味になる。

34 [答] ② costs
夜間にお金を引き出すと110円かかる。
▶It costs *A B* to *do* は，「*A*〈人〉が～するのに *B*〈お金〉がかかる」という意味になる。

35 [答] ③ makes
「早寝早起きをすると，人は健康になり，裕福になり，賢明になる」ということわざは，私たちがいかにして心身の健康を保つことができるかを説明している。
▶make *A*〈名詞〉*B*〈名詞・形容詞〉は，「*A* を *B* にする」という意味になる。

36 [答] ① to lose
彼は優しさと勇気がなかったので，彼女と彼女が自分にもたらしてくれた幸せを失ってしまった。
▶cause は S cause *A* to *do* の語法をとり，「S は *A* が～する原因となる，S は *A* に～させる」という意味の因果関係を表す表現になる。

WORDS

- □ insurance [名]保険（金）
- □ warn [動]（に）警告する
- □ harm [名]害
- □ prompt [形]即座の
- □ northern [形]北の
- □ territory [名]地域
- □ calculate [動]（を）計算する
- □ construct [動]（を）建てる
- □ cost [動]（費用が）かかる
- □ withdraw [動]（を）引き出す
- □ proverb [名]ことわざ
- □ define [動]（を）定義する
- □ maintain [動]（を）保つ
- □ warmth [名]思いやり
- □ courage [名]勇気
- □ loose [動]（を）ゆるめる

37 I consider Mari [____] a conservative woman. [獨協大学 改]
★★★
① be
② not being to
③ be never
④ not to be

38 Since my grades last semester were a mess, my parents told me
★★ [____] video games. [神奈川大学 改]
① not playing
② should not play
③ not play
④ not to play

整序 **39** 落ち着いて仕事が続けられるようにそっとしておいてください。
★
I would appreciate [① allow ② if ③ it ④ me ⑤ to ⑥ would
⑦ you] get on with my work in peace. [立命館大学]

40 The catalog [____] that this year's version is slightly cheaper than
★★ last year's. [センター試験 改]
① says
② speaks
③ talks
④ tells

正誤 **41** I ①was trying to ②say you ③something that wasn't easy to
★★ ④put into words. [上智大学]

42 Jonny was too late to [____] his friends that the concert had been
★★★ postponed. [愛知学院大学 改]
① explain
② say
③ talk
④ tell

43 Can you [____] me which one is his vehicle? I can't make a
★★★ distinction between these two cars. [高千穂商科大学 改]
① talk
② speak
③ say
④ tell

44 Taro [____] me about his plan to celebrate his parents' wedding
★★★ anniversary. [名古屋学院大学 改]
① talked
② said
③ spoke
④ told

37 [答] ④ not to be
マリは保守的な女性ではないと私は思う。
▶consider *A* (to be) *B* で「*A* が *B* だと思う」という意味になる。to be は省略可能。consider 以外に think も同じ語法をとることが可能。

□ consider
[動] (を) 熟考する
□ conservative
[形] 保守的な

38 [答] ④ not to play
前の学期の私の成績はひどかったので，両親は私にビデオゲームをしないように言った。
▶tell *A* not to *do* は「*A*〈人〉に～しないように言う」という意味になる。

□ semester
[名] 学期
□ mess
[名] めちゃくちゃ (な状態)

39 [答] ③ - ② - ⑦ - ⑥ - ① - ④ - ⑤
I would appreciate it if you would allow me to get on with my work in peace.
▶appreciate it if S V ~ で「～ならばありがたく思います」という意味になる。ここでの it は if 以下全体を指している。

□ appreciate
[動] (に) 感謝する

40 [答] ① says
そのカタログには，今年のバージョンが昨年のバージョンよりわずかに安いと書いてある。
▶主語が〈新聞・雑誌・手紙など〉のとき，say that S V ~ が続く。
☞【speak/talk/say/tell の用法】

□ version
[名] ～版
□ cheap
[形] 安い

41 [答] ② say → tell
ちょっと言葉にしにくいことを私はあなたに言おうとしていた。
▶say は目的語に直接〈人〉は置けず，to +〈人〉という形で表す。目的語に直接〈人〉が続くことから tell に変える。

42 [答] ④ tell
ジョニーはあまりにも遅れたので，友達にコンサートが延期になったことを言えなかった。
▶空所の直後に〈人〉+ that S V ~ が続くことから，④tell が入るとわかる。

□ postpone
[動] (を) 延期する
□ explain
[動] (を) 説明する

43 [答] ④ tell
どちらが彼の車か，私に教えてくれませんか？ 私にはこの２つの車の区別がつかないのです。
▶空所の後に me と which 節の目的語が続くことから，④tell が入るとわかる。①talk と②speak は原則自動詞なので不可。

□ vehicle
[名] 乗り物
□ distinction
[名] 区別

44 [答] ④ told
タロウは私に両親の結婚記念日を祝う彼の計画について話してくれた。
▶tell は tell *A* about ~ という語法をとって，「*A*〈人〉に～について話す」という意味になる。

□ plan
[名] 計画
□ celebrate
[動] (を) 祝う

□ **45** We [　　　] about the conflict caused by religion and politics.
★★★

① discussed ② mentioned ③ answered ④ talked

[法政大学 改]

□ **46** At first I protested, but my wife [　　　] me into buying a genuine
★★ leather sofa. [上智大学 改]

① spoke ② said ③ talked ④ took

□ **47** He is merely seven years old, and he can't [　　　] right from wrong
★★★ yet. [九州国際大学 改]

① say ② tell ③ speak ④ talk

適語 □ **48** そうして彼に違法行為に関与するのをやめさせたのですか？
★★★ Is that how you stopped him [　　　] engaging in criminal activities?

[関西学院大学 改]

□ **49** Seeing these photographs [　　　] me of the happy memories of my
★★ childhood. They will never fade. [東北学院大学 改]

① recalls ② remembers ③ reminds ④ refunds

□ **50** Cindy informed me [　　　] her plan to spend a few days in a luxury
★★ hotel. [幾央大学 改]

① to ② with ③ in ④ of

□ **51** They showed proof of purchase and convinced us [　　　] their
★★ innocence. [中央大学 改]

① against ② in ③ of ④ off ⑤ on

45\ 答 ④ talked
宗教と政治によって引き起こされた紛争について，私たちは話し合った。
▶空所の直後は前置詞句が続くため，自動詞が入る。about ~ が続くのは talked のみである。

46\ 答 ③ talked
はじめのうち私は反対したが，妻に説得されて本革のソファーを買った。
▶talk A into *doing* は，「A〈人〉を説得して~させる」の意味になる。このときの talk は他動詞扱い。

47\ 答 ② tell
彼はほんの7歳なので，まだ善悪の区別がつけられない。
▶tell〔distinguish/know〕A from B は「A と B とを区別する」という意味になる。

48\ 答 from
▶stop A from *doing* は，「A が~するのをやめさせる」という意味になる。

49\ 答 ③ reminds
これらの写真を見ると，子ども時代の幸せな記憶を思い出します。それらは決して色あせることはないでしょう。
▶remind A of B は「A〈人〉に B を思い出させる」という意味になる。また，remind A to *do*/remind A that S V ~ の形も覚えておくこと。

50\ 答 ④ of
シンディは，高級ホテルで数日過ごすという彼女の計画を私に知らせてくれた。
▶inform A of B は「A〈人〉に B を知らせる」という意味になる。inform A that ~ も覚えておくこと。

51\ 答 ③ of
彼らは購入したという証拠を示して自分たちの潔白を私たちに確信させた。
▶convince A of B は「A〈人〉に B のことを確信させる」という意味になる。convince A that S V ~ も覚えておくこと。

□ conflict
　㉑衝突
□ mention
　㉑(に)言及する

1

動詞

□ protest
　㉑(に)抗議する
□ genuine
　㉑本物の

□ merely
　㉑たかが~にすぎない

□ engage
　㉑従事する
□ criminal
　㉑罪を犯した
□ remind
　㉑(に)思い起こさせる
□ fade
　㉑薄らぐ
□ refund
　㉑(を)払い戻す
□ inform
　㉑(に)知らせる
□ luxury
　㉑豪華な

□ proof
　㉑証拠
□ convince
　㉑(を)確信させる
□ purchase
　㉑購入

□ 52 Her anger was at its peak, and she accused me □□□□ late.
★★

① for coming　② of coming　③ to come　④ to have come

［獨協大学 改］

□ 53 The police immediately traced and arrested the men who □□□□
★ the bank.　　　　　　　　　　　　　　　　　　　　［関西学院大学 改］

① robbed　　② stole　　③ murdered　　④ defeated

□ 54 The detective □□□□ the boy of shoplifting.　　［関西学院大学 改］
★★

① blamed　　② doubted　　③ suspected　　④ wondered

□ 55 彼の同僚たちは彼が休んだのは病気のせいだと思った。
★★ His colleagues □(1)□ □(2)□ his absence as a sign that he was ill.

① looked　　② of　　③ regarded　　④ upon　［明治大学 改］

連立 □ 56 (a) It seems to me that the secretary is very efficient.
★ (b) She □□□□ me as a very efficient secretary.　［関西学院大学 改］

① retains　　② strikes　　③ reminds　　④ appears

□ 57 Other people in Europe and America began building planes, but the
★★★ Wright brothers criticized them □□□□ using the special system
that they had designed.　　　　　　　　　　　　　　［桜美林大学 改］

① to　　② while　　③ that　　④ for

□ 58 I congratulated Bill □□□□ beating his chief rival.　［上智大学 改］
★★

① at　　② on　　③ of　　④ with

52 [答] ② of coming
彼女の怒りは頂点に達していたので，彼女は遅れてきたことで私を責めた。
▶accuse *A* of *B* は「*B* の理由で *A*〈人〉を責める」という意味になる。

53 [答] ① robbed
警察は銀行を襲った男たちをすぐに追跡し，逮捕した。
▶rob the bank は，「銀行を襲う」という意味になる。また，rob *A* of *B*/steal *B* from *A* で「*A*〈人〉から *B* を奪う」という表現も覚えておくこと。

54 [答] ③ suspected
刑事はその少年が万引きをしたのではないかと疑った。
▶suspect *A* of ~ は，「*A*〈人〉に~の嫌疑をかける，*A*〈人〉が~したのではないかと疑う」という意味になる。

55 [答] (1) ① looked　(2) ④ upon
▶look upon *A* as *B* は，「*A* を *B* だと考える，みなす」という意味になる。

56 [答] ② strikes
彼女は非常に有能な秘書であるという感じがする。
▶S strike *A* as *B* の形は，「S は *A*〈人〉に *B*（である）という印象を与える」という意味になる。

57 [答] ④ for
ヨーロッパやアメリカで，ほかにも飛行機を製造し始めた人たちがいたが，ライト兄弟は自分たちが設計した特別な装置を使ったことで彼らを非難した。
▶criticize *A* for ~ は，「~のことで *A*〈人〉を非難する」という意味になる。

58 [答] ② on
私はビルがその最大のライバルに勝利したことを祝福した。
▶congratulate *A* on ~ は，「~のことで *A*〈人〉を祝福する」という意味になる。

□ peak
[名]頂点
□ accuse
[動]（を）非難する
□ trace
[動]（を）捜し出す
□ murder
[動]殺人を犯す
□ defeat
[動]（を）負かす
□ detective
[名]刑事
□ doubt
[動]（を）疑う
□ colleague
[名]同僚
□ absence
[名]不在
□ strike
[動]（を）襲う
□ retain
[動]（を）保持する
□ special
[形]特別な
□ design
[動]（を）設計する
□ beat
[動]（を）打ち負かす
□ chief
[形]最高（位）の

整序 **59** 私はトラックに土を積まなくてはならないんです。私の仕事を手伝ってくれませんか？

I have to put loads of soil onto a truck. Would ☐ ☐ ☐(1) ☐ ☐ ☐?　［九州国際大学 改］

① me ② task ③ help
④ with ⑤ my ⑥ you

60 John says that he owes much of his success ☐ his fellow workers.　［南山大学 改］

① from ② to ③ by ④ with

61 This pure wool sweater fits, but it just doesn't ☐ me.

① match ② suit ③ meet ④ like　［岩手医科大学 改］

62 Can you tell me if this tie with the logo pattern ☐ my suit?

① fits well ② matches ③ looks fit ④ meets with　［明治大学 改］

63 This particular furniture ☐ with my room.　［中央大学 改］

① comes ② goes ③ stands ④ suits ⑤ takes

64 I would like to ☐ this book on how to interpret dreams. How long can I keep it?　［神奈川大学 改］

① borrow ② hire ③ lend ④ let

65 I'll ☐ you my car for the weekend. You can also use the surfboard attached to the roof of the car.　［明治大学 改］

① borrow ② charge ③ lend ④ owe

66 How do you ☐ such wonderful tomatoes in large quantities in your garden?　［関西学院大学 改］

① bring on ② bring ③ grow ④ grow up

59 [答] (1) ① me (⑥-③-①-④-⑤-②)
I have to put loads of soil onto a truck. Would you help me with my task?
▶help *A* with ~ は，「*A*〈人〉の～を手助けする」という意味になる。help の語法として，help *A* (to) *do*「*A*〈人〉が～するのを手助けする」，help (to) *do*「～することを手助けする」も覚えておくこと。

□ load
[名]積み荷
□ soil
[名]土

60 [答] ② to
ジョンは自分の成功の大半は同僚のおかげだと言っている。
▶owe *A* to *B* は「*A* は *B* のおかげだ」という意味になる。

□ fellow
[名]仲間

61 [答] ② suit
この純毛のセーターは，サイズは合うが私には全然似合わない。
▶「～に似合う」という表現で，go with と match は目的語に〈人〉を置かないが，suit と become は目的語に〈人〉を置くことが可能。
☞【「～に合う」の表現】

□ suit
[動](に)似合う
□ match
[動](に)似合う

62 [答] ② matches
そのロゴマークの入ったこのネクタイが私のスーツに合うかどうか教えていただけませんか？
▶目的語に〈物〉が続いているので，matches が入るとわかる。

□ pattern
[名]模様
□ fit
[動](に)合う

63 [答] ② goes
特にこの家具は私の部屋に合う。
▶空所の直後に with が続くため，goes が入る。

□ particular
[形]特定の

64 [答] ① borrow
私は夢の解釈の仕方に関するこの本を借りたいです。どのぐらいの間持っていてよいですか？
▶borrow ~ は「～を(無料で)借りる」という意味になる。

□ borrow
[動](を)借りる
□ interpret
[動](を)解釈する

65 [答] ③ lend
週末の間，あなたに私の車を貸します。車の屋根に取り付けられた私のサーフボードも使っていいですよ。
▶lend *A B* は「*A*〈人〉に *B*〈物〉を貸す」という意味になる。

□ attach
[動](を)くっつける

66 [答] ③ grow
ご自宅の庭で，どうやってそのような見事なトマトを大量に栽培しているのですか？
▶grow ~ は他動詞で用いるとき，「〈植物など〉を栽培する」という意味が基本。また，④grow up は「〈人〉が成長する，大人になる」という意味。

□ quantity
[名]量

1 動詞

□ **67** We all [　　　] their aid and support for children with genetic
★★　diseases.　　　　　　　　　　　　　　　　　　　　[青山学院大学 改]

① thanked　　　　　　　　② appreciated
③ expressed　　　　　　　④ obliged

□ **68** 彼に投票した人たちの多くは状況が逆転することを望んだのではないかしら。
★★　I [　　　] that many who voted for him hoped for the situation to be
　　reversed.　　　　　　　　　　　　　　　　　　　　[中央大学 改]

① doubt　　　② bet　　　③ suspect　　　④ wonder

□ **69** He is eager to try to [　　　] everyone's requirements.
★★

① answer　　　② meet　　　③ solve　　　④ bury

[関西学院大学 改]

□ **70** "I've torn up the winning ticket by mistake. What can I do?"
★　　"You can't do anything about it. It can't be [　　　]."

① avoiding　　　② depending　　　③ helped　　　④ waited

[学習院大学 改]

□ **71** その手紙を彼のところへ持って行ってあげましょうか？
★★　Shall I [　　　] the letter to him for you?　　　　[関西大学]

① bring　　　② take　　　③ fetch　　　④ send

正誤 □ **72** When I ①called Jane, she was ②hearing her favorite radio show, so
★★　she ③angrily asked me to ④call her back later.　　　　[甲南大学]

正誤 □ **73** Since Michala ①was only three years old, she needed ②her
★★　mother's help when ③wearing the new ④pair of pants.

[慶應義塾大学]

[67] [答] ② appreciated
我々は皆，遺伝的病気を抱えた子どもたちに対する彼らの援助と支えに感謝した。
▶appreciate ~ は目的語に〈物・事〉がきて，「〈物・事〉に感謝する」という意味になる。また，thank は目的語に〈人〉を置き，「〈人〉に感謝する」という意味になる。

□ aid
[名]援助
□ genetic
[形]遺伝子の

[68] [答] ③ suspect
▶suspect that S V ~ は「～だと思う」という意味で，think that S V ~ とほぼ同じ意味と考えてよい。また，doubt that S V ~ は「～でないと思う」という意味で，don't think that S V ~ と同意表現。

□ vote
[動]（〈政党など〉に）投票する
□ reverse
[動]（を）逆転させる

[69] [答] ② meet
彼は熱心にみんなの要求を満たそうとしている。
▶meet ~ は目的語に〈期待・要求〉がきたとき「～を満たす」という意味になる。

□ eager
[形]［be eager to *do*］しきりに～したがっている
□ bury
[動]（を）埋める
□ tear
[動]（を）引き裂く
□ depend
[動]頼る

[70] [答] ③ helped
「私は誤って当選くじを破ってしまいました。どうすればいいでしょうか？」
「それについてできることはありません。どうにもならないです。」
▶help は can(not) とともに用いたとき，「～を避けられる（避けられない）」という意味になることがある。

[71] [答] ② take
▶bring ~ は「〈人〉を連れてくる，〈物〉を持ってくる」，また，take ~ は「〈人〉を連れていく，〈物〉を持っていく」という意味になる。

□ fetch
[動]（を行って）取ってくる，連れてくる

[72] [答] ② hearing → listening to
私がジェーンに電話をかけたとき，彼女はお気に入りのラジオ番組を聴いていたので，怒りながら私に後でかけ直すように求めた。
▶hear ~ は「～が（自然と）聞こえる」，listen to ~ は「～を（意識して）聴く」という意味の違いを知っておくこと。

[73] [答] ③ wearing → putting on
ミカラはまだほんの3歳だったので，新しいズボンを履くのに母親の助けを必要とした。
▶put on *A* は「*A* を着る，*A* を身につける」という動作を表し，wear は「〈服など〉を身につけている」という状態を表す。

□ wear
[動]（を）身につけている
□ pair
[名]一組

□74 Eating and drinking alike are ☐ on this train.　　［神奈川大学 改］

① adapted　　② prohibited　　③ adopted　　④ implied

□75 Hurry up, everyone! The signboard at the station indicates that the train will come soon. We don't want to ☐ it.　　［東京国際大学 改］

① drop　　② loose　　③ waste　　④ miss

□76 In 2016 the U.S. President ☐ a visit to Hiroshima for the first time in history.　　［学習院大学 改］

① formed　　② paid　　③ served　　④ nodded

□77 彼女は自身の肉親を擁護する気になれなかった。　　［関西大学 改］

She could not ☐ herself to defend her own flesh and blood.

① take　　② carry　　③ admit　　④ bring

□78 I badly want to visit one of the global IT giants, but I won't be able to ☐ it on Saturday at all.　　［青山学院大学 改］

① make　　② keep　　③ get　　④ take

□79 What will ☐ of him if he is dismissed from the army?

① become　　② consider　　③ turn　　④ go

［関西学院大学 改］

整序 **□80** 例えば，日本での売り上げは，会社の利益の約3分の1を占めている。

For instance, sales in Japan [① about　② account　③ company ④ for　⑤ of　⑥ one-third　⑦ profits].　　［立命館大学 改］

74\ 答 ② prohibited
食べたり飲んだりすることはどちらも，この電車内では禁じられています。
▶prohibit ~ は法律や規則によって「~を（公的に）禁じる」という意味になる。

75\ 答 ④ miss
みんな急げ！ 駅の案内板はもうすぐ列車が来ると示しているよ。乗り遅れるのはごめんだね。
▶miss ~ には「〈乗りもの〉に乗り遅れる」という意味がある。反意語として catch ~ は「〈乗りもの〉に間に合う」という意味がある。

76\ 答 ② paid
2016年，歴史上初めてアメリカ大統領が広島を訪れた。
▶pay a visit to ~ は「~に訪れる」という意味になる。

77\ 答 ④ bring
▶can't bring *oneself* to *do* ~ は「~する気になれない」という意味になる。

78\ 答 ① make
世界的な IT の巨大企業をぜひ訪問したいのだが，どうしても土曜日は都合がつけられない。
▶make it は「うまくいく，成功する，都合をつける」という意味になる。

79\ 答 ① become
彼は除隊になるとどうなるだろう？
▶become of ~ は通例 what を主語とする疑問文で用いられて「~はどうなるのか」という意味になる。

80\ 答 ② - ④ - ① - ⑥ - ⑤ - ③ - ⑦
For instance, sales in Japan account for about one-third of company profits.
▶account for *A* は「*A* 〈割合〉を占める」という意味になり，constitute *A* も同意表現となる。また，account for *A* は「*A* を説明する」という意味もあり，explain *A* と同意表現になる。

□ adapt
　動 (を)適合させる
□ adopt
　動 (を)採用する
□ imply
　動 (を)暗示する
□ indicate
　動 (を)指し示す
□ drop
　動落ちる
□ waste
　動 (を)浪費する
□ serve
　動 (に)仕える
□ nod
　動うなずく

□ defend
　動 (を)守る
□ flesh
　名肉

□ badly
　動ひどく
□ giant
　名大企業

□ dismiss
　動 (を)解雇［免職］する
□ army
　名軍隊
□ instance
　名 (実)例
□ account
　動占める
□ profit
　名利益

1
動詞

SCORE

	1回目	2回目	3回目
日付	／	／	／
★★★	／24問	／24問	／24問
★★	／46問	／46問	／46問
★	／10問	／10問	／10問
合計	／80問	／80問	／80問

目標ライン		
基礎	標準	難関
20 ／24	22 ／24	24 ／24
22 ／46	38 ／46	43 ／46
2 ／10	4 ／10	8 ／10
44 ／80	64 ／80	75 ／80

※問題を解き終わったら，上の表に日付・結果を記入して学習を振り返りましょう。
※間違えた問題はよく復習し，繰り返し演習することで定着を図りましょう。

動詞はすべての英文法の土台になるので，英文法の習得のためには最も重要なテーマだといえます。動詞の意味だけを覚えるのではなく，自動詞や他動詞の区別など，動詞のはたらきも復習しておきましょう。動詞に強くなれば，読解力だけではなくリスニングや英作文の力も今より飛躍的に上がります。

WORDS CHECK TEST

- ☐ stable [答] [形]安定した
- ☐ remain [答] [動]～のままでいる
- ☐ shortly [答] [副]すぐに
- ☐ observe [答] [動]（を）観察する
- ☐ facility [答] [名]施設
- ☐ postpone [答] [動]（を）延期する
- ☐ criminal [答] [形]罪を犯した
- ☐ purchase [答] [名]購入
- ☐ adopt [答] [動]（を）採用する
- ☐ profit [答] [名]利益

第 2 章

時制

TENSE

英文音声

第 2 章 時制
TENSE

□ 1 Mike is an excellent student.　He ⬚ to class every day.
★★★
① goes　　　　　　　② is going
③ go　　　　　　　　④ will go　　　　　　　　［宮崎産業経営大学］

□ 2 The teacher asked me at what temperature water, the most common
★★★ liquid, ⬚.　　　　　　　　　　　　　　［慶應義塾大学 改］
① boiled　　② boils　　③ is boiled　　④ was boiled

正誤 **□ 3** ①When I was ②in college, I ③was belonging ④to the biology club,
★★★ and researched factors leading to the disappearance of bees.
　　　　　　　　　　　　　　　　　　　　　　　　　　［札幌大学 改］

□ 4 Be quiet, please.　I ⬚ on the telephone.　　　［東京国際大学］
★★
① speak　　② talk　　③ am talking　　④ was speaking

□ 5 The children ⬚ very lazy this morning.　They don't usually
★★ behave like that.　　　　　　　　　　　　　　　［鹿児島国際大学］
① are being　　② become　　③ don't be　　④ get

整序 **□ 6** 弟は明朝福岡を発ち，新幹線で東京に向かいます。
★★ My brother ⬚ ⬚ ⬚ (1) ⬚ ⬚ bullet
train tomorrow morning.　　　　　　　　　　　　　［九州国際大学］
① by　　　　　② Fukuoka　　　③ Tokyo
④ for　　　　　⑤ leaving　　　　⑥ is

正誤 **□ 7** Kate ①picked up a wallet that ②was falling on the ground and
★ turned it ③in ④to the local police station.　　　［京都外国語大学］

1 \ 答① goes

マイクは優秀な学生です。彼は毎日講義に出ています。

▶現在の習慣・状態を表すとき，動詞は現在形になる。

□ excellent
㊰素晴らしい

2 \ 答② boils

先生は私に，最も一般的な液体である水は何度で沸騰するのか尋ねた。

▶不変の真理は現在形になり，主節の動詞が過去形 asked であっても時制の一致を受けない。

□ liquid
㊰液体

□ boil
㊰沸騰する

3 \ 答③ was belonging → belonged

大学にいたとき，私は生物部に所属していて，ハチの消滅を誘発する要因について研究した。

▶belong「所属している」のような状態動詞は，原則，進行形で用いることはできない。

☞【代表的な状態動詞】

□ biology
㊰生物学

□ factor
㊰要因

4 \ 答③ am talking

静かにしてください。電話で話しているんです。

▶Be quiet, please. から，今まさに電話で話していることがわかるので，動詞は現在進行形になる。

□ quiet
㊰静かな

5 \ 答① are being

子どもたちは今朝に限ってとてもやる気がないの。いつもはあんなふうに振る舞うことはないのに。

▶be being + 形容詞 は，「(いつもとは違って) 今だけ～である」という意味になり，一時的な状態を表すときに用いる。

□ lazy
㊰ (やる気がなく) 怠惰な

6 \ 答(1)④ for　(⑥-⑤-②-④-③-①)

My brother is leaving Fukuoka for Tokyo by bullet train tomorrow morning.

▶現在進行形を用いることで，すでに決定されている計画や予定を表すことができる。go/come/arrive/leave など「往来」や「発着」を表す動詞もよく用いられる。

7 \ 答② was falling → was

ケイトは地面に落ちていた財布を拾い，地元の警察署に届けた。

▶「財布を拾った」時点は過去で，「落ちていた」のはそのときの状態を表すので，was が適切。

□ local
㊰地元の

□ **8** My wife and I □□□□□ to Japan about three months ago, and now live
★★★　in a tiny house at the foot of Mt. Fuji.　　　　　　［千葉商科大学 改］

① came　　　② had came　　③ had come　　④ have come

正誤 □ **9** ①In 1945, when he ②was born in the U.S.A., the war ③had ended
★★★　only a few months ④ago.　　　　　　　　　　　　　　　［甲南大学］

正誤 □ **10** ①Fewer hours of sunshine and lower temperatures ②have affected
★★　sales of summer clothing last year, but manufacturers are hoping
③that demand for these items ④will rise this year.　　　　［立教大学 改］

□ **11** I □□□□□ dinner when the familiar tune came to my ears.
★★★
① have been making　　　　② have made

③ made　　　　　　　　　④ was making　　　　　［千葉商科大学 改］

□ **12** Look at those black clouds up there. There is a slight gap in the
★★　clouds, but I think it's □□□□□ rain.　　　　　　　　［関西外国語大学 改］

① will　　　② going to　　③ coming to　　④ to be

□ **13** I don't think I can meet you at six tomorrow night because we have
★★　a pile of extra work this month. Probably, □□□□□.　　［センター試験 改］

① I'll still be working　　　　② I'll still work

③ I'm still at work　　　　　④ I'm still working

□ **14** Supplies will be brought to the location when they □□□□□.
★★★
① arrive　　② arrived　　③ had arrived　　④ will arrive

［青山学院大学 改］

8 \ 答 ① came

妻と私は，約 3 ヶ月前に日本に来て，今は富士山のふもとの小さな家に住んでいます。

▶ ~ ago は，「（現在から）~前に」という意味となり，動詞は過去形になる。

9 \ 答 ④ ago → before

1945 年に彼はアメリカ合衆国で生まれたが，そのほんの数ヶ月前に戦争が終わっていた。

▶ 基準点は「彼が生まれたとき」で過去，「戦争が終わっていた」のはそれより前の出来事なので before を用いる。~ before で「（過去のある時点から）~前に」という意味になる。

10 \ 答 ② have affected → affected

去年は日照時間が少なく気温も低かったため，夏物の売り上げに影響が出たが，今年は夏物の需要が高まることをメーカーは望んでいる。

▶ last ~/~ ago/yesterday/then「そのとき」/just now「たった今」/when ~?「いつ~?」などは現在完了形とともに用いない。

11 \ 答 ④ was making

馴染みのある曲が聞こえてきたとき，私は夕食を作っていた。

▶ when 以下の時点で「私が夕食を作っていた」のであるから，進行中の動作を表す過去進行形を用いる。

12 \ 答 ② going to

向こうのあの黒い雲を見て。雲の中にわずかな切れ目があるけれど，私は雨が降ると思う。

▶ be going to do は現在の状況に基づく未来の予測を示して，「~しそうである」という意味がある。

13 \ 答 ① I'll still be working

今月は山積みの残業を抱えているため，明日の夕方 6 時にあなたに会うことができないと思います。おそらく，まだ仕事をしているでしょう。

▶ 未来の時点であることと，「明日の夕方 6 時」という時の一点に注目すると，動詞は未来の進行中の動作を表す未来進行形になる。

14 \ 答 ① arrive

物資が到着したら，その場所に届けられるだろう。

▶ 本問の when 節は，時を表す副詞節になる。時・条件を表す副詞節では，未来の事でも現在形で代用する。

☞【時・条件を表す接続詞】

WORDS

□ tiny
　㊟とても小さい

2

時制

□ war
　㊐戦争

□ affect
　㊙(に)影響を及ぼす

□ clothing
　㊐衣類

□ familiar
　㊟よく知られている

□ tune
　㊐曲

□ slight
　㊟少しの

□ gap
　㊐すき間

□ pile
　㊐〖a pile of A〗たくさんの A

□ probably
　㊙たぶん

□ supply
　㊐蓄え

□ 15 ★★★ 怪我の治療を受けたらすぐに帰宅してもよい。

You may go home as soon as you ☐ treatment for your wound.

① received　　　　　　　② have received

③ will receive　　　　　　④ will have received　　　[成城大学 改]

□ 16 ★★★ If it ☐ heavily tomorrow, traffic will be paralyzed, especially in urban area.　　　　　　　　　　　　　　　　[京都女子大学 改]

① snow　　② snowed　　③ snowing　　④ snows

□ 17 ★★★ Is there anyone who knows when Mr. Pitt ☐ back from Korea? I want to talk to him at the earliest opportunity.　　[広島工業大学]

① come　　② had come　　③ has come　　④ will come

□ 18 ★★★ I wonder if it ☐ fine tomorrow.　　　　　[松山大学]

① be　　② is　　③ were　　④ will be

正誤 □ 19 ★★★ ①When the host told ②us that everything ③is ready, we went into the dining room and ④seated ourselves.　　　　[獨協大学]

正誤 □ 20 ★★ The Chairman of the Board of Directors made ①it clear in an aggressive tone at the meeting that he ②will not step down ③from his position ④as chairman.　　　　　　　　[成蹊大学 改]

□ 21 ★★★ We ☐ each other since we were transferred to the head office together.　　　　　　　　　　　　　　　[東北学院大学 改]

① are knowing　　　　　② have known

③ knew　　　　　　　　④ would know

□ 22 ★★★ Kevin has been working at the company that produces visual content ☐ he came to Japan in 1980.　　[日本大学 改]

① before　　② from　　③ since　　④ when

15 [答] ② have received

▶as soon as 節「～するとすぐに」は時を表す副詞節になる。このとき，未来完了形は現在完了形で代用する。

□ treatment [名]治療
□ wound [名]傷

16 [答] ④ snows

明日大雪が降れば，特に都市部では交通が麻痺するだろう。

▶本問の If 節は条件を表す副詞節である。よって，未来のことでも現在形で代用する。

□ paralyze [動]（を）麻痺させる
□ urban [形]都会の

17 [答] ④ will come

誰か，ピットさんがいつ韓国から戻るか知っている人はいますか？ できるだけ早い機会に彼と話したいのです。

▶本問の when 節は knows の目的語としてはたらいているので名詞節である。したがって，未来のことは未来形で表す。

□ opportunity [名]好機

18 [答] ④ will be

明日，晴れるかどうかわからない。

▶本問の if 節は wonder の目的語としてはたらいているので名詞節。

☞【when と if 節の使い方】

□ wonder [動]～かしらと思う

19 [答] ③ is → was

主催者が私たちにすべて準備が整ったと伝えたとき，私たちは食堂へと入り，席に着いた。

▶when 節の動詞 told が過去形であるため，that 節の動詞は時制の一致を受ける。よって，③is を was にする。

□ ready [形]準備のできた
□ host [名]主催者

20 [答] ② will → would

取締役会の議長は，攻撃的な口調で，自分は議長職から降りるつもりはないとその会議で明らかにした。

▶主節の動詞 made が過去形であるため，that 節の動詞は時制の一致を受ける。よって，②will を would にする。

□ chairman [名]議長
□ aggressive [形]攻撃的な

21 [答] ② have known

私たちは一緒に本店に転勤になって以来，ずっと知り合いだ。

▶現在を基準点として考え，since 以下が過去から現在までの期間を表すので，動詞は現在完了形（継続用法）になる。

□ transfer [動]（を）転勤させる

22 [答] ③ since

1980年に日本に来て以来ずっと，ケヴィンは映像コンテンツを制作するその会社で働いている。

▶主節の動詞 has been working が現在完了形（継続用法）であることに注目すれば，起点を表す③since が正解。

□ company [名]会社
□ visual [形]視覚の

23 My father [＿＿＿] for five years now, and thus I'm accustomed to his
absence.   [大阪学院大学 改]

① died   ② has been died

③ was dead   ④ has been dead

24 It has been a long time since we last [＿＿＿] in the shelter during the
typhoon.   [日本女子大学 改]

① had met   ② have met   ③ meet   ④ met

25 He [＿＿＿] in Paris for ten years when the war broke out, and to his
sorrow, he never had a chance to see his own country again.

① had lived   ② was living   ③ lived   ④ has lived

[松山大学 改]

26 I [＿＿＿] in Shanghai for three years when I was a child, but it has
been transformed into another city.   [センター試験 改]

① have been   ② have once stayed

③ lived   ④ went

27 Our game of tennis was interrupted. We [＿＿＿] for about half an
hour when it started to rain very heavily.   [東海大学]

① played   ② have been playing

③ have played   ④ had been playing

28 We [＿＿＿] more than two hours when the ship came into the
harbor.   [近畿大学 改]

① had been waiting   ② have been waiting

③ wait   ④ would wait

29 Next month I [＿＿＿] Alice for 20 years. I first met her during the
interval of a football game.   [慶應義塾大学 改]

① know   ② will have known

③ am knowing   ④ will have been knowing

23　答 ④ has been dead
父が死んでもう5年になるので，私は父がいないことには慣れている。
▶現在を基準点として考え，期間を表す for five years があることから，動詞は現在完了形（継続用法）になる。
☞【期間を表す例文】

24　答 ④ met
台風のとき避難所で最後に会ってからずいぶんと経ちましたね。
▶It has been[is] ～ since S V ...「…してから～が経つ」という意味の重要表現。since 節の動詞の時制は過去形になる。

25　答 ① had lived
その戦争が起こるまで10年間，彼はパリに住んでいた。そして悲しいことに，二度と故国を見る機会はなかった。
▶when the war broke out を過去の基準点として考え，動詞は期間を表す for ten years があることから，過去完了形（継続用法）になる。

26　答 ③ lived
私は子どものとき，3年間上海に住んでいたが，そこは別の都市に変貌していた。
▶when I was a child は過去のことを示す。ただし，明確な基準点とは言えないので，期間を表す for three years があっても動詞は過去形のままになる。

27　答 ④ had been playing
私たちのテニスの試合は中断された。30分ほどプレイしたところで，大雨が降り始めたのだ。
▶when it started to rain を過去の基準点として考え，期間を表す for about half an hour があることから，動詞は過去完了形（継続用法）になる。継続用法では動作動詞は完了進行形で表すことが原則。

28　答 ① had been waiting
船が入港したとき，私たちは2時間以上も待っていた。
▶when the ship came into the harbor を過去の基準点として考え，期間を表す more than two hours があることから，動詞は過去完了形（継続用法）になる。wait は動作動詞であるため，完了進行形で表す。

29　答 ② will have known
来月で，アリスと知り合って20年になる。あるフットボールの試合のハーフタイムに初めて彼女に出会った。
▶Next month を未来の基準点と考え，期間を表す for 20 years があることから，動詞は未来完了形（継続用法）になる。

WORDS

2

時制

□ thus
　働したがって

□ accustomed
　働〈be accustomed to A〉A に慣れている

□ shelter
　图避難所

□ sorrow
　图悲しみ

□ transform
　働(を)変質[変形]させる

□ interrupt
　働(を)中断する

□ heavily
　働大量に

□ ship
　图船

□ harbor
　图港

□ interval
　图合間

☐**30** "It _____ for a whole week if it doesn't stop tomorrow," Karen said
★★ to herself, folding the laundry. 　　　　　　　　　[東京理科大学 改]

① has snowed　　　　　　② is snowing
③ will snow　　　　　　　④ will have been snowing

☐**31** He loves Disneyland, and he _____ there three times this year
★★ already. 　　　　　　　　　　　　　　　　　　[青山学院大学]

① is going　　② was going　　③ had been　　④ has been

連立 ☐**32** (a) Hiroko has left for Sendai to meet a famous scholar.
★★ (b) Hiroko _____ Sendai to meet a famous scholar. 　[実践女子大学 改]

① has gone to　② has been to　③ hasn't visited　④ has returned

☐**33** The manager got upset because we _____ finished the work by the
★★★ deadline. 　　　　　　　　　　　　　　　　　　[学習院大学 改]

① had　　　　② hadn't　　　　③ have　　　　④ haven't

☐**34** By this time next year, our new office connected to the head office
★★ will _____ in Kyoto. 　　　　　　　　　　　　[立命館大学 改]

① establish　　　　　　② be establishing
③ have established　　　④ have been established

☐**35** Rika had _____ to Atami before with her daughter. 　[南山大学 改]
★★

① been visiting　　　　② ever visited
③ never been　　　　　④ never visited

☐**36** It was the most amazing dance Laura _____. 　　[青山学院大学 改]
★★

① has never seen　　　② had ever seen
③ could never seen　　④ may be able to see

30\ 答 ④ will have been snowing
「明日も降り止まなければ，丸1週間雪が降り続いていることに
なるわね」とカレンは洗濯物をたたみながらひとりごとを言った。
▶tomorrow が未来の基準点と考え，期間を表す for a whole week
があることから，動詞は未来完了形（継続用法）になる。snow は動
作動詞であるため，完了進行形で表す。

31\ 答 ④ has been
彼はディズニーランドが大好きで，今年すでに3回そこに行った。
▶this year を現在の基準点と考え，three times は時間的な幅を示
すので，動詞は現在完了形（経験用法）になる。

32\ 答 ① has gone to
ヒロコはある有名な学者に会うために仙台へ行ってしまった。
▶have gone to ~ と have been to ~ は完了・結果の意味になるが，
gone は「行ってしまった（今はここにいない）」，been は「行ってき
たところだ（今はここにいる）」という点で異なるので注意すること。

33\ 答 ② hadn't
私たちが締め切りまでにその仕事を終えなかったので，部長は取
り乱した。
▶「取り乱した」時点は過去で，「終えなかった」のはそれよりも前の
時を表すので，動詞は過去完了形になる。

34\ 答 ④ have been established
来年の今頃までには，本社に連結した我々の新しい事務所が京
都にできているだろう。
▶By this time next year が未来の基準点となり，その基準点までの
事柄を述べた文なので，動詞は未来完了形（完了・結果用法）になる。

35\ 答 ③ never been
リカは以前に娘と一緒に熱海へ行ったことは一度もなかった。
▶have been to ~ は「~へ行ったことがある」という経験の意味に
もなる。visit が他動詞のため，残りの選択肢は不可。

36\ 答 ② had ever seen
それはローラが今まで目にした中で最も見事なダンスだった。
▶the 最上級 *A* + S have ever *done* は，「S が今まで…した中で最
も~な *A*」という意味を表す。主節の動詞 was が過去形であること
から，動詞は過去完了形（経験用法）になる。

□ whole
　㊟全体の
□ fold
　㊐(を)折りたたむ
□ laundry
　㊟洗濯物

2

時制

□ scholar
　㊟学者
□ return
　㊐戻る

□ upset
　㊧取り乱している
□ deadline
　㊟締め切り

□ connect
　㊐つながる
□ establish
　㊐(を)設立する

□ amazing
　㊧驚くべき

■ SCORE

	1回目	2回目	3回目
日付	／	／	／
★★★	／17問	／17問	／17問
★★	／17問	／17問	／17問
★	／2問	／2問	／2問
合計	／36問	／36問	／36問

目標ライン		
基礎	標準	難関
14 ／17	15 ／17	17 ／17
9 ／17	14 ／17	15 ／17
0 ／2	0 ／2	1 ／2
23 ／36	29 ／36	33 ／36

※問題を解き終わったら，上の表に日付・結果を記入して学習を振り返りましょう。
※間違えた問題はよく復習し，繰り返し演習することで定着を図りましょう。

時制が苦手だと感じている人は少し苦労したかもしれません。なぜなら日本語と英語の時制の考え方は根本的に違うからなんです。演習を通じて時制の考え方（ルール）をしっかり理解できたでしょうか。英文法は「暗記」も大切ですが，「理解」することの方がより重要だということを確認しておきましょう。

■ WORDS CHECK TEST

- □ factor [答] [名]要因
- □ tiny [答] [形]とても小さい
- □ affect [答] [動]（に）影響を及ぼす
- □ slight [答] [形]少しの
- □ probably [答] [副]たぶん
- □ aggressive [答] [形]攻撃的な
- □ transfer [答] [動]（を）転勤させる
- □ sorrow [答] [名]悲しみ
- □ interval [答] [名]合間
- □ upset [答] [形]取り乱している

第 3 章

受動態
PASSIVE VOICE

 英文音声

受動態
PASSIVE VOICE

□1 French is [____] in that region of Canada. ★★★ 〔大阪商業大学 改〕

① speak ② spoke ③ spoken ④ have spoken

適語 **□2** そのクラシックコンサートはいつ開かれたのですか？ ★★★
When [____] the classical concert held? 〔大阪経済大学 改〕

□3 Who was the solid door [____] by? 〔阪南大学 改〕 ★★★

① broke ② breaking ③ broken ④ breaks

□4 A lot of cold water [____] to cool down a drying machine. ★★★

① are used ② is used ③ uses ④ used

〔大阪経済大学〕

□5 Unique insects [____] in primitive rain forests and in deserts. ★★★

① are finding ② are found ③ find ④ have found

〔立命館大学 改〕

□6 It is pure coincidence that the two companies were [____] by ★★ descendants of famous samurais. 〔駒澤大学 改〕

① founded ② found ③ founding ④ find

正誤 **□7** The ①growth of animals can be largely ②influencing by ③their ★★ food, as well as their ④living environment. 〔神奈川大学 改〕

□8 That office complex [____] in the quietest part of town. ★★

① locates ② is locating ③ located ④ is located

〔西南学院大学 改〕

1 [答] ③ spoken
カナダのその地方ではフランス語が話されている。
▶「フランス語」は「話される」という受動関係が成立する。動作主を表す by ~ は，動作主が不明なときや，一般的な人などのときは通常省略される。

2 [答] was
▶疑問詞 (When) を用いた受動態の文では，疑問詞＋ be S *done* ~? の形で表現できる。

3 [答] ③ broken
誰によってその頑丈なドアは壊されたのですか？
▶「その頑丈なドア」は「壊される」という受動関係が成立する。

4 [答] ② is used
乾燥機を冷やすためにたくさんの冷たい水が使われる。
▶「たくさんの冷たい水」が「使われる」という受動関係が成立する。A lot of cold water は不可算名詞なので，動詞は単数扱いになる。

5 [答] ② are found
珍しい昆虫が未開の熱帯雨林や砂漠で見つかる。
▶「珍しい昆虫」は「見つけられる」という受動関係が成立する。

6 [答] ① founded
その2社が有名な侍の子孫によって設立されたというのは全くの偶然だ。
▶「その2社」は「設立される」という受動関係が成立する。found ~「～を設立する」の過去分詞形は founded になる。

7 [答] ② influencing → influenced
動物の成長はその生育環境だけでなくエサにも大きく影響されることがある。
▶「動物の成長」は「影響される」という受動関係が成立する。

8 [答] ④ is located
そのオフィスビルは町の一番静かな所にある。
▶be located で「〈建物などが〉位置する，ある」という意味になる。

□ region
[名]地方

□ classical
[形]クラシックの

□ solid
[形]丈夫な

□ machine
[名]機械

□ unique
[形]独特の
□ primitive
[形]原始的な

□ coincidence
[名]偶然
□ found
[動]（を）設立する
□ descendant
[名]〖-s〗子孫
□ growth
[名]成長
□ largely
[副]大規模に

□ complex
[名]複合ビル

☐ **9** The taxes on cigarettes, liquor, and gasoline were ☐ last
★★ month.　　　　　　　　　　　　　　　　　　　　　　　[松山大学]

　① rose　　　　② risen　　　　③ raised　　　　④ raising

☐ **10** The portrait of the president was ☐ in the conference room.
★★
　① hung　　　　② hanged　　　　③ hang　　　　④ hangs
　　　　　　　　　　　　　　　　　　　　　　　　　　　[愛知工業大学]

正誤 ☐ **11** When ①that ②exciting idea ③was occurred to me, I was lying full
★★ length ④in bed.　　　　　　　　　　　　　　　　　　　[松山大学 改]

正誤 ☐ **12** Neither my sister ①nor I remarked on the incident ②which ③was
★★ happened ④on the evening of a snowy day in February.
　　　　　　　　　　　　　　　　　　　　　　　　　　　[中央大学 改]

整序 ☐ **13** 彼女は友人にアッコと呼ばれた。　　　　　　　　[名古屋学院大学]
★★
　[① called　② Akko　③ was　④ she] by her friends.

適語 ☐ **14** エルサレムは3つの宗教にとって聖なる都市だそうです。　[城西大学 改]
★★★
　It is ☐ that Jerusalem is a sacred city for three religions.

☐ **15** When I was ☐ that I had successfully passed the trial, I was
★★★ overjoyed.　　　　　　　　　　　　　　　　　　　　[慶應義塾大学 改]

　① asked　　　　② said　　　　③ spoke　　　　④ told

☐ **16** There are fifty computers in this room, and most of them ☐
★★ now.　　　　　　　　　　　　　　　　　　　　　　　[東京経済大学]

　① have used　　　　　　　② are used to
　③ are being used　　　　　④ are using

9 [答] ③ raised
タバコ，酒，ガソリンにかかる税金が先月値上げされた。
▶「税金」は「値上げされる」という受動関係が成立する。「～を上げる」という意味の他動詞 raise を受動態にすればよい。②risen は，rise「上がる」が自動詞であるため受動態にできない。

10 [答] ① hung
社長の肖像画が会議室に掛けられていた。
▶hang ~「～を掛ける」の過去分詞形は hung になる。「社長の肖像画」は「掛けられる」という受動関係が成立する。

11 [答] ③ was occurred → occurred
そのわくわくする考えが頭に浮かんだとき，私はベッドに長々と寝そべっていた。
▶occur to *A*「（考えなどが）*A*〈人〉の心に浮かぶ」は自動詞なので受動態にできない。

12 [答] ③ was happened → happened
姉も私も，２月の雪が降ったある日の晩に起きた出来事については口にしなかった。
▶happen は自動詞であるため受動態にできない。

13 [答] ④ - ③ - ① - ②
She was called Akko by her friends.
▶call *A B*「*A* を *B* と呼ぶ」を受動態にすると，*A* be called *B* という形になる。

14 [答] said
▶It is said that S V/S is said to *do* は「S は～と言われている，～だそうだ」という意味になる。

15 [答] ④ told
私は，無事にその試験に合格したと言われたとき，おおいに喜んだ。
▶tell *A* that S V ~「*A*〈人〉に～を言う」を受動態にすると，*A* be told that S V ~ という形になる。

16 [答] ③ are being used
この部屋には50台のコンピュータがあり，その大半は現在使用されている。
▶進行形の受動態は be being *done* という形になり，「～されている（ところだ）」という意味になる。

□ tax [名]税
□ cigarette [名]タバコ
□ liquor [名]酒
□ portrait [名]肖像画
□ conference [名]会議

□ occur [動]思い浮かぶ
□ length [名]長さ

□ remark [動]意見を言う
□ incident [名]出来事
□ happen [動]起こる

□ religion [名]宗教
□ sacred [形]神聖な
□ successfully [副]うまく
□ overjoyed [形]とても喜んで
□ trial [名]試験

整序 **17** 特許に関する講演は，日本やアメリカをはじめ，さまざまな国の実業家の
注目を非常に集めている。

Lectures on patents ☐ (1) ☐ ☐ ☐ (2) in
Japan, America and other countries.　　　　　　　　[広島修道大学 改]

① received　　② well　　③ business persons
④ being very　　⑤ are　　⑥ among

正誤 **18** Email ①can send ②easily and at ③almost no cost to users, making it
an efficient and economical resource ④for global communication.
　　　　　　　　　　　　　　　　　　　　　　　　[学習院大学 改]

19 Much ☐ about issues of linguistic philosophy.　　[明治大学 改]

① has written　　② has been written
③ is being wrote　　④ has been wrote

20 Tom ☐ in an accident yesterday and underwent minor surgery.

① got hurting　② got hurt　③ is hurting　④ is hurt
　　　　　　　　　　　　　　　　　　　　　　　　[東北学院大学 改]

21 The motion to appoint a new chairperson will ☐ in the next
meeting.　　　　　　　　　　　　　　　　　　[拓殖大学 改]

① be dealt　　② be dealt with
③ be dealing with　　④ deal with

整序 **22** その件の財政面については今，委員会で検討しています。
The financial aspects of the matter ☐ (1) ☐ (2)
☐ the committee.　　　　　　　　　　　[佛教大学 改]

① being　② looked　③ are　④ into　⑤ by

23 Mt. Fuji is sometimes referred ☐ Fujiyama in foreign
countries.　　　　　　　　　　　　　　　　　　[南山大学]

① as　　② as to　　③ to　　④ to as

17\ 答 (1) ④ being very　(2) ③ business persons
　　(⑤ - ④ - ② - ① - ⑥ - ③)
Lectures on patents are being very well received among
business persons in Japan, America and other countries.
　▶「特許に関する講演」は「注目される」という受動関係が成立する。
一時的な状態を表しているので，本問では進行形の形にする。

18\ 答 ① can send → can be sent
Eメールは簡単に，そして使用者にはほとんど負担をかけずに送
れるので，国際的なコミュニケーションのための効率的で経済的
な手段になっている。
　▶「Eメール」は「送られる」という受動関係が成立する。助動詞を
伴った受動態は，助動詞＋ be *done* という形になる。

19\ 答 ② has been written
言語哲学の問題について，これまでたくさんのことが書かれてき
た。
　▶「たくさんのこと」は「書かれる」という受動関係が成立する。完了
形の受動態は have[has] been *done*「〜されてきた」という形になる。

20\ 答 ② got hurt
トムは昨日事故で怪我をして簡単な手術を受けた。
　▶get *done*「〜される」という受動態は，その「動作」を明確に表す
ために用いられる。be *done* という受動態は通常「〜されている」と
いう「状態」の意味になる。

21\ 答 ② be dealt with
新しい議長を任命するという動議が次の会議で扱われるでしょう。
　▶deal with *A*「*A* を扱う，*A* を処理する」を受動態にすると，*A* be
dealt with という形になる。
　☞【代表的な句動詞】

22\ 答 (1) ① being　(2) ④ into　　(③ - ① - ② - ④ - ⑤)
The financial aspects of the matter are being looked into by the
committee.
　▶look into *A*「*A* を調査する」を受動態にすると，*A* be looked into
(by ~) という形になる。

23\ 答 ④ to as
外国では，富士山はフジヤマと呼ばれることがある。
　▶refer to *A* as *B*「*A* を *B* と呼ぶ」を受動態にすると，*A* be referred
to as *B* という形になる。

正誤 ☐ **24** English is usually ①<u>thought</u> as a language ②<u>which</u> requires
★★   subjects ③<u>to be</u> ④<u>present</u> at all time.   [東洋大学 改]

☐ **25** She was ☐ to by a tourist at the airport.   [武蔵大学 改]
★★
   ① informed   ② declared   ③ said
   ④ spoken   ⑤ told

☐ **26** Our neighbor's cat, which has a long tail, was nearly ☐ a car
★★   yesterday.   [神奈川大学 改]
   ① run over   ② run over by   ③ ran over   ④ ran over by

整序 ☐ **27** ここで提供されるものはすべて，フランスで育てられた材料から作られてい
★★   ます。
   Everything served here ☐ ☐ from ingredients ☐(1)☐
   ☐ France.   [駒澤大学 改]
   ① is   ② in   ③ grown   ④ made

☐ **28** She was laughed ☐ her friends when she came to class covered
★★   with mud.   [立命館大学 改]
   ① at by   ② at for   ③ by   ④ with

☐ **29** A baseball team is ☐ of nine players.   [中央大学 改]
★★
   ① consisted   ② made up   ③ counted   ④ gathered

☐ **30** スタジアムはブブゼラを吹く観客でいっぱいだった。
★★   The stadium ☐ with spectators blowing vuvuzelas.   [帝京大学]
   ① filled   ② filling   ③ was filled   ④ was filling

☐ **31** I was ☐ in a shower, and even barked at by a dog on my way
★★   home.   [名城大学 改]
   ① exposed   ② poured   ③ fallen   ④ caught

24 [答] ① thought → thought of
英語は普通，主語が常に存在する必要のある言語だと考えられている。
▶think of *A* as *B*「*A* を *B* とみなす」を受動態にすると，*A* be thought of as *B* という形になる。

25 [答] ④ spoken
彼女は空港で旅行者に話しかけられた。
▶speak to *A*「*A* に話しかける」を受動態にすると，*A* be spoken to (by ~) という形になる。

26 [答] ② run over by
隣人の猫は，長いしっぽを持っているのだが，昨日危うく車にひかれかけた。
▶run over *A*「*A* をひく」を受動態にすると，*A* be run over (by ~) という形になる。

27 [答] (1) ③ grown　(①-④-③-②)
Everything served here is made from ingredients grown in France.
▶make *A* from *B*「*B*〈材料〉から *A*〈製品〉を作る」を受動態にした形。

28 [答] ① at by
彼女は泥だらけで授業に出たとき，友達に笑われた。
▶laugh at *A*「*A* を笑う」を受動態にすると，*A* be laughed at (by ~) という形になる。

29 [答] ② made up
野球チームは９人で構成されている。
▶be made up of *A* は「*A* から成り立っている」という意味になる。be composed of *A*/consist of *A* と同意表現。

30 [答] ③ was filled
▶be filled with *A* は「*A* でいっぱいだ」という意味になる。

31 [答] ④ caught
私は帰宅途中ににわか雨にあい，おまけに犬にまで吠えられた。
▶be caught in a shower は「にわか雨にあう」という意味になる。
☞【by 以外の前置詞を用いた表現】

☐ language
[名]言語
☐ require
[動](を)必要とする
☐ declare
[動](を)宣言する
☐ neighbor
[名]隣人
☐ tail
[名]しっぽ
☐ ingredient
[名]材料
☐ cover
[動](を)覆う
☐ mud
[名]泥
☐ count
[動](を)数える
☐ gather
[動](を)集める
☐ spectator
[名]観客
☐ blow
[動](を)吹く
☐ bark
[動]吠える
☐ expose
[動]〚expose *A* to *B*〛*A* を *B* にさらす

■ SCORE

	1回目	2回目	3回目
日付	／	／	／
★★★	／9問	／9問	／9問
★★	／21問	／21問	／21問
★	／1問	／1問	／1問
合計	／31問	／31問	／31問

目標ライン		
基礎	標準	難関
7 ／9	8 ／9	9 ／9
11 ／21	16 ／21	19 ／21
0 ／1	0 ／1	1 ／1
18 ／31	24 ／31	29 ／31

※問題を解き終わったら，上の表に日付・結果を記入して学習を振り返りましょう。
※間違えた問題はよく復習し，繰り返し演習することで定着を図りましょう。

この本は英文法の勉強ができるだけでなく，大学入試に頻出の英単語も学ぶことができます。英語が得意な人ほど語彙力が豊富なように思います。私たちが日々食事をしたり睡眠をとったりするのと同じように，毎日の習慣として英単語の勉強をしていきましょう。その努力が将来必ず大きな武器となります。

■ WORDS CHECK TEST

□ region　　　　圏 ⓝ地方

□ unique　　　　圏 ⓐ独特の

□ found　　　　圏 ⓥ(を)設立する

□ remark　　　　圏 ⓥ意見を言う

□ religion　　　圏 ⓝ宗教

□ efficient　　　圏 ⓐ効率的な

□ philosophy　　圏 ⓝ哲学

□ aspect　　　　圏 ⓝ局面

□ require　　　　圏 ⓥ(を)必要とする

□ spectator　　　圏 ⓝ観客

第4章

助動詞

AUXILIARY VERBS

英文音声

第 **4** 章 **助動詞**

AUXILIARY VERBS

□1 Don't waste your time getting nervous about the test. You'll just
★★★ [_____] study hard to pass it. [広島経済大学 改]

① able to ② must ③ have to ④ should

□2 You have been yawning and rubbing your eyes. You might as
★★★ [_____] go to bed now. [実践女子大学 改]

① well ② quickly ③ often ④ fast

□3 Soccer [_____] be the world's most popular sport; however, baseball
★★★ is more popular in America. [南山大学]

① may well ② should well ③ can well ④ must well

□4 "I heard Ikeda died suddenly."
★★★ "That [_____]. I saw him yesterday." [桜美林大学]

① can't be ② must be ③ may be ④ won't be

□5 [_____] it be true that he abandoned his property? [中央大学 改]
★★

① Can ② Had ③ Has ④ Did

□6 If you say that you cannot [_____] doing something, you mean you
★★★ cannot prevent or avoid it. [学習院大学]

① but ② have ③ help ④ restrain

1＼ 箚 ③ have to
　　テストのことを心配して時間を無駄にしてはいけない。合格する
　　ために，一生懸命勉強すればいいだけだ。
　　▶助動詞 will の後には原形動詞を置く。have to *do* は「～しなけれ
　　ばならない」という意味になる。

2＼ 箚 ① well
　　あなたはずっとあくびをして目をこすっている。もう寝た方がい
　　いよ。
　　▶空所直前の might as の後に続くものを考えればよい。may[might]
　　as well *do* は「～する方がよい，～してもさしつかえない」という意
　　味になる。

3＼ 箚 ① may well
　　サッカーはおそらく世界で最も人気のあるスポーツだろう。しか
　　し，アメリカでは野球の方がもっと人気がある。
　　▶本文の内容と，助動詞の直後に well が続くことを考えると，
　　①may well が最も適切。may[might] well *do* は「おそらく～するだ
　　ろう，～するのも当然だ」という意味になる。

4＼ 箚 ① can't be
　　「イケダさんが急に亡くなったと聞きました。」
　　「そんなはずはないよ。昨日彼に会ったもの。」
　　▶文脈から判断する。可能性・推量の意味の can は否定文で用いら
　　れると，「～であるはずがない」という意味になる。

5＼ 箚 ① Can
　　彼が財産を放棄したって，いったい本当ですか？
　　▶可能性・推量の意味の can を疑問文で用いると，「いったい～だ
　　ろうか？」という意味になる。

6＼ 箚 ③ help
　　思わず何かをしてしまうと言ったら，それを防ぐことも避けるこ
　　ともできないということである。
　　▶cannot help *doing* は「～せざるを得ない，思わず～してしまう」と
　　いう意味になる。また，cannot but *do*/cannot help but *do* も同意
　　表現。

□ nervous
　㊟神経質な

4
助動詞

□ yawn
　㊐あくびをする
□ rub
　㊐(を)こする
□ might
　㊐～してもよい
□ popular
　㊟人気がある

□ abandon
　㊐(を)見捨てる
□ property
　㊁財産
□ prevent
　㊐(を)防ぐ
□ avoid
　㊐(を)避ける

59

☐ **7** She is a sentimental woman. She ☐ hear such a bitter story
★★★ without weeping. [佛教大学 改]

① might   ② mustn't   ③ cannot   ④ needs to

☐ **8** Finding the right shoes is very important; you ☐ be too careful
★★★ when choosing your running shoes. [神奈川大学]

① will not   ② cannot   ③ should not   ④ may not

☐ **9** According to the law, you ☐ be 18 years old or over to obtain a
★★★ driver's license in Japan. [関西学院大学]

① can't   ② must   ③ might   ④ may not

☐ **10** Mr. Smith next door went to elementary school with my mother, so
★★★ he ☐ well over 50 now. [東海大学]

① hadn't better   ② could have been
③ ought not   ④ must be

☐ **11** I resolved that I would lose weight, so I ☐ eat snacks between
★★ meals. [芝浦工業大学 改]

① don't have to   ② must
③ have to   ④ mustn't

☐ **12** It's just a casual party, and you ☐ wear a tie. [目白大学 改]

① don't have to   ② don't need
③ have not to   ④ need not to

☐ **13** I ☐ work overtime every day last week because there was a
★★★ high volume of tasks. [亜細亜大学 改]

① might   ② must   ③ had to   ④ ought to

7 [答] ③ cannot
彼女は涙もろい女性だ。そんな悲痛な話を聞けば必ず泣いてしまう。
▶本文の内容と，空所の後に without weeping とあることから，③ cannot が最も適切。cannot *do* ~ without *doing* ... は「～すると必ず…する」という意味になる。

8 [答] ② cannot
適切な靴を見つけることはとても重要だ。ランニングシューズを選ぶときはいくら注意してもしすぎることはない。
▶空所の直後に be too careful が続くことを考えればよい。cannot *do* too ~ は「いくら～してもしすぎるということはない」という意味になる。

9 [答] ② must
法律によると，日本で運転免許を取るためには18歳以上でなければならない。
▶文脈から判断する。must *do* は「～しなければならない」（義務）と「～にちがいない」（推量）の意味がある。

10 [答] ④ must be
隣のスミスさんは私の母親と一緒に小学校に通った。だから，彼は現在50歳をはるかに超えているにちがいない。
▶文脈から判断する。must *do* は「～にちがいない」という推量の意味になる。

11 [答] ④ mustn't
私は体重を減らそうと決心した。だから間食にお菓子を食べてはいけない。
▶文脈から判断する。must not *do* は「～してはいけない」という強い禁止の意味になる。

12 [答] ① don't have to
本当に気楽なパーティーなので，あなたはネクタイをつける必要はありません。
▶don't have to *do* は「～する必要はない」という意味になる。②don't need は一般動詞なので，need の直後に to が必要。④need not to は助動詞なので，not の直後の to が不要。

13 [答] ③ had to
私は先週，大量に仕事があったので，毎日残業しなければならなかった。
▶過去の内容で用いることができるのは③had to のみ。①might は通常，may とほぼ同じ意味で用いられる。

□ sentimental [形]感傷的な
□ bitter [形]つらい
□ weep [動]泣く
□ important [形]重要な
□ careful [形]注意深い
□ law [名]法律
□ obtain [動]（を）手に入れる
□ ought [助]〖ought to *do*〗～すべきである
□ resolve [動]（を）決心する
□ snack [名]お菓子
□ casual [形]打ち解けた
□ tie [名]ネクタイ
□ overtime [副]時間外で
□ volume [名]（容）量

14 ★★ The professor [____] the book on oxygen therapy in his lecture tomorrow. [摂南大学 改]

① will talk   ② will discuss

③ has discussed   ④ has talked

15 ★★★ We [____] go to Canada to study ecology next year.

① are going to can   ② will be able to

③ will enable to   ④ will can [鹿児島国際大学 改]

16 ★★ She [____] not give up gambling, although her husband told her to a hundred times. [九州産業大学]

① must   ② has   ③ should   ④ would   ⑤ ought

17 ★★★ We [____] go home before it starts raining heavily. [大妻女子大学]

① are   ② have   ③ may   ④ should

18 ★★ We [____] to obey traffic rules so the number of accidents will decrease. [東京経済大学 改]

① would rather   ② must

③ had better   ④ ought

19 ★★★ Prof. Myron suggested that students [____] a basic linguistics class before taking his course. [東海大学 改]

① to take   ② take   ③ taking   ④ have taken

20 ★★★ The court ordered that the corporation [____] a large fine.

① will pay   ② pays   ③ pay   ④ paying

[神奈川大学 改]

[14] [答] ② will discuss
教授は明日の講義で，酸素療法に関するその本について議論するだろう。
▶tomorrow があることから未来の内容と考えて，②will discuss が正解。①will talk は，talk が自動詞なので about が必要。

☐ oxygen
[名]酸素
☐ therapy
[名]治療

[15] [答] ② will be able to
私たちは生態学を勉強をするために来年カナダへ行くことができるだろう。
▶will be able to *do* は「〜することができるだろう」という意味になる。④will can のように助動詞を連続して並べることはできない。

☐ ecology
[名]生態（学）

[16] [答] ④ would
彼女の夫は何度もやめるように言ったが，彼女はどうしてもギャンブルをやめようとしなかった。
▶過去の内容で用いることができるのは④would のみ。本問では「どうしても〜しようとしなかった」（強い拒絶）という意味になる。

☐ gambling
[名]ギャンブル

[17] [答] ④ should
雨が激しく降り出す前に，私たちは帰宅すべきだ。
▶空所の直後に go があるので助動詞が入る。before 以下の内容から「帰宅すべきだ」と考えて，④should が正解。

[18] [答] ④ ought
交通事故件数が減るように，私たちは交通規則に従わなければならない。
▶空所の直後に to obey が続くことを考えると，④ought が適切である。ought to *do* は，should と同じで「〜すべきだ」（義務）と「〜するはずだ」（推量）の意味になる。

☐ obey
[動]（に）従う
☐ decrease
[動]減少する

[19] [答] ② take
マイロン教授は，学生たちが自分の講座を履修する前に基本的な言語学の講座を履修することを提案した。
▶〈要求・提案・決定・命令〉などを表す動詞に続く that 節は，S (should) *do* という形になる。
☞【should の注意すべき用法】

☐ suggest
[動]（を）提案する
☐ course
[名]講座

[20] [答] ③ pay
裁判官はその企業に多額の罰金を支払うように命令した。
▶order ~ は「〜を命令する」という意味なので，動詞に続く that 節は，S (should) *do* という形になる。

☐ court
[名]［the - ］裁判官
☐ corporation
[名]会社
☐ pay
[動]（を）支払う

整序 **21** 彼が怒るのは当たり前だと思う。　　　　　　　　　　　　[札幌学院大学]
★★

I think that [① angry　② be　③ he　④ it's　⑤ natural
⑥ should　⑦ that] with you.

22 I guess I'd better ⬚⬚⬚ before she comes back.　　　[桃山学院大学 改]
★★

① leaving　　② to leave　　③ leave　　④ left

整序 **23** この難しい問題から始めない方がいいよ。　　　　　　　[姫路獨協大学 改]
★★

You ⬚⬚ ⬚⬚ (1)⬚ ⬚⬚ ⬚⬚ this difficult question.

① better　② had　③ not　④ start　⑤ with

24 I would rather walk the distance at a slow pace than ⬚⬚ a taxi.
★★

① take　　② taking　　③ to take　　④ taken

[青山学院大学 改]

25 "How about joining our jam session, Dave?"
★★
"If you don't mind, ⬚⬚. I've got a bit of headache."

① I'd rather go　　　　　　　② I'd rather not
③ I'd love go　　　　　　　④ I wouldn't love to　[湘南工科大学 改]

26 We ⬚⬚ be good friends but I don't see much of her now.
★★★

① are use　　② are used　　③ used　　④ used to

[千葉商科大学]

27 She ⬚⬚ often swim and play in shallow water near her house
★★
when she was a child.　　　　　　　　　　　　　　[玉川大学 改]

① has　　② should　　③ would　　④ would have

21\ 答 ④ - ⑤ - ⑦ - ③ - ⑥ - ② - ①

I think that it's natural that he should be angry with you.

▶It is *A* that ... で *A* に natural/sad/surprising/strange/a pity など
がくるとき，that 節は S (should) *do* という形になる。

22\ 答 ③ leave

彼女が戻る前に私は出て行った方がいいと思う。

▶空所直前の had better の後には *do* が続く。had better *do* は「〜
した方がよい」という意味になる。

4

助動詞

23\ 答 (1) ③ not (② - ① - ③ - ④ - ⑤)

You had better not start with this difficult question.

▶had better not *do* は「〜しない方がよい」という意味になる。not
は had better の直後に置くこと。

24\ 答 ① take

タクシーに乗るよりむしろその距離をゆっくりと歩きたい。

▶would rather[sooner] *do* 〜 than *do* ... は「…するよりむしろ〜し
たい」という意味になる。

25\ 答 ② I'd rather not

「デーブ，私たちの即興演奏会に参加しない？」

「もし問題なければ，できれば参加したくないんだ。少し頭が痛
くて。」

▶文脈から判断する。would rather *do* の否定形は，would rather
not *do* という形になり，「できれば〜したくない」という意味になる。

26\ 答 ④ used to

私たちは以前は親友でしたが，今ではあまり彼女に会いません。

▶used to *do* は「以前は〜だった，いつも〜したものだ」という意味
になり，現在との対比を表す。used to の後の動詞は動作動詞・状
態動詞のどちらも続くことが可能。

27\ 答 ③ would

子どもの頃，彼女は家の近くの浅瀬でよく泳いだり遊んだりした
ものだった。

▶過去の内容であることと，空所直後に often があることから，
③would が正解。would (often) *do* は「(よく) 〜したものだった」と
いう意味になり，過去の習慣的行為を表す。would (often) の後の
動詞は動作動詞だけが続く。

連立 □ **28** (a) You don't have to do such a useless task.
★★ (b) You ⬚ do such a useless task. [国際医療福祉大学 改]

① mustn't ② don't need ③ needn't ④ need not to

□ **29** As it is raining, I assume they ⬚ have stayed at home.
★★
① can ② must ③ need ④ shall

[立命館大学 改]

□ **30** I may ⬚ this science fiction novel before, but I hardly
★★ remember the story. [獨協大学 改]

① read ② be read ③ be reading ④ have read

□ **31** Tom is being investigated about whether he attacked Mr. Smith, but
★★ Tom was at the community center with his neighbors when the
incident happened, so Tom ⬚ have been the attacker.

① should ② can't ③ might not ④ must

[芝浦工業大学 改]

□ **32** I should ⬚ the room earlier. If I had, I wouldn't have missed
★★ the last train home. [青山学院大学]

① leave ② be leaving
③ have been left ④ have left

□ **33** Dr. Lambert ⬚ here by now, for his secretary called us this
★ morning to say that he took the earlier train. [清泉女子大学]

① must arrive ② cannot have arrived
③ may not have arrived ④ ought to have arrived

28\ 答 ③ needn't

あなたはそのような役に立たないことをする必要はありません。
▶needn't は助動詞として使われており，「〜する必要がない」という意味。助動詞 need は通例，否定文と疑問文でしか用いられない。
☞【need の用法】

29\ 答 ② must

雨が降っているので，彼らは家にいたにちがいないと思う。
▶文脈から判断する。must have *done* は「〜したにちがいない」という過去の推量の意味になる。
☞【推量や後悔を表す助動詞＋ have *done*】

30\ 答 ④ have read

この SF 小説を以前に読んだかもしれないけれど，ほとんど話を覚えていません。
▶before に注目すれば，過去の内容だとわかる。may[might] have *done* は「〜したかもしれない」という過去の推量の意味になる。

31\ 答 ② can't

トムはスミス氏を襲ったかどうかで取り調べを受けているが，その事件が起こったとき，トムは隣人と市民会館にいたため，トムが加害者であったはずがない。
▶文脈から判断する。cannot[can't] have *done* は「〜したはずがない」という過去の推量の意味になる。

32\ 答 ④ have left

もっと早くに部屋を出るべきだった。もしそうしていたら，家に帰る最終電車に乗り遅れなかっただろうに。
▶過去の事柄であることを文脈から判断する。should have *done* は「〜すべきだったのに」という過去の後悔の意味になる。

33\ 答 ④ ought to have arrived

ランバート博士は今頃にはもうここに着いていたはずなのだが。というのも，今朝彼の秘書が私たちに電話をしてきて，博士がもっと早い時刻の列車に乗ったと言ったのだから。
▶by now から，これまでに起こったことを表すことがわかる。ought to have *done* は「〜したはずだ」（過去の推量）という意味になり，文意に合う。①must arrive は過去の推量の意味を表さないので不可。

□ useless
㊙役に立たない
□ task
㊂仕事

□ assume
㊙（〜だと）思う

4

助動詞

□ fiction
㊂作り話
□ novel
㊂小説

□ investigate
㊙（を）調査する
□ community
㊂地域社会

□ miss
㊙（に）間に合わない

□ secretary
㊂秘書

34 You ☐ such a cruel thing to her yesterday. ［国際医療福祉大学 改］

① could have been said   ② ought not have said

③ should not have said   ④ are to be said

35 It was nice of you to invite me to the concert last night, Kim. I really ☐ have a good time! ［南山大学］

① would   ② did   ③ might   ④ should

36 How ☐ say that to my face! You are the one who stirred up all this trouble. ［拓殖大学 改］

① dare you   ② you dared   ③ dare you to   ④ you dare

[34] [答] ③ should not have said
あなたは昨日，彼女にそのような残酷なことを言うべきではなかったのに。
▶yesterday に注目すれば，過去の内容だとわかる。文脈から判断すると，過去の後悔の意味が入るとわかるので，③should not have said が最も適切。②ought not have said は to が不足しているため不可。

[35] [答] ② did
キム，あなたは私を昨晩のコンサートに誘ってくれましたね。私は本当に楽しい時間を過ごしました！
▶do[does/did] には助動詞として用いて，続く原形動詞の意味を強調する用法がある。

[36] [答] ① dare you
面と向かって，よくそんなことが言えるね！ この問題を引き起こしたのはあなたですよ。
▶How dare S V ! は「よくもまあ～できるね！」という皮肉を込めた意味になる。

□ cruel
[形]残酷な

□ invite
[動]（を）招待する

□ dare
[助]あえて～する

□ stir
[動]〚stir up *A*/stir *A* up〛*A* を引き起こす

■ SCORE

	1回目	2回目	3回目
日付	／	／	／
★★★	／15問	／15問	／15問
★★	／19問	／19問	／19問
★	／2問	／2問	／2問
合計	／36問	／36問	／36問

目標ライン		
基礎	標準	難関
12 ／15	13 ／15	15 ／15
9 ／19	14 ／19	17 ／19
0 ／2	0 ／2	1 ／2
21 ／36	27 ／36	33 ／36

※問題を解き終わったら，上の表に日付・結果を記入して学習を振り返りましょう。
※間違えた問題はよく復習し，繰り返し演習することで定着を図りましょう。

助動詞は種類も多く体系的な理解が難しいテーマだと思います。しかし，きちんと学べば相手のメッセージを今以上に理解することができ，自分が伝えたいメッセージもより正確に伝えることができます。助動詞を上手く使い分けられるようになれば，スピーキング力においてもとても役立つものになるでしょう。

■ WORDS CHECK TEST

☐ rub 　　　　　 答 働 (を)こする

☐ property 　　　 答 名 財産

☐ weep 　　　　 答 働 泣く

☐ casual 　　　　答 形 打ち解けた

☐ ecology 　　　 答 名 生態 (学)

☐ decrease 　　　答 働 減少する

☐ rather 　　　　答 副 むしろ

☐ shallow 　　　 答 形 浅い

☐ investigate 　　答 働 (を)調査する

☐ cruel 　　　　 答 形 残酷な

第5章

仮定法

SUBJUNCTIVE MOOD

英文音声

第 **5** 章 **仮定法**

SUBJUNCTIVE MOOD

☐**1** You can come and see me anytime if you ☐ free tomorrow.
★★★
① will   ② are   ③ were   ④ will be   [中京大学]

☐**2** If I were you, I ☐ buy that fur coat.   [駒澤大学 改]
★★★
① am not   ② wouldn't   ③ don't   ④ won't

☐**3** If I ☐ the first prize in the lottery, I could buy a new car.
★★★
① am winning   ② will win   ③ would win   ④ won   [摂南大学]

☐**4** If you ☐ your car here, you would have got fined.   [玉川大学]
★★★
① parked   ② had parked
③ were parking   ④ park

☐**5** If you had followed your parent's advice, this problem never ☐.
★★
① would happen   ② happens
③ would have happened   ④ would have been happened
[杏林大学]

☐**6** If I ☐ a computer last year, I'd still be relying on my old electric
★★
typewriter.   [センター試験 改]

① hadn't bought   ② haven't bought
③ shouldn't buy   ④ wouldn't buy

☐**7** If I had started working on time, I ☐ finished with my report
★★
by now.   [武庫川女子大学 改]

① am   ② must be   ③ was   ④ would be

1 答 ② are
もし明日あなたがお暇ならば，いつでも会いに来ていただいてかまいません。
▶主節の can に注目すると，現実にあり得る内容を述べた文であり，仮定法でないことがわかるので，②are が正解。

□ free
㊊自由な

2 答 ② wouldn't
もし私があなたなら，その毛皮のコートを買わないだろう。
▶If 節に were があるため，仮定法過去形と判断できる。

□ fur
㊔毛皮
□ coat
㊔コート

3 答 ④ won
もし私が宝くじで一等賞を獲れば，新しい車が買えるのに。
▶主節に could buy があるため，仮定法過去形と判断できる。

□ prize
㊔賞
□ lottery
㊔宝くじ

4 答 ② had parked
もしあなたがここに駐車していたら，罰金を科されていたでしょう。
▶主節に would have got があるため，仮定法過去完了形と判断できる。

□ fine
㊍(に)罰金を科す

5 答 ③ would have happened
あなたがご両親の忠告に従っていたら，この問題は決して起こらなかったでしょう。
▶If 節に had followed があるため，仮定法過去完了形と判断する。

□ follow
㊍(に)従う
□ advice
㊔忠告

6 答 ① hadn't bought
もし私が昨年，コンピューターを買っていなかったら，まだ古い電動タイプライターに頼っているでしょう。
▶主節は would still be relying から仮定法過去形とわかるが，If 節は last year から仮定法過去完了形が入ると判断する。
☞【仮定法過去形と仮定法過去完了形の混合パターン】

□ rely
㊍〚rely on *A*〛
A を頼りにする
□ electric
㊊電動の

7 答 ④ would be
もし私が時間通りに取りかかっていたなら，今頃レポートを書き終えているだろう。
▶If 節は had started があるため仮定法過去完了形であるとわかるが，主節は by now があることで現在の事実に反する仮定法過去形が入ると判断する。

□ finished
㊊終えた
□ report
㊔報告

□ 8 ★★ If the sun [   ] to rise in the west, I would decline your offer.

① is ② were ③ are ④ be

［大阪産業大学 改］

□ 9 ★★ [   ] you asked me what was going on, I would have told you the whole story. ［中央大学］

① If ② Had ③ Having ④ Supposing

□ 10 ★★ [   ] an earthquake to occur, we would have to take immediate action. ［近畿大学］

① If ② Should ③ Unless ④ Were

□ 11 ★★ [   ] you notice any suspicious bags, please inform the conductor.

① Could ② Might ③ Should ④ Would

［青山学院大学］

□ 12 ★★ [   ] I be able to try again, I would do my best. ［大阪産業大学］

① May ② Were ③ Should ④ If

[整序] □ 13 ★★ きれいな水と適切な栄養がなければ，その魚は水の中で生きることはできないだろう。

[   ] [(1)] [   ] [   ] [(2)] [   ] [(3)] [   ] good nutrition, the fish could not live in the water. ［摂南大学］

① not ② for ③ water ④ were
⑤ it ⑥ and ⑦ if ⑧ clean

8 [答] ② were
もし太陽が西から昇ったとしても，私はあなたの申し出を断るだろう。
▶主節の would decline より，②were が正解だとわかる。If S were to *do* ~, S' (would/could/might) *do* ... 「万一～したら…するだろうに」は，未来において実現の可能性が極めて低い，または起こり得ない仮定を表す。
☞【未来についての実現性の低い仮定】

9 [答] ② Had
何が起こっているのかとあなたが私に尋ねていたら，私はあなたにその話の一部始終を話しただろう。
▶主節が仮定法過去完了形なので，If 節は had *done* の形になる。If を省略して had を文頭に置くことができるので②Had が正解。元の文は If you had asked me what was going on, ... になる。

10 [答] ④ Were
地震が起きれば，私たちは即座に行動を取らないといけないだろう。
▶to occur に注目すれば，④Were が正解だとわかる。仮定法の If が省略されて were が文頭に置かれた文で，元の文は If an earthquake were to occur, ... になる。

11 [答] ③ Should
万一，不審なカバンに気づかれましたら，車掌にお知らせください。
▶主節が please から始まる命令文であることに注目する。このとき should を用いた仮定の文を予想する。If を省略して should を文頭に移動することができる。元の文は If you should notice any suspicious bags, ... になる。

12 [答] ③ Should
もし万一再び挑戦できるなら，私は最善を尽くすでしょう。
▶be に注目すれば，If の省略で should が文頭に移動した文とわかる。元の文は If I should be able to try again, ... になる。

13 [答] (1) ⑤ it (2) ② for (3) ③ water
(⑦-⑤-④-①-②-⑧-③-⑥)
If it were not for clean water and good nutrition, the fish could not live in the water.
▶if it were not for ~ は「もし～がなければ」という意味の仮定法過去形の表現。
☞【「もし～がなければ」(仮定法過去形)の表現】

□ decline
[動] (を)断る

□ earthquake
[名]地震

□ immediate
[形]即座の

□ action
[名]行動

□ notice
[動] (に)気づく

□ suspicious
[形]不審な

□ conductor
[名]車掌

□ able
[形]【be able to *do*】～することができる

□ nutrition
[名]栄養(成分)

整序 ☐ **14**
★★
無謀運転で逮捕されていなければ，彼は今でも雇われているだろう。

He would still be employed [① arrest　② been　③ for
④ hadn't　⑤ his　⑥ if　⑦ it] for reckless driving.　　　［立命館大学］

☐ **15**
★★
I do not deny that your information was invaluable. ☐ it, I could
never have formed our plan.　　　　　　　　　　　　　　［青山学院大学］

① Far from　　② In spite of　　③ With　　④ Without

連立 ☐ **16**
★★
(a) I would have been in real trouble if it hadn't been for your support.
(b) ☐ your support, I would have been in real trouble.

① Because of　② With　　　③ Instead of　④ But for　［駒澤大学］

☐ **17**
★★
☐ it not for a leaking roof, I would buy the house.　［愛知大学］

① If　　　　② Were　　　③ Had　　　④ With

整序 ☐ **18**
★★
車の事故がなければ，彼は会議に遅刻しなかっただろう。　［中央大学］

He wouldn't have been late for the meeting [① been　② for
③ had　④ it　⑤ not] the car accident.

☐ **19**
★★★
It is time you ☐ to study. Effort and success are often closely
linked.　　　　　　　　　　　　　　　　　　　　　　　［東洋大学 改］

① begin　　② began　　③ will begin　④ had began

☐ **20**
★★
The girl talks about the secret agent as if she ☐ him.

① meet　　② meeting　　③ have met　　④ had met

　　　　　　　　　　　　　　　　　　　　　　　　　　　［広島経済大学 改］

14 [答] ⑥ - ⑦ - ④ - ② - ③ - ⑤ - ①

He would still be employed if it hadn't been for his arrest for reckless driving.

▶if it had not been for ~ は「もし~がなかったならば」という意味の仮定法過去完了形の表現。

☞【「もし~がなかったならば」(仮定法過去完了形)の表現】

15 [答] ④ Without

あなたの情報がとても貴重だったことは否定しません。それがなかったら，私たちの計画を練り上げることは決してできなかったでしょう。

▶主節が仮定法過去完了形であることと，「それがなかったら」と考えると，④Without が正解。

16 [答] ④ But for

あなたの支援がなかったならば，本当に困っていただろう。

▶主節が仮定法過去完了形であることと，「~がなかったならば」と考えると，④But for が正解。

17 [答] ② Were

もし屋根が雨漏りしていなければ，私はその家を買うだろうに。

▶if it were not for ~「もし~がなければ」の if を省略した形になる。このとき，were が文頭に移動する。

18 [答] ③ - ④ - ⑤ - ① - ②

He wouldn't have been late for the meeting had it not been for the car accident.

▶if it had not been for ~「もし~がなかったならば」の if が省略された文。このとき，had が文頭に移動する。

19 [答] ② began

勉強を始める時間ですよ。努力と成功は密接に関連していることが多いからね。

▶It is (high/about) time S V のとき，動詞は仮定法過去形になり，「(とっくに，そろそろ) ~してもいい頃だ」という意味を表す仮定法の表現になる。

20 [答] ④ had met

その少女はまるで会ったことがあるかのようにそのスパイについて話す。

▶主節の動詞の時よりも1つ前の時を表す場合，as if の後は仮定法過去完了形を用いるので，④had met が正解。

☞【as if の仮定法の表現】

- □ employ [動](を)雇う
- □ arrest [名]逮捕
- □ reckless [形]無謀な
- □ deny [動](を)否定する
- □ invaluable [形]非常に貴重な
- □ form [動](を)形づくる
- □ support [名]支援
- □ leak [動]漏れる
- □ roof [名]屋根
- □ meeting [名]会議
- □ accident [名]事故
- □ closely [副]密接に
- □ link [動](を)つなぐ
- □ agent [名]代理人，スパイ

21 I'm tired of walking to school. I _____ my house were closer to the school.　　　　　　　　　　　　　　　　　　[佛教大学]
★★

① want　　　② hope　　　③ wish　　　④ like

22 I wish I _____ rich at that time.　　　　　　　　[東北学院大学]
★★

① had been　② have been　③ were　　④ would be

23 _____ I could have more time to sleep! I'm struggling to keep
★★　awake preparing for examinations each night.　　[日本女子大学 改]

① If only　　② Now that　　③ On condition　④ The moment

24 I wish that man _____ tapping his fingers on the desk. It's really
★★　annoying me.　　　　　　　　　　　　　　　　　[北里大学]

① has stopped　② would stop　③ stop　　④ stopping

25 I would much rather you _____ reject that generous offer.
★

① might not　② cannot　　③ didn't　　④ wouldn't

　　　　　　　　　　　　　　　　　　　　　　　[亜細亜大学 改]

26 John had to take a job at a fast-food restaurant; _____, he wouldn't
★★　have been able to put down a deposit on the car.　[関西学院大学 改]

① had he done so　　　　② if so
③ otherwise　　　　　　④ were that the case

整序 **27** 良識の持ち主なら誰でも，同じことをしたであろう。　[立命館大学]
★★

[① sense　② with　③ done　④ anyone　⑤ would　⑥ good
⑦ have] the same thing.

整序 **28** もう少し辛抱すれば，君はその問題を解くことができたであろうに。
★★

_____ a little _____ patience, you _____ have _____ the _____.

① could　② more　③ with　④ solved　⑤ problem

　　　　　　　　　　　　　　　　　　　　　　　[明海大学]

21＼ 答 ③ wish

私は学校まで歩くのに飽きている。家が学校までもっと近ければなあ。

▶were に注目すると仮定法過去形とわかるので，実現できない願望を表す③wish が正解。

22＼ 答 ① had been

あのとき金持ちだったらなあ。

▶at that time「あのとき」に注目すれば，主節の動詞の時よりも1つ前の時だとわかるので，仮定法過去完了形を用いる。

23＼ 答 ① If only

もっと睡眠時間がありさえすればなあ！ 私は毎晩試験の準備で眠らないように奮闘している。

▶if only を用いた仮定法の表現では，I wish を用いた仮定法の表現とほぼ同じ意味になる。

24＼ 答 ② would stop

あの男，指で机を叩くのを止めてくれないかな。本当に私をいらいらさせているよ。

▶I wish S would do の表現は，これからのことに対する願望を表すときに用いる。will do が仮定法として would do になったと考える。

25＼ 答 ③ didn't

あなたにその寛容な申し出を拒絶してほしくないんです。

▶S に対する願望を表す would rather S V の表現では，V には仮定法がくる。現在に対する仮定なので，仮定法過去形を用いる。

26＼ 答 ③ otherwise

ジョンはファストフード店の仕事に就かなければならなかった。さもなければ，彼は車の頭金を払うことができなかっただろう。

▶otherwise は前文の内容を否定して，「さもなければ，そうでなかったら」という意味になり，後に続く仮定法の条件になる。

27＼ 答 ④ - ② - ⑥ - ① - ⑤ - ⑦ - ③

Anyone with good sense would have done the same thing.

▶仮定法の文では，主語（のかたまり）自体が条件を表すことがある。

28＼ 答 ③ - ② - ① - ④ - ⑤

With a little more patience, you could have solved the problem.

▶With ~ の副詞句のかたまりが仮定法の条件になっている。

□ tired
　働［be tired of A］
　A に飽きている

5

仮定法

□ struggle
　働苦闘する

□ tap
　働［tap A on B］
　A で B を軽く叩く
□ annoy
　働（を）いらいら
　させる
□ reject
　働（を）拒む
□ generous
　形寛大な

□ otherwise
　働さもないと
□ deposit
　名頭金

□ patience
　名忍耐力
□ solve
　働（を）解決する

☐**29** I [＿＿＿] happy to see him, but I didn't have time.   [慶應義塾大学]
★★
  ① will have been   ② would be
  ③ will be   ④ would have been

☐**30** Ten minutes earlier, [＿＿＿] we would have had access to the hall.
★
  ① so   ② or   ③ but   ④ and

                                    [東洋大学 改]

[29] [答] ④ would have been

私は彼に会っていたら嬉しかっただろうが，時間がなかった。

▶to see him の不定詞のかたまりが仮定法の条件となっており，If I had seen him と同意表現。

[30] [答] ④ and

もし10分早かったら，ホールを利用することができていただろう。

▶~, and は後に続く仮定法の条件になっている。

☐ access
[名]利用権

■ SCORE

	1回目	2回目	3回目
日付	/	/	/
★★★	/5問	/5問	/5問
★★	/23問	/23問	/23問
★	/2問	/2問	/2問
合計	/30問	/30問	/30問

目標ライン		
基礎	標準	難関
3 /5	4 /5	5 /5
12 /23	18 /23	21 /23
0 /2	0 /2	1 /2
15 /30	22 /30	27 /30

※問題を解き終わったら，上の表に日付・結果を記入して学習を振り返りましょう。
※間違えた問題はよく復習し，繰り返し演習することで定着を図りましょう。

私が受験生の時に一番苦手だったのがこの仮定法でした…。
仮定法では過去・現在・未来のどの時点の内容を述べているのかを考えることが最も重要で，それによって表現方法が変わることを勉強しました。構文もたくさん登場しましたが，何度も復習をして，「理解」できるまで頑張りましょう。

■ WORDS CHECK TEST

- □ advice　图 ⓒ忠告
- □ decline　图 ⓥ(を)断る
- □ immediate　图 ⓐ即座の
- □ reckless　图 ⓐ無謀な
- □ deny　图 ⓥ(を)否定する
- □ struggle　图 ⓥ苦闘する
- □ generous　图 ⓐ寛大な
- □ otherwise　图 ⓐさもないと
- □ patience　图 ⓒ忍耐力
- □ access　图 ⓒ利用権

英文音声

第 6 章 動名詞

GERUND

1 ★★★ _____ communication skills makes your college life more satisfying. [国士館大学]

① Development
② Developing
③ Develops
④ Being developed

2 ★★★ In general, it is awfully cold _____ motorbikes in winter.

① ride
② ridden
③ riding
④ rode [南山大学 改]

3 ★★★ My hobby is _____ broken tools and devices. [駒澤大学 改]

① repairing
② to be repaired
③ repairs
④ being repaired

4 ★★★ I decided to give up the idea of _____ a brick house for the time being. [亜細亜大学 改]

① buy
② buying
③ bought
④ to buy

5 ★★★ We enjoyed _____ you with us tonight. [芝浦工業大学]

① have
② having
③ to have
④ of having

6 ★★★ Would you mind _____ the door? [駒澤大学]

① to close
② closing
③ close
④ closed

7 ★★★ John hopes to finish _____ for his student loan. [松山大学 改]

① to pay
② pay
③ paid
④ paying

8 ★★★ According to the outcome of a survey, about 40% of college students are estimated to have considered _____ school. [昭和女子大学 改]

① to quit
② quitting
③ quit
④ quitted

1 \ 答 ② Developing

コミュニケーションスキルを磨くことで，あなたの大学生活は
もっと満足のいくものになる。

▶空所から skills までが，makes に対する主語のかたまりになるこ
とから，「～すること」を意味する動名詞が適切とわかる。

2 \ 答 ③ riding

一般的に，冬にバイクに乗るのは，ひどく寒い。

▶It が形式主語であり，空所以下のかたまりが真主語と考えると，
動名詞を表す③riding が適切とわかる。

3 \ 答 ① repairing

私の趣味は壊れた道具と装置を修理することだ。

▶is の直後に動名詞である①repairing「～を修理すること」を入れれ
ば文意が通じる。

4 \ 答 ② buying

私はさしあたり，レンガの家を買うという考えを諦めることを決
めた。

▶前置詞の後には名詞がくるので，動詞は動名詞の形にする。

5 \ 答 ② having

今夜は来てくれてありがとう。

▶enjoy「～を楽しむ」は目的語に動名詞を用いることが可能。

☞【動名詞と不定詞の使い分け】

6 \ 答 ② closing

ドアを閉めていただけませんか？

▶mind「～を気にする」は目的語に動名詞を用いることが可能。

7 \ 答 ④ paying

ジョンは学生ローンを支払い終えることを望んでいる。

▶finish「～を終える」は目的語に動名詞を用いることが可能。

8 \ 答 ② quitting

ある調査結果によると，およそ40パーセントの大学生は学校を
辞めることを考えていると推定される。

▶consider「～を考慮する」は目的語に動名詞を用いることが可能。

□ develop
　働 (を)発達させる
□ skill
　③技術

□ general
　③一般
□ awfully
　働とても

□ tool
　③道具
□ device
　③装置

□ brick
　③レンガ

□ mind
　働 (を)気にする

□ loan
　③ローン

□ outcome
　③結果
□ estimate
　働 (を)推定する

6

動名詞

85

9 We have decided to put off ☐ a new Blu-ray Disk player.
★★★
① being bought　　　　　② buying
③ to be bought　　　　　④ to buy　　　　　　　　　　[近畿大学]

10 She won the first prize in the speech contest because she carefully
★★★ avoided ☐ mistakes.　　　　　　　　　　　　　　　[神奈川大学]
① to make　　② making　　③ made　　④ to be making

11 George denied ☐ the machine, even though he was the last to
★★ use it.　　　　　　　　　　　　　　　　　　　　　[松山大学]
① to break　　　　　　　② breaking
③ being broken　　　　　④ to have broken

12 I urged the young guy in a calm manner to quit ☐ in the library,
★★ but he wouldn't.　　　　　　　　　　　　　　　　　[南山大学 改]
① talk　　② talked　　③ to talk　　④ talking

正誤 **13** ①Because of her back injury, Sandra had to give up ②to compete in
★★★ the final; ③otherwise, she would ④have won the tournament.
　　　　　　　　　　　　　　　　　　　　　　　　　　[学習院大学 改]

正誤 **14** I'll never forget ①to get lost ②when we ③were climbing in ④the
★★ Alps last year.　　　　　　　　　　　　　　　　　[日本大学]

15 I remember ☐ about my career at the welcoming party.
★★
① being asked　　　　　② being asking
③ to be asking　　　　　④ to have asked　　　　　　[千葉商科大学 改]

16 Stop ☐ like a spoiled child. You're twenty years old.
★★
① to behave　　② behaving　　③ behave　　④ behaved
　　　　　　　　　　　　　　　　　　　　　　　　　　[明治大学 改]

9 [答] ② buying
新しいブルーレイディスクプレイヤーを買うのを先延ばしにすることにした。
▶put off *A*「*A* を延期する」は目的語に動名詞を用いることが可能。

10 [答] ② making
彼女は間違うのを慎重に避けたので，スピーチコンテストで優勝した。
▶avoid「〜を避ける」は目的語に動名詞を用いることが可能。

□ speech
[名]演説
□ contest
[名]コンテスト

11 [答] ② breaking
確かに自分が最後にその機械を使ったけれども，ジョージはその機械を壊したことを否定した。
▶deny「〜を否定する」は目的語に動名詞を用いることが可能。

12 [答] ④ talking
私はその若い男に図書館で私語をするのをやめるように穏やかに求めたが，彼はどうしてもやめようとしなかった。
▶quit「〜をやめる」は目的語に動名詞を用いることが可能。

□ urge
[動]〚urge *A* to *do*〛*A* を〜するように説得する
□ calm
[形]穏やかな

13 [答] ② to compete → competing
背中を痛めたので，サンドラは決勝戦に出ることを諦めなければならなかった。もしそうでなかったら，彼女はその選手権で優勝していただろう。
▶give up「〜を諦める」は目的語に不定詞ではなく動名詞を用いる。

□ compete
[動]（競技などに）参加する

14 [答] ① to get → getting
昨年，私たちがアルプス山脈を登っていたときに道に迷ってしまったことを，私は決して忘れないでしょう。
▶when 以下の内容から，to get を getting に変える。forget *doing* は「〜したことを忘れる」という意味になる。

□ climb
[動]登る

15 [答] ① being asked
歓迎会で経歴について尋ねられたことを覚えている。
▶「経歴について尋ねられたこと」と考えると文意が通る。したがって，①being asked が正解。remember *doing* は「〜したことを覚えている」という意味になる。

□ remember
[動]（を）思い出す
□ career
[名]職業，経歴

16 [答] ② behaving
甘やかされた子どもみたいに振る舞うのはやめなさい。もう20歳なんですよ。
▶「振る舞うことをやめる」と考えて，②behaving を選ぶ。stop *doing* は「〜することをやめる」という意味になる。

□ spoil
[動]（を）だめにする

□17 When he lost his vision, he at first [ ] to use a cane or learn
★★　Braille, insisting he could somehow get along as normal.

① avoided　　② conducted　　③ refused　　④ suggested

[関西学院大学]

□18 My parents insisted [ ] use of the opportunity to study abroad
★★　for my own benefit.　　　　　　　　　　　　　　[松山大学 改]

① for my making　　　　② on my making
③ for me to make　　　　④ me to make

□19 I'm not proud of [ ].　　　　　　　　　　　[國學院大学]
★★

① my family being rich　　② my family are rich
③ my family is rich　　　　④ my family be rich

正誤 □20 Professor Smith was ①angry at my ②came ③late to class ④every
★★　day.　　　　　　　　　　　　　　　　　　　[武蔵工業大学]

□21 The pupil was afraid of being scolded for not [ ] done his
★★　mathematics homework.　　　　　　　　　　　[大阪学院大学 改]

① have　　② had　　③ having　　④ to have

整序 □22 彼はその男を殺した容疑で逮捕された。　　　　　[立命館大学]
★★

He [① of　② on　③ killed　④ arrested　⑤ having
⑥ suspicion　⑦ was] the man.

□23 I'm sorry for [ ] your e-mail sooner.　　　　[桜美林大学 改]
★★

① not to respond to　　　　② not having responded to
③ not to have respond to　　④ no responding to

17 [答] ③ refused
目が見えなくなったとき，どうにかして健常者と同じようにやっていけると言い張って，彼は最初，杖を使うことやブライユ点字法を習うことを拒んだ。
▶目的語に不定詞を用いるのは③refused のみ。①avoided と④suggested は目的語には動名詞を用いる。

18 [答] ② on my making
私の両親は，私が自分自身のために海外留学の機会を利用するようにと強く言いました。
▶insist on *A* で「*A* を主張する」という意味になるが，my は making の意味上の主語になることに注意する。
☞【動名詞の主語（意味上の主語）を示す必要があるとき】

19 [答] ① my family being rich
家が裕福であることを私は自慢に思っていない。
▶前置詞 of の後には動名詞が続くことが可能。my family は being の意味上の主語になる。

20 [答] ② came → coming
スミス教授は，毎日私が授業に遅刻していたことに怒っていた。
▶前置詞 at の後なので came を動名詞の coming に変える。my は coming の意味上の主語になる。

21 [答] ③ having
その生徒は数学の宿題をしなかったことで，叱られることを恐れていた。
▶前置詞 for の後なので動名詞が入るとわかる。動名詞の表す時が，主節の動詞の表す時よりも 1 つ前の時である場合には完了動名詞 (having *done*) を用いる。

22 [答] ⑦ - ④ - ② - ⑥ - ① - ⑤ - ③
He was arrested on suspicion of having killed the man.
▶動名詞の表す時が，主節の動詞の表す時よりも 1 つ前の時であるため，完了動名詞を用いる。

23 [答] ② not having responded to
もっと早くメールに返信しなくて申し訳ありません。
▶前置詞 for の後は動名詞が続くことが可能。動名詞を否定する場合は動名詞の直前に not を置く。

□ vision
[名]視力
□ normal
[形]正常な
□ conduct
[動]（を）行う
□ insist
[動]主張する
□ abroad
[副]海外に［へ］
□ benefit
[名]恩恵
□ proud
[形]誇り高い
□ pupil
[名]生徒
□ scold
[動]（を）叱る
□ kill
[動]（を）殺す
□ respond
[動]応答する

□24 This light bulb needs ☐ at once. 　　　　　［日本大学 改］
★★
　　① be replaced　　　　　　② replaced
　　③ replacing　　　　　　　④ to replace

□25 This film is of the highest quality. I think it's worth ☐ many
★★　　times. 　　　　　　　　　　　　　　　　　　　　　　［獨協大学 改］
　　① to watch　　　　　　　② to be watched
　　③ watching　　　　　　　④ be watched

□26 Mr. and Mrs. Hartnet were busy ☐ for their trip. ［武庫川女子大学］
★★
　　① prepare　　② prepared　　③ preparing　　④ to prepare

□27 Thanks to my experience in the commercial sector, I had no trouble
★★　　☐ a job. 　　　　　　　　　　　　　　　　　　　　　［九州産業大学 改］
　　① find　　　　　② finding　　　　　③ for finding
　　④ found　　　　　⑤ will find

□28 彼が運転をするといつも，最後には道を間違える。
★★　　Whenever he drives, we end up ☐ the wrong way. 　　［中央大学］
　　① to take　　② take　　③ taking　　④ took

□29 リトルウェスト教授は慌ただしい都会生活から逃れたいと言った。
★★　　Professor Littlewest said he ☐(1) ☐(2) escaping from the busy
　　city life. 　　　　　　　　　　　　　　　　　　　　　　［明治大学 改］
　　① felt　　　　② like　　　　③ to　　　　④ wanted

□30 There is no point ☐. He cannot hear you. 　　［青山学院大学 改］
★★
　　① for yell　　② in yell　　③ yell　　④ yelling

整序 □31 彼らの援助を求めても無駄だよ。 　　　　　　　　　　　［佛教大学］
★★　　It's [① asking　② for　③ good　④ no　⑤ their] help.

24 [答] ③ replacing
この電球はすぐに交換される必要がある。
▶need[want] *doing* は，「～される必要がある」という意味を表す。replacing の目的語は，文の主語と一致することに注意する。

25 [答] ③ watching
この映画は最高に出来がいい。何度も観る価値があると思う。
▶S be worth *doing* は，「S は～する価値がある」という意味を表す。*doing* の目的語は，文の主語と一致することに注意する。
☞【動名詞の重要構文】

26 [答] ③ preparing
ハートネット夫妻は旅行の準備をするのに忙しかった。
▶be busy (in) *doing* は「～するのに忙しい」という意味になる。

27 [答] ② finding
コマーシャル部門での経験のおかげで，私はなんなく仕事を見つけました。
▶have difficulty[trouble] (in) *doing* は「～するのに苦労する」という意味になる。

28 [答] ③ taking
▶end up (by) *doing* は「結局［最後には］～になる」という意味になる。

29 [答] (1) ① felt　(2) ② like
▶feel like *doing* は「～したい気がする」という意味になる。

30 [答] ④ yelling
叫んでも無駄だ。彼にはあなたの言うことが聞こえないのだから。
▶There is no point[sense/use] (in) *doing* は「～しても無駄である」という意味になる。

31 [答] ④ - ③ - ① - ② - ⑤
It's no good asking for their help.
▶It is no good[use] *doing* は「～しても無駄である」という意味になる。

□ bulb
[名]〚light bulb〛電球
□ replace
[動]（に）取って代わる
□ quality
[名]質
□ worth
[前]（～の）価値がある
□ prepare
[動]準備する
□ commercial
[形]営利的な
□ trouble
[名]困難
□ escape
[動]逃れる
□ yell
[動]大声をあげる

6 動名詞

[整序] □ **32** しばらくしたらコーヒータイムにしてはいかがですか？ ［立教大学］
★★

[① you ② taking ③ what ④ a ⑤ to ⑥ do ⑦ say] coffee break soon?

[整序] □ **33** 彼が次に何を発明するのか誰にもわからない。 ［中央大学］
★★

[① is ② knowing ③ no ④ there ⑤ what] he will invent next.

□ **34** Since Ann became independent from her parents, she has had to get used ______ by herself. ［上智大学 改］
★★★

① cooking ② to cook ③ to cooking ④ cook

□ **35** We are looking forward ______ you all next Sunday. ［東海大学］
★★★

① to seeing ② to see ③ of seeing ④ seeing

[整序] □ **36** 私の父は植木の手入れにかけては専門家である。 ［流通経済大学］
★★

My father is [① when ② it ③ comes to ④ gardening ⑤ an expert].

□ **37** Those Korean students came to Japan ______ promoting friendship.
★★★

① in order to ② so as to
③ in case of ④ for the purpose of ［駒澤大学 改］

[整序] □ **38** 健康が他の何よりも大切であることは言うまでもない。 ［青山学院大学］
★★

It ______ ______ ______ __(1)__ ______ ______ __(2)__ ______ ______ ______ else.

① anything ② goes ③ health ④ important
⑤ is ⑥ more ⑦ saying ⑧ than
⑨ that ⑩ without

[整序] □ **39** その電報を受け取るとすぐ，彼はロンドンへ出発した。 ［東北学院大学］
★★

__(1)__ ______ ______ ______, ______ ______ __(2)__ ______.

① for ② he ③ London ④ on
⑤ receiving ⑥ started ⑦ telegram ⑧ the

32 [答] ③-⑥-①-⑦-⑤-②-④
What do you say to taking a coffee break soon?
▶What do you say to *doing*? は「～するのはどうですか？，～しませんか？」という意味になる。

33 [答] ④-①-③-②-⑤
There is no knowing what he will invent next.
▶There is no *doing* は「～することはできない」という意味になる。

34 [答] ③ to cooking
アンは両親から独立したので，自分で料理をすることに慣れなければならなくなった。
▶get used to *doing* は「～することに慣れる」という意味になる。

35 [答] ① to seeing
あなた方に今度の日曜日お会いすることを楽しみに待っています。
▶look forward to *doing* は「～することを楽しみに待つ」という意味になる。

36 [答] ⑤-①-②-③-④
My father is an expert when it comes to gardening.
▶when it comes to *doing* は「～するということになると」という意味になる。

37 [答] ④ for the purpose of
その韓国人学生たちは友好関係を深めるために日本にやって来た。
▶for the purpose of *doing* は「～するために」（目的）という意味になる。with a view to *doing*/so as to *do*/in order to *do* と同意表現。

38 [答] (1) ⑨ that　(2) ⑥ more
(②-⑩-⑦-⑨-③-⑤-⑥-④-⑧-①)
It goes without saying that health is more important than anything else.
▶It goes without saying that S V は「～は言うまでもない」という意味になる。

39 [答] (1) ④ on　(2) ① for　(④-⑤-⑧-⑦-②-⑥-①-③)
On receiving the telegram, he started for London.
▶on[upon] *doing* は「～するとすぐに」という意味になる。

□ invent
[動]（を）発明する

□ independent
[形]独立している

□ expert
[名]専門家

□ purpose
[名]目的

□ promote
[動]（を）促進する

□ telegram
[名]電報

■ SCORE

	1回目	2回目	3回目
日付	／	／	／
★★★	／14問	／14問	／14問
★★	／25問	／25問	／25問
★	／0問	／0問	／0問
合計	／39問	／39問	／39問

目標ライン		
基礎	標準	難関
11 ／14	12 ／14	14 ／14
12 ／25	20 ／25	23 ／25
0 ／0	0 ／0	0 ／0
23 ／39	32 ／39	37 ／39

※問題を解き終わったら，上の表に日付・結果を記入して学習を振り返りましょう。
※間違えた問題はよく復習し，繰り返し演習することで定着を図りましょう。

第6章〜第8章の動名詞・不定詞・分詞をまとめて「準動詞」と表現します。「準動詞」は，文中で名詞・形容詞・副詞のどういったはたらきになっているのかを考えなければなりません。品詞の役割について少し不安だと感じる人は，それぞれの品詞のはたらきをもう一度見直しておきましょう。

■ WORDS CHECK TEST

- [ ] skill 　答 图技術
- [ ] estimate 　答 働(を)推定する
- [ ] spoil 　答 働(を)だめにする
- [ ] normal 　答 彫正常な
- [ ] abroad 　答 働海外に[へ]
- [ ] benefit 　答 图恩恵
- [ ] replace 　答 働(に)取って代わる
- [ ] worth 　答 彫(〜の)価値がある
- [ ] independent 　答 彫独立している
- [ ] promote 　答 働(を)促進する

第7章

不定詞

INFINITIVE

英文音声

□■1 Her dream was [____] a bridge between her country and the world.
★★★
① to be　② be　③ been　④ will be　[仁愛大学]

正誤 □■2 I ①finally decided ②changing my job because I ③wasn't ④making
★★★ enough money.　[摂南大学]

□■3 The boss will expect [____] the job finished within the week.
★★★
① find　② to find　③ finding　④ to finding
[東京電機大学]

□■4 Don't forget [____] this letter on your way to school.　[和光大学]
★★★
① to mail　② to have mailed
③ mailing　④ having mailed

□■5 Remember [____] me at home when you arrive at your destination.
★★★
① calling　② called
③ to be calling　④ to call　[九州国際大学]

□■6 I need something [____]. Do you have any writing materials? Any
★★★ pencil or ball-point pen will do.　[名城大学 改]
① to write　② to write on
③ for writing on　④ to write with

1 答 ① to be
彼女の夢は, 自分の国と世界との間の架け橋になることである。
▶文意から, was の後には「〜すること」という意味になる名詞的用法の不定詞を入れればよい。
☞【不定詞の名詞的用法】

2 答 ② changing → to change
十分なお金を稼いでいなかったため, 私はついに転職することに決めた。
▶decide は目的語に不定詞を用いて, decide to *do* で「〜することを決める」という意味になる。

3 答 ② to find
上司はその仕事を1週間で終わらせることを期待するだろう。
▶expect は目的語に不定詞を用いて, expect to *do* で「〜することを期待[予期]する」という意味になる。

4 答 ① to mail
学校に行く途中でこの手紙を忘れずに出してください。
▶forget to *do* は「(これから)〜することを忘れる」という意味になる。本問では「この手紙を忘れずに出してください」という文意になるので, ①to mail が正解。

5 答 ④ to call
目的地に着いたら, 家にいる私に忘れずに電話をしてください。
▶when 以下の内容から, 「忘れずに私に電話をかける」という文意になるので, ④to call が適切とわかる。remember to *do* は「忘れずに〜する, (これから)〜することを覚えておく」という意味になる。

6 答 ④ to write with
何か書く物が必要です。筆記用具を持っていますか? どんな鉛筆やボールペンでも構いません。
▶直前の名詞 something を修飾するので, 形容詞的用法の不定詞を考える。write with *A* は「*A*〈道具など〉で書く」という意味になる。
☞【不定詞の形容詞的用法】

□ finally
　働ついに
□ decide
　働(を)決める

7

不定詞

□ boss
　圏上司
□ expect
　働(を)期待する

□ mail
　働(を)郵送する

□ destination
　圏目的地

□ material
　圏物質

[整序] □ 7 ★★ The temptation [① ask ② to ③ was ④ what] in the package was almost too great. [近畿大学 改]

□ 8 ★★★ I tried hard ______ at the funeral. [名古屋学院大学 改]

① to cry not ② not to cry ③ cry to not ④ cry not to

□ 9 ★★★ We left early ______ to avoid the rush hour traffic. [岩手医科大学 改]

① as for ② as in ③ so as ④ so that

□ 10 ★★★ Tom did not tell the truth ______ hurt his mother. [日本女子大学]

① so as to not ② not so as to ③ so as not to ④ so not as to

□ 11 ★★★ I was very surprised ______ William going out to dinner with a TV star. [大東文化大学]

① see ② have seen ③ to see
④ seen ⑤ being seen

□ 12 ★★★ Ken was very foolish ______ my advice. [四天王寺国際仏教大学 改]

① ignore ② to ignoring ③ of ignoring ④ to ignore

□ 13 ★★★ He tried hard, only ______ fail to solve the problem. [北海学園大学]

① in ② with ③ for ④ to

[整序] □ 14 ★★ 彼は目を覚ますと見知らぬ人々に囲まれているのに気づいた。 [中央大学]

He [① strange ② to ③ people ④ by ⑤ awoke ⑥ surrounded ⑦ himself ⑧ find].

7 [答] ② - ① - ④ - ③
The temptation to ask what was in the package was almost too great.
その小包に何が入っているのか尋ねたいという衝動はあまりに大きかった。
▶the temptation to *do* は「～したいという誘惑」という意味になる。本問の不定詞は直前の名詞の内容を同格的に説明する形容詞的用法。

□ temptation
[名]誘惑

8 [答] ② not to cry
私は葬儀で泣かないように懸命にこらえた。
▶不定詞を否定する場合は，not を不定詞の直前に置かなければならない。

□ funeral
[名]葬儀

9 [答] ③ so as
ラッシュアワーの交通渋滞を避けるために，早くに出発した。
▶so as to *do* は「～するために，～するように」という目的を意味する不定詞の副詞的用法。in order to *do* と同意表現。
☞【不定詞の副詞的用法】

□ rush
[名]殺到
□ traffic
[名]交通

10 [答] ③ so as not to
トムは母親を傷つけないように，真実を言わなかった。
▶so as not to *do* は「～しないために，～しないように」という意味を表す。not は不定詞の直前に置くこと。

11 [答] ③ to see
ウィリアムがテレビのスターと夕食に出かけているのを見て，とても驚いた。
▶人の感情を表す形容詞の直後に不定詞が続いて，「～して」という意味の感情の原因を表すことができる。

12 [答] ④ to ignore
私の忠告を無視するなんて，ケンはとても愚かだった。
▶不定詞を用いて「ケンがとても愚かである」という判断の根拠を表すことができる。「～するなんて，～するとは」と訳すと文意に合う。

□ ignore
[動](を)無視する

13 [答] ④ to
彼は頑張ったが，結局その問題は解けなかった。
▶only to *do* は「(だが) その結果～する」という結果を表す不定詞の副詞的用法。

14 [答] ⑤ - ② - ⑧ - ⑦ - ⑥ - ④ - ① - ③
He awoke to find himself surrounded by strange people.
▶awake to find ～ は「目が覚めると～とわかる」という結果を表す不定詞の副詞的用法。

□ awake
[動]目が覚める
□ surround
[動](を)囲む

整序 □ **15** ビルはその車が買えるほど金持ちです。
★★

Bill is ☐ ☐ (1) ☐ ☐ . [浜松大学]

① to ② the car ③ buy ④ enough ⑤ rich

□ **16** Beethoven's father and grandfather were professional musicians, so
★★★ it was quite natural ☐ him to follow in their footsteps.

① for ② through ③ above ④ into [桜美林大学]

□ **17** It was careless ☐ him to leave the bottle of poison on the shelf.
★★★
① for ② of ③ on ④ to [京都女子大学 改]

□ **18** The financial problem is easy for the country ☐ . [大阪経済大学]
★★
① to solve ② solving ③ solved ④ solve

正誤 □ **19** He ①looks ②very friendly, but ③in reality he is ④very hard ⑤to get
★★ along. [関西学院大学]

整序 □ **20** その映画は外国人にはわかりにくい俗語でいっぱいです。 [日本大学 改]
★★
The movie is full of slang which [① difficult for ② foreigners
③ makes it ④ to understand].

□ **21** The class goes ☐ keep up with. [獨協大学]
★★
① too fast for me to ② so fast that I can't
③ faster than to ④ just as fast as I

正誤 □ **22** The waitress explained ①that ②they did not allow people
★★ ③bringing animals ④into the restaurant. [学習院大学]

15 [答] (1) ① to　(⑤ - ④ - ① - ③ - ②)
Bill is rich enough to buy the car.
▶形容詞・副詞＋ enough to *do* は「～するほど十分〈形容詞・副詞〉」という意味になる。enough は形容詞・副詞の後ろに置くことに注意すること。

16 [答] ① for
ベートーヴェンは父も祖父もプロの音楽家だったので，彼自身もその例にならったのはごく自然なことであった。
▶It is ＋形容詞＋ for *A* to *do* は「*A* が～することは…だ」という意味になる。本問では，him は to follow の意味上の主語になる。

17 [答] ② of
棚に毒のビンを置いておくなんて，彼は不注意だった。
▶It is ＋形容詞＋ of *A* to *do*「*A* が～するとは…だ」の表現では，*A* には人の性質を表す形容詞〈careless/clever/foolish など〉がくる。

18 [答] ① to solve
その国が財政問題を解決するのは簡単だ。
▶*A* is easy to *do* で「*A* を～するのは簡単だ」という意味になり，不定詞が形容詞の意味を限定する用法。このとき，to *do* の目的語は主語の *A* と一致する。
☞【不定詞が形容詞の意味を限定する用法】

19 [答] ⑤ to get along → to get along with
彼はとても愛想よく見えるが，実際にはとても付き合いにくい人だ。
▶*A* is hard to *do* は「*A* を～するのは難しい」という意味になる。get along with him で「彼と付き合う」という意味。この用法では文の主語が to *do* の目的語にあたるため，get along の後ろに with が必要。

20 [答] ③ - ① - ② - ④
The movie is full of slang which makes it difficult for foreigners to understand.
▶make it ... for *A* to *do*「*A* が～するのを…にする」という構文がポイント。it は形式目的語で，後に続く for 以下全体を指す。

21 [答] ① too fast for me to
授業があまりに速く進むので，私はついていくことができない。
▶too ... (for *A*) to *do* は「あまりに…なので（*A* は）～できない」という意味になる。

22 [答] ③ bringing → to bring
店内に動物を持ち込むことは許可していないと，そのウェイトレスは説明した。
▶allow *A* to *do* の形で，「*A* が～するのを許す」という意味になる。

□ musician
[名]音楽家
□ footstep
[名]〚follow (in) *A*'s footsteps〛*A* の例にならう
□ poison
[名]毒
□ financial
[形]財政上の
□ slang
[名]俗語
□ allow
[動]（を）許す

整序 □ **23**
★★

[ ] [ ] [(1)] [ ] [(2)] the room for our meeting?

① arrange ② can ③ help ④ me ⑤ you

[西南学院大学]

整序 □ **24**
★★

絶え間ない努力をしたのでそのチームは優勝することができた。

Constant [ ] [(1)] [ ] [(2)] [ ] the championship.

① win ② enabled ③ effort

④ the team ⑤ to

[九州産業大学]

□ **25**
★★★

Now I'd like [ ] up.

[東京経済大学]

① to everyone to stand ② stand everyone

③ everyone to stand ④ to everyone standing

□ **26**
★★★

"What did he say? "

"He asked me [ ] him, and I accepted."

[センター試験]

① marrying ② marrying with

③ to marry ④ to marry to

□ **27**
★★

Mr. Sato ordered the classroom [ ] after the class.

① sweep ② sweeping ③ to be swept ④ to sweep

[武庫川女子大学]

□ **28**
★★

He saw Mary [ ] the house early in the morning yesterday.

① for leaving ② leave ③ to have left ④ to leave

[武庫川女子大学]

整序 □ **29**
★★

風が強く，私たちは一日中屋内にいなければならなかった。

The [① us ② strong ③ stay ④ wind ⑤ made] indoors all day.

[国際医療福祉大学]

23 [答] (1) ③ help　(2) ① arrange　(②-⑤-③-④-①)
Can you help me arrange the room for our meeting?
会議のためにその部屋を整えるのを手伝ってくれませんか？
▶help *A* (to) *do* で，「*A* が～するのを手伝う」という意味になる。to が省略されて原形動詞になることが多い。

24 [答] (1) ② enabled　(2) ⑤ to　(③-②-④-⑤-①)
Constant effort enabled the team to win the championship.
▶S enable *A* to *do* で，「S は *A* が～することを可能にさせる，S のおかげで *A* は～できる」という意味になる。

25 [答] ③ everyone to stand
それでは皆さん，ご起立ください。
▶would like *A* to *do* で，「*A* に～してもらいたい」という意味になる。

26 [答] ③ to marry
「彼はなんと言ったの？」
「彼は私に自分と結婚することを頼んできたの。そして，私は受け入れたわ。」
▶ask *A* to *do* で，「*A* に～するよう頼む」という意味になる。

27 [答] ③ to be swept
佐藤氏は授業の後，教室を掃除するように命令した。
▶order *A* to *do* で，「*A* に～するよう命令する」という意味になる。「教室は掃除される」という文意から，*A* と to *do* が受動の関係が成立することに注意する。

28 [答] ② leave
彼はメアリーが昨日朝早くに家を出るのを見た。
▶see は知覚動詞であり，目的語の後に *do* を用いた場合，「*A* が～するのを見る」という意味になる。

29 [答] ②-④-⑤-①-③
The strong wind made us stay indoors all day.
▶本問での make は使役動詞であるため，make *A do*「*A* に～させる」(強制) という表現にする。

☐ effort
[名]努力
☐ enable
[動]〘enable *A* to *do*〙*A* に～することを可能にさせる
☐ accept
[動](を)受け入れる
☐ order
[動](を)命令する
☐ sweep
[動]掃く

7 不定詞

30 The story about an innocent child was sad enough to make a grown man ☐.   [追手門学院大学 改]
★★

   ① cry   ② cries   ③ crying   ④ to cry

正誤 **31** ①My son, Terry, was made ②leave school ③at ④an early age.
★★   [杏林大学]

32 Mr. Johnson has his secretary ☐ weekly business schedules.
★★

   ① arrange   ② is arranged   ③ will arrange   ④ to be arranged
                                            [立命館大学]

33 Did you get Jack ☐ your car?   [玉川大学]
★★

   ① wash   ② washed   ③ washing   ④ to wash

34 We're not going to let the left wing ☐ the reins.   [青山学院大学 改]
★★

   ① take   ② to take   ③ taken   ④ on taking

35 They removed the equipment in the room, though they had been told ☐.   [青山学院大学 改]
★★

   ① not do it   ② not to   ③ to do not   ④ to not

36 Shakespeare is known ☐ 37 plays.   [岩手医科大学]
★★

   ① for he wrote   ② that he could write
   ③ by writing   ④ to have written

30 [答] ① cry
純真な子どもについてのその話は大人が泣いてしまうほど悲しかった。
▶使役動詞 make は目的語の後に *do*（能動）と *done*（受動）の形をとる。目的語 a grown man と cry の関係は「大人が泣く」という能動関係なので，①cry が正解。

31 [答] ② leave school → to leave school
私の息子のテリーは，幼いときに退学させられた。
▶make *A do* が受動態になると，be made to *do*「～させられる」となり，*do* が to *do* に変わることに注意する。また，知覚動詞の see や hear なども同様の形になる。

32 [答] ① arrange
ジョンソン氏は，秘書に1週間の仕事の予定を立てさせる。
▶本問での have は使役動詞であるため，目的語の後には原形 *do* を用いる。have *A do* の形で，「*A* に～させる，*A* に～してもらう」という意味になる。

33 [答] ④ to wash
ジャックに車を洗ってもらったの？
▶「ジャックが車を洗う」という能動の関係が成立するので，④to wash が正解。使役動詞 get は get *A* to *do* の形で，「*A* に～してもらう，*A* に～させる」という意味になる。

34 [答] ① take
我々は左派政党に権力を握らせるつもりはない。
▶let は使役動詞になり，目的語の後には *do* を用いる。「（本人が望むように）*A* に～させてやる」（許可）という意味になる。

35 [答] ② not to
彼らはそうしてはいけないと言われていたが，部屋の中の備品を撤去した。
▶tell *A* not to *do* で「*A*〈人〉に～しないように言う」の意味になる。受動態では，*A* be told not to *do* となる。

36 [答] ④ to have written
シェイクスピアは37の戯曲を書いたことが知られている。
▶主節の動詞は現在形だが，「37の戯曲を書いた」のは過去のことだとわかるので，④to have written が正解。完了不定詞は主節の動詞が示す時よりも，1つ前の時であることを表す。
☞【完了不定詞】

□ innocent
[形]無邪気な

□ arrange
[動]（を）準備する

□ schedule
[名]予定

□ wing
[名]翼

□ equipment
[名]設備

□ remove
[動]（を）除去する

37 Mary ☐ sort out the garbage this morning, but she completely forgets.　　　　　　　　　　　　　　　　　　　　　　[東京医科大学 改]
★★

① was about　　　　　　　　　② was to

③ will　　　　　　　　　　　　④ would

38 Nothing ☐ seen in the darkness.　　　　　　　[九州国際大学 改]
★★

① was to be　　② being　　③ has　　④ had

39 Grandfather explained ☐ a bird cage.　　　　　[センター試験 改]
★★★

① me to make　　　　　　　　② how to make

③ to make　　　　　　　　　　④ for making

40 Ken has never failed ☐ a birthday present to his mother.
★★

① of giving　　② for giving　　③ to give　　④ give　　[桜美林大学]

41 As I ☐ to know Bob, I began to admire him.　　[桜美林大学 改]
★★

① became　　② learned　　③ turned　　④ came

42 ☐ to say, Chris has been working very hard to complete the job
★★★ described in the contract.　　　　　　　　　　　　[立教大学 改]

① Much　　② Needless　　③ Necessary　　④ Having

43 If you go to France, you can enjoy the precious works of art, the
★★★ fashion, and the architecture, ☐ the excellent food.

① nothing but　　　　　　　　② by far

③ not to mention　　　　　　　④ such as　　　　[北海学園大学 改]

44 To be frank ☐ you, I don't like the way you stare at me.
★★★

① on　　② with　　③ by　　④ at　　[聖心女子大学 改]

45 Just as I was ☐ to go to see an art exhibit, a friend called, and
★★ so we went to the pub instead.　　　　　　　　　　[中央大学 改]

① down　　② in　　③ upon　　④ about　　⑤ away

37\ 答 ② was to
メアリーは今朝ごみを整理することになっていたのだが，完全に忘れている。
▶but以下の内容から，②was to が正解。be動詞 to *do* 構文で「～することになっている」（予定）の意味を表す。
☞【be動詞 to *do* 構文】

38\ 答 ① was to be
暗闇では何も見えなかった。
▶be動詞 to *do* の可能を表す用法。否定文かつ受動態で用いられることが多い。

39\ 答 ② how to make
祖父は鳥かごの作り方を説明した。
▶how to *do* で「どのように～すべきか，～する方法」という意味。

40\ 答 ③ to give
ケンは必ず母親に誕生日プレゼントを贈ってきた。
▶never fail to *do* で「必ず～する」という意味。

41\ 答 ④ came
私はボブを知るにつれて，彼を称賛するようになった。
▶come to *do* は「～するようになる」という意味になる。このとき，*do* は状態動詞がくる。become to *do* の形では表現しないので注意する。

42\ 答 ② Needless
言うまでもなく，クリスは契約書に記述された仕事を終わらせるために非常に努力をしてきた。
▶needless to say は「言うまでもなく」という意味になる。

43\ 答 ③ not to mention
フランスに行ったら，素晴らしい食事は言うまでもなく，貴重な芸術作品，ファッション，建築も満喫できる。
▶not to mention *A* は「*A* は言うまでもなく」という意味になる。

44\ 答 ② with
率直に言うと，あなたが私をじっと見る目が好きではないのです。
▶to be frank with you は「率直に言うと」という意味になる。

45\ 答 ④ about
ちょうど美術展を見に行こうとしていたときに友人が電話をしてきたので，私たちは代わりにパブに行った。
▶be about to *do* は「今にも～しそうだ」という意味になる。

□ sort 働〔sort out〕(を)整理する
□ garbage 名ごみ
□ darkness 名暗闇
□ cage 名鳥かご

7 不定詞

□ fail 働失敗する
□ admire 働(に)感心する
□ describe 働(を)述べる
□ contract 名契約(書)
□ precious 形貴重な
□ architecture 名建築
□ stare 働(を)じろじろ見る
□ exhibit 名展示品
□ instead 働代わりに

107

整序 **46** 天井の修理は，次の木曜日までに完成するはずです。　　　[中央大学 改]

The repair of the ceiling [① supposed　② finished　③ by　④ be
⑤ to　⑥ is] next Thursday.

整序 **47** 最近，スマートフォンがパソコンにとって代わりつつあると言われている。

Nowadays smartphones ☐☐☐ (1) ☐
☐☐ of personal computers.　　　[中京大学]

① the　② said　③ are　④ be　⑤ to
⑥ place　⑦ taking

整序 **48** You should ☐ (1) ☐ (2) ☐ early
hours.　　　[獨協大学]

① a　② keep　③ it　④ make　⑤ rule
⑥ to

49 Mary was ☐ to go to the party at first, but she found that it was
fun.　　　[中央大学 改]

① conscious　② likely　③ willing
④ remembered　⑤ reluctant

50 George had no alternative but ☐ as his friends suggested.

① to do　② done　③ have to ask　④ having done

[北海学園大学]

整序 **51** ただため息をつくばかりでした。

There was ☐☐☐ (1) ☐ sigh.　[明海大学 改]

① it　② but　③ for　④ nothing　⑤ to

52 I'll cook dinner, so all you have to do ☐ the dishes.

① for washing　② that washes　③ to wash　④ is wash

[岩手医科大学]

46 [答] ⑥-①-⑤-④-②-③
The repair of the ceiling is supposed to be finished by next Thursday.
▶be supposed to *do* は「～することになっている」という意味になる。

47 [答] (1) ④ be　(③-②-⑤-④-⑦-①-⑥)
Nowadays smartphones are said to be taking the place of personal computers.
▶be said to *do* は「～すると言われている」という意味になる。

48 [答] (1) ③ it　(2) ⑥ to　(④-③-①-⑤-⑥-②)
You should make it a rule to keep early hours.
あなたは早寝早起きを習慣とした方がよい。
▶make it a rule to *do* は「～することにしている」という意味になる。本問の it は後に続く to keep 以下全体を指す。

49 [答] ⑤ reluctant
メアリーははじめのうちそのパーティーに行きたくなかったが，それが楽しいものだとわかった。
▶but 以下の内容から，はじめはパーティーに行きたくなかったことがわかる。be reluctant to *do* は「～する気がしない」という意味になる。

50 [答] ① to do
ジョージは友人たちが提案したとおりにするほか仕方がなかった。
▶have no alternative[choice] but to *do* は「～するほか仕方がない」という意味になる。

51 [答] (1) ② but　(④-③-①-②-⑤)
There was nothing for it but to sigh.
▶There is nothing for it but to *do* は「～するより仕方ない」という意味になる。
☞【不定詞を用いた重要表現】

52 [答] ④ is wash
私が食事を作るので，あなたはお皿を洗うだけでよい。
▶all *one* have to do is (to) *do* で「～しさえすればよい」という意味になる。is の後の to は省略ができ，is の後に原形動詞が続くことが多い。
☞【原形不定詞を用いた重要表現】

□ ceiling [名]天井
□ suppose [動](と)想定する
□ nowadays [副]今日では
□ personal [形]個人の
□ rule [名]規則
□ reluctant [形]乗り気のしない
□ conscious [形]意識的な
□ willing [形]～するのをいとわない
□ alternative [名]ほかの手段
□ sigh [動]ため息をつく
□ dish [名]皿

■ SCORE

	1回目	2回目	3回目
日付	/	/	/
★★★	/22問	/22問	/22問
★★	/28問	/28問	/28問
★	/2問	/2問	/2問
合計	/52問	/52問	/52問

目標ライン		
基礎	標準	難関
18 /22	20 /22	22 /22
14 /28	22 /28	25 /28
0 /2	0 /2	1 /2
32 /52	42 /52	48 /52

※問題を解き終わったら，上の表に日付・結果を記入して学習を振り返りましょう。
※間違えた問題はよく復習し，繰り返し演習することで定着を図りましょう。

リスニングの対策ができるように，この本はすべての問題にネイティブの音声が付いています。リスニング力の向上には，ネイティブの音やリズムを真似ることが最も重要です。復習のときは必ず音声を聞いて音読をしましょう。リスニングの勉強を日々の習慣にして，共通テストの対策などにも活用してください。

■ WORDS CHECK TEST

□ destination　　图 ⓢ目的地

□ funeral　　图 ⓢ葬儀

□ surround　　图 ⓥ (を) 囲む

□ financial　　图 ⓐ財政上の

□ sweep　　图 ⓥ掃く

□ innocent　　图 ⓐ無邪気な

□ equipment　　图 ⓢ設備

□ contract　　图 ⓢ契約 (書)

□ instead　　图 ⓐ代わりに

□ reluctant　　图 ⓐ乗り気のしない

第8章

分詞
PARTICIPLE

英文音声

第 8 章 分詞

PARTICIPLE

□ 1 The number of people ☐ abroad has increased thanks to
★★★ discount airfares. [岩手医科大学 改]

① travel ② to travel ③ travelling ④ travelled

□ 2 She is using some household appliances ☐ in Korea.
★★★
① manufacture ② manufactured
③ manufacturing ④ manufactures [関西学院大学 改]

□ 3 That TV series was very popular overseas, so I was very ☐ to
★★ watch it. [南山大学 改]

① excite ② excited ③ excitement ④ exciting

□ 4 The game was ☐, but I was disappointed at the result.
★★
① exciting ② excited ③ boring ④ bored

[東京経済大学]

正誤 □ 5 I will ①let you ②have my reply tomorrow, I ③won't keep you
★★ ④waited any longer. [日本大学 改]

□ 6 The flight attendant requested passengers keep their seat belts
★★ ☐ until the sign was turned off. [東京電機大学 改]

① fasten ② to fasten ③ be fastened ④ fastened

1 \ 答 ③ travelling

割引航空運賃のおかげで，海外旅行をする人の数は増加してきた。

▶分詞が名詞を修飾する場合，その名詞と能動関係ならば現在分詞 *doing*，受動関係ならば過去分詞 *done* になる。修飾される名詞 people と travel とは能動関係が成立するため，現在分詞の③travelling が正解。

2 \ 答 ② manufactured

彼女は，韓国で製造された家庭用器具を使っている。

▶修飾される名詞 some household appliances と manufacture とは受動関係が成立するため，過去分詞の②manufactured が正解。

3 \ 答 ② excited

そのテレビシリーズは海外でとても人気があったので，私は見るのにとてもわくわくしていた。

▶人の感情を表す動詞の分詞が形容詞としてはたらく場合，その主語が感情を与える原因なら *doing*，感情を抱く人なら *done* となる。☞【代表的な分詞形容詞】

4 \ 答 ① exciting

その試合は刺激的だったが，結果にはがっかりした。

▶but 以下の内容から，③boring と④bored は不可。主語の The game が感情を与える原因なので，①exciting が正解。

5 \ 答 ④ waited → waiting

明日，私の返事をお伝えしましょう。これ以上あなたを待たせておくことはしません。

▶keep は目的語の後に *doing*（能動）と *done*（受動）の形をとる。目的語の you と wait は「あなたが待っている」という能動関係が成立するので，waiting に変える。

6 \ 答 ④ fastened

客室乗務員は乗客にサインが消えるまで必ずシートベルトを締めたままにしてくださいとお願いした。

▶目的語の their seat belts と fasten との間には「シートベルトが締められる」という受動関係が成立するので④fastened が正解。

□ increase
  働増える

□ discount
  名割引

□ household
  形家庭の

□ appliance
  名器具

□ manufacture
  働（を）製造する

□ overseas
  副海外へ

□ series
  名シリーズもの

□ excited
  形興奮した

□ disappoint
  働（を）失望［がっかり］させる

□ bore
  働（を）退屈させる

□ reply
  名返事

□ request
  働（を）頼む

□ belt
  名ベルト

8

分詞

☐ **7** For security reasons, you shouldn't leave your door ☐ when
★★   you go out. [東邦大学 改]

    ① unlocking   ② being unlocked
    ③ unlocked   ④ be unlocked

☐ **8** Where do people usually take their shoes when they want ☐?
★★

    ① the repair   ② their repair
    ③ them repaired   ④ them to repair   [京都産業大学]

☐ **9** David said that he found the movie very ☐.   [桜美林大学]
★★

    ① amused   ② amusement ③ to amuse   ④ amusing

☐ **10** We went to the arts and crafts exhibition yesterday, which we all
★   thought really ☐.   [日本女子大学 改]

    ① excite   ② excited   ③ excitement ④ exciting

☐ **11** I sometimes heard my father ☐ even in difficult circumstances.
★★   ① singing   ② to sing   ③ to be singing
    ④ having sung ⑤ to be sung   [九州産業大学 改]

☐ **12** Recently we quite often hear it ☐ that AI is undergoing
★★   evolution.   [広島工業大学 改]

    ① say   ② said   ③ to have said ④ saying

☐ **13** I find it rather difficult to make myself ☐ in my current poor
★★   English.   [愛知学院大学 改]

    ① understand   ② to understand
    ③ understanding   ④ understood

7 [答] ③ unlocked
セキュリティー上，ドアに鍵をかけずに外出すべきではない。
▶leave は目的語の後に *doing*（能動）と *done*（受動）の形をとる。目的語 your door と unlock には「ドアは鍵がかけられていない」という受動関係が成立するので，③unlocked が正解。

☐ security
[名]安全保障

8 [答] ③ them repaired
靴を直してもらいたいとき，普通，靴をどこに持っていくのですか？
▶want は目的語の後に to *do*（能動）と *done*（受動）の形をとる。「靴は修理される」という受動関係が成立するので，③them repaired が正解。

☐ repair
[動]（を）修理する

9 [答] ④ amusing
その映画はとても面白かったとデヴィッドは言った。
▶空所には分詞形容詞の①amused か④amusing が入るが，the movie は感情を与える原因であるため，④amusing が正解。

10 [答] ④ exciting
私たちは昨日その美術工芸品展に行ったが，それは本当に刺激的なものだったと私たちみんなが思った。
▶空所には分詞形容詞の②excited か④exciting が入るが，目的語にあたる which は感情を与える原因であるため，④exciting が正解。先行詞は the arts and crafts exhibition である。

☐ craft
[名]工芸品

11 [答] ① singing
苦しい状況でも父が歌を歌っているのを私は時々耳にした。
▶知覚動詞 hear は目的語の後に *do*/*doing*（能動）と *done*（受動）の形をとる。my father と sing は能動関係が成立するので，①singing が正解。

☐ circumstance
[名]状況

12 [答] ② said
AI は進化していると言われるのを最近非常によく耳にする。
▶it は that 節を指す形式目的語。that 以下と say とは受動関係が成立するので，②said が正解。

☐ evolution
[名]進化（論）

13 [答] ④ understood
私の現在の下手な英語では言っていることをわかってもらうのはかなり難しいとわかっている。
▶目的語 myself と understand には「自分の言うことが理解される」という受動関係が成立するため，④understood が正解。

☐ current
[形]現在の

14 ★★ He hesitated to have his hair ☐ the barber's.   ［青山学院大学 改］

① cut at   ② cut from

③ to be cutting at   ④ to cut by

15 ★★ I got my secretary ☐ the report on the interaction between human activities and the marine environment.   ［武蔵工業大学 改］

① retyping   ② be retyping   ③ to retyping   ④ have retyping

16 ★★ She found the stereo system in the storage room, and went to the electrical appliance store to get it ☐.   ［札幌大学 改］

① check   ② checking   ③ checked   ④ be checked

17 ★★ ☐ along the street, I found a store that sells imported goods from France.   ［学習院大学 改］

① Walk   ② Walked   ③ Walking   ④ To walk

正誤 **18** ★ ①Admitted Ken ②tried very hard, I'm still ③not satisfied with his exam ④results.   ［大阪経済大学 改］

19 ★★ ☐ from the front, the structure looks like an old Japanese castle.   ［札幌学院大学 改］

① To see   ② Seeing   ③ Saw   ④ Seen

20 ★★★ ☐ to her mother, Mary has quite a positive attitude toward life.

① Compare   ② Compared   ③ Comparing   ④ Comparison

                                                     ［日本女子大学 改］

14 [答] ① cut at
彼はその床屋で髪を切ってもらうのをためらった。
▶have は目的語の後に *do*/*doing*（能動）と *done*（受動）の形をとる。目的語 his hair と cut には「彼の髪は切られる」という受動関係が成立する。have *A done* は「*A* を～させる［してもらう］，*A* を～される，*A* を～してしまう」という意味になる。

□ hesitate
[動]ためらう

15 [答] ① retyping
私は人間活動と海洋環境の相互作用についての報告書を秘書にタイプしなおさせた。
▶get は目的語の後に to *do*/*doing*（能動）と *done*（受動）の形をとる。目的語 my secretary と retype には「秘書がタイプをしなおす」という能動関係が成立するので，①retyping が正解。

□ interaction
[名]相互作用
□ marine
[形]海の

16 [答] ③ checked
彼女は物置部屋でステレオを見つけて，検査してもらうために電気器具店に行った。
▶目的語 it と check には「それが検査される」という受動関係が成立するので，③checked が正解。have *A done* と意味は同じと考えてよい。

□ storage
[名]貯蔵
□ check
[動]（を）照合する

17 [答] ③ Walking
私はその通りに沿って歩いていて，フランスからの輸入品を売っている店を見つけた。
▶副詞のかたまりとしてはたらく分詞を分詞構文という。分詞の意味上の主語は原則，主節の主語になり，I と walk は「私が歩く」という能動関係であるため，③Walking が正解。

□ import
[動]（を）輸入する

18 [答] ① Admitted → Admitting
ケンが一生懸命に頑張ったことは認めるけれども，それでも私は彼の試験結果に納得していない。
▶admit と意味上の主語 I は「私が認める」という能動関係が成立するため，分詞構文である Admitting を用いる。

□ admit
[動]（を）認める

19 [答] ④ Seen
前から見ると，その建造物は古い日本のお城のように見える。
▶see と意味上の主語 the structure は「その建造物は見られる」という受動関係が成立するため，分詞構文である④Seen が正解。being *done* の being は通常省略される。

□ structure
[名]建物
□ castle
[名]城

20 [答] ② Compared
母親と比べると，メアリーは人生に対してかなり積極的な態度だ。
▶compare と意味上の主語 Mary とは「メアリーは比べられる」という受動関係が成立するため，分詞構文である②Compared が正解。

□ compare
[動]（を）比較する
□ positive
[形]積極的な

□ 21 _____ Mary's plan to go to Italy after graduation, Mike proposed to
★★★ her.   [北海学園大学 改]

① Not knowing   ② Not known
③ Not to know   ④ Neither knowing

□ 22 The Japanese prime minister, _____ at the end of the table, was
★★ having a dialogue with the French president.   [立命館大学 改]

① having seated   ② be seated
③ seated   ④ seating

□ 23 _____ all his money gambling, John was not able to pay the debt.
★★
① Have lost   ② Having lost   ③ He lost   ④ Lost   [南山大学 改]

整序 □ 24 とても長い間娘と会っていなかったので，娘だとわからなかった。
★★ □ □ [(1)] □ [(2)] □ a long time, I could
not recognize her.   [東京経済大学]

① not   ② my daughter   ③ for
④ seen   ⑤ such   ⑥ having

□ 25 The bus _____ late, our meeting was delayed approximately 20
★ minutes.   [南山大学 改]

① being   ② been   ③ had been   ④ was

整序 □ 26 そういう事情なので，石炭価格の高騰はやむをえないことです。
★ That □ □ □ , we can't complain about the price of
□ □ □ .   [福岡大学 改]

① going   ② the   ③ up
④ being   ⑤ case   ⑥ coal

21 [答] ① Not knowing
卒業後イタリアに行くというメアリーの計画を知らなかったので，マイクは彼女にプロポーズした。
▶know と意味上の主語 Mike は，「マイクが知る」という能動関係が成立する。また，not は分詞の直前に置く。

22 [答] ③ seated
日本の首相はテーブルの端に座り，フランスの大統領と会話をしていた。
▶空所から table までは分詞構文である。*A* be seated で「*A*〈人〉が座る」という意味になり，意味上の主語が The Japanese prime minister なので，being が省略された③seated が正解。

23 [答] ② Having lost
ギャンブルですべてのお金を失ったので，ジョンは借金を返せなかった。
▶意味上の主語 John と lose は「ジョンは失う」という能動関係が成立するが，主節の動詞の時より分詞構文の内容の方が前の時を表しているため，完了分詞構文となる。
☞【完了分詞構文】

24 [答] (1) ④ seen　(2) ③ for　(① - ⑥ - ④ - ② - ③ - ⑤)
Not having seen my daughter for such a long time, I could not recognize her.
▶完了分詞構文の否定形においても，否定語である not は分詞の直前に置く。

25 [答] ① being
バスが遅れていたので，私たちの会議の開始が約20分遅くなった。
▶分詞構文の意味上の主語が主節の主語と一致しない場合，意味上の主語は分詞の直前に置く。The bus was late と考えて，①being が正解。この分詞構文を独立分詞構文という。

26 [答] ④ - ② - ⑤ - ⑥ - ① - ③
That being the case, we can't complain about the price of coal going up.
▶being の意味上の主語が That になる独立分詞構文。ここでの the case は「真実，実情」という意味になる。

☐ propose
[動]結婚を申し込む
☐ minister
[名]大臣
☐ dialogue
[名]会話
☐ debt
[名]借金
☐ recognize
[動]（を）認識する
☐ delay
[動]（を）遅らせる
☐ approximately
[副]おおよそ
☐ complain
[動]文句を言う
☐ coal
[名]石炭

27 □ ★★ 　　　　　　 , the campfire by the ocean was cancelled.　　　［法政大学 改］

① Being rainy weather　　　② As being rainy weather
③ The weather being rainy　　④ Because the weather being rainy

28 □ ★★ 　　　　　　 no evidence against him, Jack was released.　　　［東京家政大学］

① There was　② They had　③ Being　④ There being

29 □ ★★ 　　　　　　 her age, Mary is a tough woman and young in spirit, but she can't adjust herself to new environments immediately.

① Being considered　　　② Considered
③ Considering　　　　　④ To consider　　　　　［日本女子大学 改］

30 □ ★ 　　　　　　 the importance of the occasion, we were disappointed at the small size of the audience.　　　［南山大学］

① Given　　② Having　　③ Proven　　④ Taking

正誤 **31** □ ★★★ Frankly ①speak, I ②find ③the class more ④boring than I anticipated.　　　［東洋大学 改］

32 □ ★★ Weather 　　　　　　 , the landscape painter goes out to sketch on weekends.　　　［立命館大学 改］

① being permitted　　　② on permitting
③ permitting　　　　　④ to permit

33 □ ★★ All things 　　　　　　 , I am still against Susan traveling alone for a year.

① considered　　　　　② considering
③ consider　　　　　　④ consideration　　　　　［青山学院大学］

27 [答] ③ The weather being rainy
天気が雨だったので，海辺でのキャンプファイヤーは中止された。
▶The weather was rainy が元の文と考えて，分詞構文である③The weather being rainy が正解。

28 [答] ④ There being
ジャックに不利な証拠はなかったので，彼は釈放された。
▶③Being は，意味上の主語が Jack であるため文意が通じない。There was no evidence against him が元の文と考えて，分詞構文である④There being が正解。

29 [答] ③ Considering
年齢を考慮すると，メアリーはたくましい女性で気は若いが，新しい環境にすぐには順応できない。
▶considering *A* は「*A* を考慮すると」という意味になり，分詞構文を用いた定型表現。
☞【分詞構文を用いた代表的な定型表現】

30 [答] ① Given
今回の重要性を考慮すると，聴衆が少なかったことに私たちは落胆した。
▶given *A* は「*A* を考慮すると」という意味で，分詞構文を用いた定型表現。

31 [答] ① speak → speaking
率直に言うと，私はその授業は思っていた以上に退屈だと思います。
▶frankly speaking は「率直に言うと」という意味で，分詞構文を用いた定型表現。

32 [答] ③ permitting
天気が良ければ，その風景画家は週末にはスケッチをしに外出する。
▶weather permitting は「天気が良ければ［許せば］」という意味で，分詞構文を用いた定型表現。

33 [答] ① considered
すべてを考慮に入れると，私はまだスーザンが1人で1年間旅行に行くことに反対です。
▶all things considered は「すべてを考慮に入れると」という意味で，分詞構文を用いた定型表現。

□ weather [名]天候
□ ocean [名]海（洋）
□ evidence [名]証拠
□ release [動]（を）解放する
□ tough [形]気丈な
□ spirit [名]精神
□ adjust [動]（に）順応する
□ immediately [副]直ちに
□ occasion [名]時
□ size [名]大きさ
□ anticipate [動]（を）予想する
□ permit [動]（を）許す
□ landscape [名]景色
□ travel [名]旅行

8 分詞

34 Generally [____], exercise will strengthen muscles.　　　[仁愛大学 改]
★★★
① said　　　　② talking　　　③ to tell　　　④ speaking

整序 **35** 厳密に言えば，この記事には文法的に誤った表現が多数あります。
★★★
[____] speaking, this [____] [(1)] a lot of ungrammatical
[____].　　　　　　　　　　　　　　　　　　　　[駒澤大学]
① expressions ② article　　③ strictly　　④ contains

36 She found him lying in the cycling lane with his leg [____].
★★
① break　　　② breaking　　③ broke　　　④ broken
　　　　　　　　　　　　　　　　　　　　　　　　　[日本女子大学 改]

37 The summit talks broke down, with each side [____] the other for
★★　failing to negotiate in good faith.　　　　　　　　[中央大学 改]
① blamed　　② blaming　　③ complained ④ complaining

34 [答] ④ speaking
一般的に言って，運動は筋肉を強化する。
▶generally speaking は「一般的に言えば」という意味で，分詞構文を用いた定型表現。

□ strengthen [動]（を）強化する
□ muscle [名]筋肉

35 [答] (1) ④ contains　（③ - ② - ④ - ①）
Strictly speaking, this article contains a lot of ungrammatical expressions.
▶strictly speaking は「厳密に言えば」という意味で，分詞構文を用いた定型表現。

□ article [名]記事
□ ungrammatical [形]文法に合わない

36 [答] ④ broken
彼女は，彼が足を骨折して自転車レーンで横になっているのに気づいた。
▶付帯状況の with は名詞の後に分詞が続く。このとき，分詞は名詞と能動関係なら *doing*，受動関係なら *done* となる。「足は骨折される」という受動関係が成立するため，④broken が正解。
☞【付帯状況の with】

□ cycle [動]自転車に乗る
□ lane [名]車線

37 [答] ② blaming
双方が他方を誠実に交渉していないと非難した状態なので，首脳会談は破綻した。
▶本問の with も付帯状況を表すが，「双方が責める」という能動関係が成立するため，②blaming が正解。

□ summit [名]首脳会談
□ blame [動]（を）非難する
□ negotiate [動]交渉する

SCORE

	1回目	2回目	3回目
日付	／	／	／
★★★	／7問	／7問	／7問
★★	／25問	／25問	／25問
★	／5問	／5問	／5問
合計	／37問	／37問	／37問

目標ライン		
基礎	標準	難関
5 ／7	6 ／7	7 ／7
14 ／25	20 ／25	24 ／25
0 ／5	2 ／5	3 ／5
19 ／37	28 ／37	34 ／37

※問題を解き終わったら，上の表に日付・結果を記入して学習を振り返りましょう。
※間違えた問題はよく復習し，繰り返し演習することで定着を図りましょう。

準動詞の中で分詞は一番取り組みにくいテーマだと思います。一番のポイントは *doing* と *done* の使い分けができるかどうかです。本当に理解ができたかどうかを知るには，「声に出してその問題を解説できるかどうか」試してみましょう。それぞれの問題を自分で解説できるまで繰り返し復習をしてください。

WORDS CHECK TEST

- ☐ bore　[答] [動]（を）退屈させる
- ☐ current　[答] [形]現在の
- ☐ interaction　[答] [名]相互作用
- ☐ import　[答] [動]（を）輸入する
- ☐ positive　[答] [形]積極的な
- ☐ dialogue　[答] [名]会話
- ☐ approximately　[答] [副]おおよそ
- ☐ evidence　[答] [名]証拠
- ☐ immediately　[答] [副]直ちに
- ☐ negotiate　[答] [動]交渉する

第9章

接続詞
CONJUNCTIONS

9 接続詞

◀)) 英文音声

接続詞
CONJUNCTIONS

□1 There is disagreement between my husband and ☐ about our
★★★   children's education.   [同志社大学]

① I   ② me   ③ my   ④ we

正誤 □2 When she goes ①on vacation, Carol prefers swimming and surfing
★★   ②to ③lying on the beach and ④eat ice cream.   [学習院大学]

□3 Taro does not speak our language, ☐ he seems to understand
★★   what we say.   [西南学院大学]

① therefore   ② because   ③ and yet   ④ in fact

□4 Either the president ☐ the vice president must attend the
★★★   meeting.   [大阪経済大学]

① and   ② but   ③ nor   ④ or

□5 The new policy has both advantages ☐ disadvantages.
★★★

① and   ② as   ③ but   ④ or   [高岡法科大学 改]

整序 □6 She can [① nor write   ② neither   ③ French   ④ read].
★★   [大阪経済大学]

1 [答] ② me

夫と私の間には子どもたちの教育に関して意見の相違がある。

▶等位接続詞 and は文法上対等な表現をつなぐので，前置詞 between の目的語となるものとして目的格の②me が正解。

2 [答] ④ eat → eating

休暇に出かけるときには，キャロルはビーチに寝そべったりアイスクリームを食べたりするよりも，泳いだりサーフィンをしたりする方を好む。

▶eat の直前にある等位接続詞 and に注目すること。lying と並列されていることから eating にすればよい。

3 [答] ③ and yet

タロウは私たちの言葉を話さないが，私たちが何を言っているかは理解しているようだ。

▶and yet は「それでも」という逆接の意味を表す等位接続詞になる。①therefore と④in fact は副詞になり，文と文をつなぐことはできない。

4 [答] ④ or

大統領か副大統領かどちらかは，その会議に出席しなければならない。

▶either *A* or *B* は，「*A* か *B* かどちらか」という意味になる。

☞【等位接続詞を用いた代表的な表現】

5 [答] ① and

新しい政策は，利点と欠点の両方を持つ。

▶both *A* and *B* は，「*A* と *B* 両方とも」という意味になる。

6 [答] ②-④-①-③

She can neither read nor write French.

彼女はフランス語を読むことも書くこともできない。

▶neither *A* nor *B* は「*A* も *B* も両方とも～ない」という意味になる。

WORDS

□ education [名]教育

□ prefer [動]〚prefer *A* to *B*〛*B* より *A* を好む

□ beach [名]浜辺

□ therefore [副]それ故に

□ fact [名]事実

□ president [名]大統領

□ attend [動]（に）出席する

□ policy [名]政策

□ advantage [名]利点

□ neither [副]〚neither *A* nor *B*〛*A* でも *B* でもない

□ nor [接]（否定のあとで）～もまた…ない

9 接続詞

□ **7** Know local traditions, the trader says, [　　　] you can sell anything.
★★★

① and ② but ③ or ④ or else

[東北学院大学]

□ **8** She bumped into a glass door [　　　] she was talking on the phone.
★★

① even ② during ③ while ④ however

[桃山学院大学 改]

□ **9** [　　　] some people associate themselves with the democracy
★★ movement in this country, others disagree. [岩手医科大学 改]

① How ② However ③ That ④ While

□ **10** [　　　] she can't resist sweets is obvious. [京都産業大学 改]
★★★

① Because ② Even if ③ That ④ Whether

□ **11** The improving economy means [　　　] more jobs will be available
★★★ next year, though not a sufficient number. [立正大学 改]

① which ② that ③ therefore

④ when ⑤ however

整序 □ **12** 誰もが彼を好きになるのは彼がとても親切で誠実だからである。
★★★ The reason [　　　] [(1)] [　　　] [(2)] [　　　] [　　　] and
honest. [埼玉工業大学]

① is that ② likes ③ he is

④ him ⑤ very kind ⑥ everyone

7 [答] ① and
地元の伝統を知りなさい。そうすれば何でも売ることができるとその商人は言う。
▶命令文 ..., and ~ は，「…しなさい。そうすれば～，…すれば～」という意味で，また，命令文 ..., or ~ は「…しなさい。さもないと～，…しないと～」という意味になる。

8 [答] ③ while
彼女は電話で話をしている間に，ガラスのドアにぶつかった。
▶空所の前後に文と文があるため，空所には接続詞を入れる。①even と④however は副詞，②during は前置詞になる。本問の③while は「～している間に」という意味の従属接続詞。

9 [答] ④ While
この国の民主化運動に賛同する人もいるが，反対する人もいる。
▶文意から，逆接を意味する②However と④While が残るが，②However は副詞であり，文と文をつなげることができない。本問の④While は「～であるが」という意味の従属接続詞。

10 [答] ③ That
彼女が甘いものを食べずにいられないことは明らかだ。
▶空所から sweets までは is に対する主語になり，名詞節を導く接続詞が必要。よって③That と④Whether が残るが，④Whether は「～かどうか」という意味で文意に合わないため不可。

11 [答] ② that
経済が改善しているということは，来年，十分な数ではないにせよ求人数が増えることを意味する。
▶空所以下は他動詞 means の目的語になるので，名詞節を導く接続詞 that が正解。

12 [答] (1) ② likes　(2) ① is that　(⑥-②-④-①-③-⑤)
The reason everyone likes him is that he is very kind and honest.
▶The reason (why) S V ... is that S' V'~ で「…の理由は～ということだ」という意味になる。that 節は動詞 is の補語として名詞節になる。

□ tradition
[名]伝統
□ else
[副]そのほかに[の]
□ bump
[動]ぶつかる
□ while
[接]～する間に
□ associate
[動]【associate *oneself* with *A*】*A* を支持する
□ democracy
[名]民主主義
□ resist
[動](を)我慢する
□ obvious
[形]明らかな
□ whether
[接]～かどうか
□ available
[形]求めることができる
□ sufficient
[形]十分な
□ reason
[名]理由
□ honest
[形]正直な

[整序] □ **13** ★★ 私は彼女がその研究結果を調べたものと思い込んでいた。

I [ ] [ ] [(1)] [ ] [ ] [(2)] [ ] examined the results of the research. ［東京経済大学 改］

① granted ② that ③ took ④ had
⑤ for ⑥ it ⑦ she

□ **14** ★★★ Have you heard the news [ ] a dog came home after a year's journey? ［日本女子大学］

① of ② that ③ what ④ which

□ **15** ★★ The thought flashed through her mind [ ] she was going to die of lung cancer. ［福岡大学 改］

① that ② which ③ whose ④ what

□ **16** ★★★ The situation is rather complicated [ ] that we have two masters. ［青山学院大学 改］

① for ② in ③ on ④ with

□ **17** ★★ You got involved in trouble because of me. What can I say [ ] that I'm sorry? ［奥羽大学 改］

① because ② except ③ though ④ unless

□ **18** ★★ The human brain is such a complicated organ [ ] the functions of brain cells should be analyzed. ［学習院大学 改］

① as ② by ③ that ④ which

[整序] □ **19** ★★ 霧があまりにも濃かったので，道はほとんど見えなかった。 ［獨協大学 改］

The fog [① could ② the ③ hardly ④ so ⑤ that ⑥ lane ⑦ thick ⑧ was] be seen.

13\ 答 (1) ⑤ for (2) ⑦ she (③-⑥-⑤-①-②-⑦-④)

I <u>took it for granted that she had</u> examined the results of the research.

▶take it for granted that S V ~「~を当然と思う」という表現。it は形式目的語で，that 以下が真目的語。したがって that 節は名詞節になる。

14\ 答 ② that

1 年の旅を経て，犬が自宅に戻ってきたというニュースを聞いたことがありますか？

▶空所後の文は完全文。③what，④which は名詞が 1 つ不足した不完全文が続くので不可。②that は接続詞で，that 節は the news の内容を具体的に表しているため，本問の that は「~という」の意味の同格のはたらき。

☞【同格 that】

15\ 答 ① that

自分は肺がんで死ぬのだろうという考えが彼女の頭をよぎった。

▶空所から文末までは The thought の内容を説明する部分。空所以降は完全文が続くので，②which と④what は不可で，同格の接続詞①that が正解。

16\ 答 ② in

私たちには 2 人の師匠がいるという点において，状況はいくぶん複雑だ。

▶in that S V ~ は「~する点において」という意味の接続詞になる。

17\ 答 ② except

あなたは私のせいでトラブルに巻き込まれた。申し訳ありませんと言うこと以外，私は何を言うことができるだろうか？

▶except that S V ~ は「~する点を除いて」という意味の接続詞になる。

18\ 答 ③ that

人間の脳はとても複雑な器官なので，脳細胞の機能は分析されるべきである。

▶such a[an]＋形容詞＋名詞＋ that S V ~ は，「大変…なので~」(結果)，「~するほど…」(程度) という意味。

19\ 答 ⑧-④-⑦-⑤-②-⑥-①-③

The fog was so thick that the lane could hardly be seen.

▶so ... that S V ~ は「大変…なので~」(結果)，「~するほど…」(程度) という意味。

□ grant
 働〖take A for granted〗A を当然と思う

□ examine
 働(を)調査する

□ journey
 ②旅

□ flash
 働ぱっと浮かぶ

9

□ lung
 ②肺

接続詞

□ cancer
 ②がん

□ complicated
 ⑲複雑な

□ master
 ②師匠

□ involve
 働(を)巻き込む

□ except
 働(を)除いて

□ function
 ②機能

□ cell
 ②細胞

□ analyze
 働(を)分析する

□ thick
 ⑲濃い

20 ★★★ I opened the steel door quietly [____] the teacher wouldn't notice me. ［芝浦工業大学 改］

① so that   ② unless   ③ otherwise   ④ because of

21 ★ His surprise was [____] that he collapsed into the chair.

① as   ② how   ③ such   ④ well ［立命館大学 改］

22 ★★★ [____] you pay in cash or by credit card will make no difference.

① Although   ② How   ③ Whether   ④ If   ［松山大学］

23 ★★★ I wonder [____] the Japanese Diet system really needs to be reformed. ［南山大学 改］

① who   ② what   ③ if   ④ which

24 ★★ I have often asked myself [____] or not it is worth taking the risk of doing it. ［宮崎産業経営大学 改］

① which   ② whether   ③ if   ④ that

25 ★★ 好き嫌いにかかわらず，あなたはロンドンに行かなければなりません。

[____] you like it or not, you have to go to London. ［流通経済大学］

① Although   ② If   ③ Whatever   ④ Whether

26 ★★ [____] time he imitated the U.S. President, we burst into laughter.

① At   ② On   ③ During   ④ Each

［桃山学院大学 改］

20 [答] ① so that

先生が私に気づかないように，私は静かに鋼鉄の扉を開けた。

▶so (that) S can[will/may] V ~ は「～するために」という（目的の）意味になる。③otherwise は副詞，④because of は前置詞なので文と文をつなぐことは不可。

□ steel
[名]鋼鉄

21 [答] ③ such

彼は大変驚いたので，椅子に倒れ込んだ。

▶S is such that S' V ~ は，「S は大変なものなので～」という意味。また，such が文頭にきて Such is S that S' V ~ とも表現できる。

□ collapse
[動]崩壊する

22 [答] ③ Whether

現金で支払うかクレジットカードで支払うか，どちらでも構いません。

▶空所から card までは文全体の主語で名詞節になる。③Whether も④If も名詞節で「～かどうか」という意味だが，④If は動詞の目的語のときにのみ用いる。

☞【whether と if の名詞節の区別】

□ cash
[名]現金

23 [答] ③ if

日本の国会制度は本当に改革される必要があるのだろうか。

▶wonder の目的語になるので名詞節を作る。①who，②what，④which は後ろに不完全文が続くので不可。if は名詞節では「～かどうか」の意味になるので適切とわかる。

□ diet
[名]〖the D-〗国会

□ reform
[動]（を）改革する

24 [答] ② whether

危険を冒してそうする価値があるかどうか，これまでたびたび自問した。

▶空所以降は ask の目的語になる名詞節である。また，空所の直後に or not があることから，②whether が正解。

□ risk
[名]危険

25 [答] ④ Whether

▶空所から or not までは副詞節になる。whether S V or not が副詞節のときは，「～であろうとなかろうと」という意味になる。

26 [答] ④ Each

彼がアメリカ大統領を真似するたびに，私たちはどっと笑った。

▶each time S V ~ は「～するたびに」という意味の従属接続詞になる。

□ imitate
[動]（を）真似る

□ burst
[動]（感情で）爆発する

整序 **27** ★★ 彼は他人の生活に干渉するたびにごたごたを起こすようだ。

He seems to ⬜ (1) ⬜ ⬜ (2) he interferes in other people's lives.   [専修大学 改]

① every   ② into   ③ trouble

④ get   ⑤ time

整序 **28** ★★ 一度自転車の乗り方を覚えれば，二度と忘れることはないでしょう。

⬜ ⬜ (1) ⬜ ⬜, you will never forget it.

① learn   ② a bicycle   ③ you

④ once   ⑤ how to ride   [中京大学]

29 ★★ Susan will have left here ⬜ her letter is delivered to her boyfriend.   [東京電機大学 改]

① now that   ② by the time   ③ until

④ as   ⑤ that

30 ★★ The robbers were trapped in rush-hour traffic ⬜ the police arrived.   [杏林大学]

① since   ② until   ③ at   ④ by

正誤 **31** ★★ It was not ①until Margaret was ②well ③on her way to the office ④when ⑤she thought of the option of staying home.   [北里大学 改]

32 ★★ I knew something was wrong with the engine ⬜ I started the car.   [杏林大学]

① suddenly   ② at once   ③ the moment   ④ soon

整序 **33** ★ 演奏が始まるとすぐに，隣に座っている人が咳込み始めた。

Hardly (1) ⬜ ⬜ (2) ⬜ ⬜ the person sitting next to me started to cough.   [近畿大学 改]

① gotten   ② had   ③ the performance

④ under   ⑤ way   ⑥ when

27 [答] (1) ② into (2) ⑤ time (④-②-③-①-⑤)
He seems to get into trouble every time he interferes in other people's lives.
▶every time S V ~ は「～するときはいつも」という意味の従属接続詞になる。

28 [答] (1) ① learn (④-③-①-⑤-②)
Once you learn how to ride a bicycle, you will never forget it.
▶once S V ~ は「いったん～すると」という意味の従属接続詞になる。

29 [答] ② by the time
彼女の手紙がボーイフレンドに配達される頃までには，スーザンはここを出発しているだろう。
▶by the time S V ~ は「～する頃までに」（期限）という意味の従属接続詞になる。

30 [答] ② until
強盗たちは，警察が到着するまでずっとラッシュアワー交通渋滞に巻き込まれていた。
▶until S V ~ は「～するまでずっと」（期間）という意味の従属接続詞になる。③at，④by は前置詞なので不可。

31 [答] ④ when → that
マーガレットは会社までもう少しというところまで来てようやく家にとどまるという選択肢を考えた。
▶It is not until ~ that S V は「～してようやく…する，～して初めて…する」という表現になる。

32 [答] ③ the moment
発車させてすぐにエンジンの調子がどこか悪いことがわかった。
▶the moment S V ~ は「～するとすぐに」という従属接続詞。残りの選択肢は副詞（句）である。
☞【「～するとすぐに」の表現】

33 [答] (1) ② had (2) ④ under (②-③-①-④-⑤-⑥)
Hardly had the performance gotten under way when the person sitting next to me started to cough.
▶S had hardly[scarcely] *done* ~ when[before] S'＋過去形 V' ... は「～するとすぐに…した」という表現。hardly[scarcely] を文頭に置くと主節は倒置（疑問文語順）になる。

□ interfere
[動]干渉する

□ deliver
[動]（を）配達する

□ robber
[名]強盗

□ trap
[動]〚be trapped〛動けなくなる

□ office
[名]事務所

□ option
[名]選択肢

□ engine
[名]エンジン

□ moment
[名]瞬間

□ hardly
[副]ほとんど～ない

□ cough
[動]咳をする

正誤 □**34** No sooner ①had I ②sat down ③when the phone ④rang again.
★★
[成蹊大学]

整序 □**35** やがてあなたにも，この語句の真の意味に気づくようになるときが訪れます。

□ □ □ □ 　(1)　 □ come to perceive the
true meaning of this phrase.　　　　　　　　[九州国際大学 改]

① you　　　　② before　　　③ be　　　　④ it
⑤ long　　　　⑥ won't

整序 □**36** 先生が部屋を出ていって10分も経たぬうちに，その学生は教室内をうろうろし始めた。
★
The teacher □ □ 　(1)　 □ 　(2)　 the student
began wandering around the classroom.　　　　[神戸学院大学 改]

① out of the room　　② before　　③ for ten minutes
④ had not　　　⑤ been

整序 □**37** 母国を離れて何ヶ月くらいでホームシックになりましたか？ [立命館大学 改]
★
How many months had you [① homesick　② became
③ from your native land　④ you　⑤ away　⑥ been　⑦ before]?

正誤 □**38** Ms. Yamamoto can speak English ①fluently ②because of she has
★★
lived ③in London ④for more than 10 years.　　　[大阪経済大学]

□**39** People were asked not to punish their children □ it was
★★
absolutely necessary.　　　　　　　　　[明治学院大学 改]

① after　　② if　　③ so that　　④ therefore　　⑤ unless

正誤 □**40** You ①will fail the examination unless you ②don't ③study ④hard.
★★
[国士舘大学]

34 [答] ③ when → than
座るとすぐに，また電話が鳴った。
▶S had no sooner *done* ~ than S'＋過去形 V' ... は「～するとすぐに…した」という表現。no sooner が文頭に移動したため倒置になる。

35 [答] (1) ② before　(④ - ⑥ - ③ - ⑤ - ② - ①)
It won't be long before you come to perceive the true meaning of this phrase.
▶It will not be long before S V ~ は，「まもなく～するだろう」という意味になる。

36 [答] (1) ① out of the room　(2) ② before　(④ - ⑤ - ① - ③ - ②)
The teacher had not been out of the room for ten minutes before the student began wandering around the classroom.
▶before を用いて「*A* しないうちに *B* した」という表現を表す場合，「先生が部屋を出て10分も経たない」を *A*，「その学生は教室内をうろうろし始めた」を *B* と考える。*A* の時の方が *B* の時よりも 1 つ前の過去のことを表すことに注目する。

37 [答] ⑥ - ⑤ - ③ - ⑦ - ④ - ② - ①
How many months had you been away from your native land before you became homesick?
▶「ホームシックにかかる前に何ヶ月間母国を離れていましたか？」と考えればよい。

38 [答] ② because of → because
10年以上ロンドンに住んでいるので，ヤマモトさんは流暢に英語を話せる。
▶前置詞 because of の後ろに文が続いているため，従属接続詞の because が適切となる。

39 [答] ⑤ unless
人々はどうしても必要でない限り，子どもを罰しないように求められた。
▶空所には文と文をつなぐので接続詞を入れるが，文意から，「どうしても必要でない限り」と考えて従属接続詞⑤unless を選ぶ。④therefore は副詞なので不可。

40 [答] ② don't → 削除
一生懸命勉強しない限り，テストに落ちてしまうよ。
▶unless S V ~ は「～でない限り」という意味の従属接続詞。unless の後に否定語はこない。

□ ring
[動]（ベル・電話などが）鳴る

□ perceive
[動]（に）気づく

□ phrase
[名]語句

□ minute
[名]分

□ wander
[動]歩き回る

□ land
[名]国土

□ punish
[動]（を）罰する

□41 ★★ ＿＿ that you are a college student, you ought to know better.

① After ② In order ③ Now ④ So ［玉川大学］

□42 ★★ A man is not great ＿＿ he has a lot of academic knowledge.

① for ② as ③ because ④ so ⑤ since

［実践女子大学 改］

□43 ★★ ＿＿ newspapers sometimes contain mistakes, it doesn't mean that they are not worth reading. ［成蹊大学］

① If only ② In that ③ Just because ④ Only when

□44 ★★ It must be very cold outside, ＿＿ the surface of the lake is frozen over. ［大阪経済大学 改］

① for ② yet ③ nevertheless ④ but

□45 ★★ So far as ＿＿, we can see no reason why he should not be allowed to achieve his aim. ［北海学園大学 改］

① we concern ② we concerned

③ we are concerned ④ we can concern

□46 ★★ As ＿＿ as I know, Tom has never had a desire for praise.

① much ② well ③ long ④ far ⑤ many

［九州産業大学 改］

[整序] □47 ★★ あなたが幸せなら，ご両親も幸せでしょう。 ［金沢工業大学］

[① as ② as long ③ be ④ happy ⑤ parents ⑥ should ⑦ you ⑧ your] are happy.

41 [答] ③ Now
今や大学生なのだから，もっと分別があるはずですよ。
▶Now (that) S V ~ は「今や～なので」という原因・理由を表す従属接続詞。that は省略されることがある。

42 [答] ③ because
たくさんの学問的知識があるからといって，その人が偉いわけではない。
▶not ... because S V ~ で「～だからといって…ではない」という意味になる場合がある。

43 [答] ③ Just because
新聞が誤りを含むことがあるときがあるからといって，新聞に読む価値がないということにはならない。
▶Just[Simply/Merely] because S V ..., it doesn't follow[mean] that S' V' ~ で「…だからといって～ということにはならない」という意味の表現。

44 [答] ① for
外はとても寒いにちがいない。というのも湖の水面が凍っているからだ。
▶等位接続詞の for は通常 S' V' ..., for S V ~ の形で用いられて，「…だ。というのも～だからだ」という原因・理由を表す表現になる。

45 [答] ③ we are concerned
私たちに関する限り，彼が目的を果たすことを許されない理由がわからない。
▶as[so] far as *A* be concerned「*A* に関する限り」という意味の定型表現。
☞【as far as を用いた定型表現】

46 [答] ④ far
私が知る限り，トムは決して褒められたいという欲求はない。
▶as far as *A* know は「*A* が知る限り」という意味の定型表現。

47 [答] ⑧-⑤-⑥-③-④-②-①-⑦
Your parents should be happy as long as you are happy.
▶as long as S V ~ は「～しさえすれば」（条件），「～する間は」（期間）の2つの意味を覚えておく。

□ academic
[形]学問的な

□ contain
[動]（を）含む

□ surface
[名]水面

□ nevertheless
[副]それでもなお

□ concern
[動]（に）関係する

□ aim
[名]目的

□ desire
[名]願望

□ praise
[名]褒められること

9 接続詞

48 I'll accompany you ☐ you pay for the transport and
accommodation.   [慶應義塾大学 改]

  ① unless   ② provided   ③ although   ④ despite

49 私たちが来週学校を休んだら、先生はどんな反応をするだろう?

[① school ② we are ③ from ④ absent ⑤ suppose] next
week, how will our teacher react?   [東洋大学 改]

50 彼は発言しないという条件で、その会議に参加することが許された。
He was ☐ ☐ (1) ☐ ☐ (2) ☐ the
condition that he remain silent.   [東京経済大学]

  ① the   ② on   ③ allowed   ④ meeting
  ⑤ in   ⑥ participate   ⑦ to

51 ☐ you don't succeed, you should keep trying.   [広島工業大学]

  ① Even if   ② As if   ③ Since   ④ Once

52 I decided to ①stay home from work, ②despite I was ③almost
completely ④recovered from my cold.
⑤ NO ERROR   [早稲田大学]

53 Take a map with you ☐ you get lost.   [四天王寺国際仏教大学]

  ① but that   ② in case   ③ so that   ④ unless

54 Some students may be reluctant to share lecture notes with others
☐ that their own grades might suffer.   [明治大学]

  ① for fear   ② in the hope   ③ provided   ④ so

48 答 ② provided
交通費と宿泊費を払ってくれるならば，あなたと一緒に行きます。
▶ provided (that) S V ~ は「もし～ならば」という意味の条件を示す従属接続詞で，文意が通じる。
☞【if「～ならば」の代用表現】

49 答 ⑤ - ② - ④ - ③ - ①
<u>Suppose we are absent from school</u> next week, how will our teacher react?
▶ suppose[supposing] (that) S V ~ は「もし～ならば」という意味で条件を表す従属接続詞になる。

50 答 (1) ⑥ participate (2) ④ meeting
(③ - ⑦ - ⑥ - ⑤ - ① - ④ - ②)
He was <u>allowed to participate in the meeting on</u> the condition that he remain silent.
▶ on (the) condition (that) S V ~ は「～という条件で」という意味の条件を表す従属接続詞になる。

51 答 ① Even if
成功しなくとも，努力し続けるべきです。
▶ 前後の内容から，①Even if「たとえ～としても」という意味の従属接続詞が入る。

52 答 ② despite → though[although]
ほぼ完全に風邪は治っていたけれど，仕事を休むことにした。
▶ despite は前置詞なので後に文が続かない。文と文をつなぐ though [although]「～だけれども」という譲歩の意味の従属接続詞に変えると文意が通じる。

53 答 ② in case
道に迷うといけないから，地図を携帯しなさい。
▶ in case S V ~ は「～する場合に備えて，～するといけないから」という意味になる従属接続詞。

54 答 ① for fear
生徒の中には自分たち自身の成績が悪くならないように，講義ノートを他人と共有したがらない人もいるかもしれない。
▶ for fear (that) S should[will/may] V ~ は「～しないように」という意味になる従属接続詞。

□ accompany
　働 (に)同行する
□ transport
　名 交通手段
□ accommodation
　名 宿泊施設
□ react
　働 反応する

□ participate
　働 参加する
□ condition
　名 状態
□ silent
　形 無言の

9

接続詞

□ even
　副 ～でさえ(も)

□ despite
　前 ～にもかかわらず
□ recover
　働 回復する
□ case
　名 場合
□ map
　名 地図
□ fear
　名 恐怖
□ suffer
　働 苦しむ
□ provided
　接 もし～ならば

□ **55** ★★★ We do not necessarily grow wiser _____ we grow older.

  ① since   ② as   ③ which   ④ than   [立命館大学]

□ **56** ★ Terrible _____ these deadly fogs are, they can be reduced if we control pollution.   [明治学院大学]

  ① as   ② even   ③ if   ④ since   ⑤ while

□ **57** ★ _____ , she was unable to find a sponsor.   [福岡大学 改]

  ① Try as she might   ② Trying as she might
  ③ Her trying   ④ Although she might

□ **58** ★★★ Put this book back _____ you found it.   [日本女子大学]

  ① though   ② when   ③ where   ④ which

□ **59** ★★ その女性はとても消極的で物静かで，話しかけられない限り話さない。
The lady is very passive and quiet, and doesn't speak unless
_____ .   [獨協医科大学 改]

  ① spoken to   ② she is not spoken
  ③ she speaks   ④ never speaking

55 [答] ② as
年を重ねるにつれて，賢くなっていくとは限らない。
▶文意から「年を重ねるにつれて」と考える。従属接続詞 as は「～につれて」(比例) の意味を表すので正解。
☞【接続詞の as】

56 [答] ① as
この命に関わる煙は恐ろしいものだが，公害を抑制すれば減らすことができる。
▶形容詞 [副詞／名詞 (無冠詞)] ＋as S V ~ は「～だけれども」という譲歩の意味。as は though に置きかえが可能。

57 [答] ① Try as she might
彼女は一生懸命頑張ってみたが，スポンサーを見つけることができなかった。
▶Try as S may は「一生懸命頑張ってみても」という意味の表現。ここでの as は譲歩の意味になる。

58 [答] ③ where
この本を，あなたが見つけたところに戻してください。
▶where は「～するところに [へ]」という意味を表す従属接続詞になる。

59 [答] ① spoken to
▶従属接続詞から始まる副詞節中では，主語と be 動詞を省略することが可能。原則として主語は主節の主語と一致する場合に限る。

□ wise
[形]賢明な

□ terrible
[形]恐ろしい

□ reduce
[動](を) 減らす

□ pollution
[名]汚染，公害

□ sponsor
[名]スポンサー

□ passive
[形]消極的な

SCORE

	1回目	2回目	3回目
日付	／	／	／
★★★	／16問	／16問	／16問
★★	／36問	／36問	／36問
★	／7問	／7問	／7問
合計	／59問	／59問	／59問

目標ライン		
基礎	標準	難関
12／16	14／16	16／16
18／36	28／36	32／36
1／7	3／7	5／7
31／59	45／59	53／59

※問題を解き終わったら，上の表に日付・結果を記入して学習を振り返りましょう。
※間違えた問題はよく復習し，繰り返し演習することで定着を図りましょう。

接続詞はasやthat以外にもたくさんあって，用法や意味が非常に多岐にわたるテーマです。様々な接続詞の用法や意味をしっかりと確認してくださいね。この本は，英文法の勉強を電車の中などでも気軽に行えるように作られています。空き時間を見つけて毎日学習を続けていきましょう。

WORDS CHECK TEST

- ☐ president [答] [名]大統領
- ☐ advantage [答] [名]利点
- ☐ obvious [答] [形]明らかな
- ☐ sufficient [答] [形]十分な
- ☐ reform [答] [動]（を）改革する
- ☐ robber [答] [名]強盗
- ☐ wander [答] [動]歩き回る
- ☐ nevertheless [答] [副]それでもなお
- ☐ react [答] [動]反応する
- ☐ pollution [答] [名]汚染，公害

第 **10** 章

疑問詞
INTERROGATIVES

◀)) 英文音声

第 10 章 疑問詞

INTERROGATIVES

1 ★★★ What ☐ such a terrible tragedy to happen to the ancient tribe?

① caused
② did it cause
③ does it cause
④ has it caused

[国士舘大学 改]

2 ★★★ "☐ do you spend your evenings?"
"I usually read books."

[京都学園大学]

① How
② What
③ When
④ Where

3 ★★★ Here's a cell phone, but I can't tell ☐ it is.

[桜美林大学 改]

① why
② how
③ whom
④ whose

4 ★★ ☐ wallet is this?

[大阪商業大学]

① Who
② Whose
③ Which
④ Whom

5 ★★★ ☐ do you like your steak, medium or rare?

[南山大学]

① How
② When
③ Which
④ Why

6 ★★★ How ☐ did the significant union meeting take?

[広島経済大学 改]

① ever
② much
③ long
④ often

連立 7 ★★★ (a) How many times does your mother call you a week?
(b) How ☐ does your mother call you a week?

[佛教大学]

① well
② much
③ often
④ long

1 [答] ① caused
何がそのような恐ろしい悲劇をその古代の部族に引き起こしたのですか？
▶what は疑問代名詞で文の主語になるため，空所には動詞が入る。よって①caused が正解。
☞【代表的な疑問詞】

2 [答] ① How
「午後はどのように過ごしていますか？」
「私はたいていは読書をします。」
▶空所の後は完全文なので疑問代名詞の②What は不可。残りの選択肢はすべて疑問副詞であるが，文意から①How が正解。

3 [答] ④ whose
携帯電話があるんだけれど，それが誰のものかわからないな。
▶疑問代名詞 whose は「誰のもの」という意味で用いられる。

4 [答] ② Whose
これは誰の財布ですか？
▶疑問詞 whose は直後の名詞 *A* を修飾して，「誰の *A*」という意味で用いることができる。その他，疑問詞の直後に名詞を置く表現として，what *A*「何の *A*，どんな *A*」，which *A*「どの *A*」，what kind of *A*「何の種類の *A*」を覚えておくこと。

5 [答] ① How
ステーキはどのように料理しましょうか？ミディアムですか，レアですか？
▶How do you like *A*? は「*A* をどのようにしましょうか？」という意味がある。相手の好みを尋ねるときに用いる。

6 [答] ③ long
その重要な組合の会議はどれぐらいの時間がかかりましたか？
▶How long ～？は「～はどれぐらいか？」という意味の期間を尋ねる疑問文になる。

7 [答] ③ often
あなたのお母さんは，1週間につきどのくらいの頻度であなたに電話をかけるの？
▶How often ～？は「どのくらいの頻度で～？」という意味の回数を尋ねる疑問文になる。

□ tragedy
[名]悲劇
□ ancient
[形]古代の
□ tribe
[名]部族

□ significant
[形]重要な
□ union
[名]組合

8 Do you know how _____ in the morning the first train departs?

① early　　② fast　　③ quickly　　④ soon

[京都産業大学 改]

整序 **9** "_____ _____ _____ _____ _____ (1)_____ _____?"
"I would like to get it done by the end of this month."　　[明海大学 改]

① can　　② finish　　③ you　　④ soon
⑤ the report　　⑥ drafting　　⑦ how

10 STUDENT : _____ I'm very late for the class?
TEACHER : You can't enter the classroom.　　[金沢工業大学]

① How come　　② What if　　③ What's up　　④ Why not

整序 **11** Rita: Daniel and I have to go home now.
Father: Oh, _____ (1)_____ _____ _____ (2)_____ _____ usual?
　　　　I thought you were going to stay for dinner.　　[センター試験]

① are　　② earlier　　③ how come
④ leaving　　⑤ than　　⑥ you

12 Do you know _____ exchange money?　　[金沢工業大学 改]

① where can I　　② can I where
③ I can where　　④ where I can

整序 **13** 宿題を手伝ってくれませんか。　　　　　　　　　　[鹿児島国際大学]
I wonder _____ (1)_____ _____ _____ (2)_____ _____ the
homework.

① could　　② help　　③ if　　④ me　　⑤ with　　⑥ you

整序 **14** I wonder _____ (1)_____ _____ (2)_____ _____ upstairs.

① what　　② that　　③ is making
④ it is　　⑤ the noise

[センター試験]

8\ [答] ① early
始発電車は朝どれぐらい早く出発するか知っていますか？
▶How early ~？は「(ある期間内で) どれくらい早く～？」という意味の疑問文になる。

□ depart
[動]出発する

9\ [答] (1) ⑥ drafting　(⑦ - ④ - ① - ③ - ② - ⑥ - ⑤)
"How soon can you finish drafting the report?"
「レポートの下書きはいつまでにできますか？」
「今月末までにはやりたいと思います。」
▶How soon ~？は「(現在を基準として) あとどれぐらい～？」という意味の疑問文になる。

□ draft
[動]の下書きを書く

10\ [答] ② What if
生徒「授業に遅れるとどうなりますか？」
教師「教室に入れません。」
▶What if S V ~？は「～ならばどうなるか？」という意味の疑問文になる。また，What if の後は S V の語順になることに注意する。

11\ [答] (1) ⑥ you　(2) ② earlier　(③ - ⑥ - ① - ④ - ② - ⑤)
Oh, how come you are leaving earlier than usual?
リタ「ダニエルと私はもう帰らないといけないの。」
父親「おや，なぜいつもよりも早く帰るんだい？ 夕食を一緒に食べるものだと私は思っていたよ。」
▶How come S V ~？は「どうして～？」という意味の疑問文になる。また，How come の後は S V の語順になることに注意する。

□ usual
[形]いつもの

10 疑問詞

12\ [答] ④ where I can
両替ができるところを知っていますか？
▶where 以下のかたまりは know の後に置くことができ，名詞節としてはたらく。このような文を間接疑問文といい，where の後は S V の語順になる。
☞【間接疑問文】

□ exchange
[動] (を) 交換する

13\ [答] (1) ⑥ you　(2) ④ me　(③ - ⑥ - ① - ② - ④ - ⑤)
I wonder if you could help me with the homework.
▶if 節のかたまりは名詞節としてはたらくので，間接疑問文になる。if の後は S V の語順が続く。

14\ [答] (1) ④ it is　(2) ③ is making　(① - ④ - ② - ③ - ⑤)
I wonder what it is that is making the noise upstairs.
2階が騒がしいのは一体何だろうかと疑問に思う。
▶疑問詞＋ is it that ~？は「～なのは一体〈疑問詞〉か」という疑問詞を強調した強調構文だが，what 節が間接疑問文になるので S V の語順が続く。

□ noise
[名]騒音

整序 ☐ **15** 戦争はいつ終わると思いますか？
　　★★
　　　　When ☐(1)☐ you think ☐　　☐ (2) ☐　　☐ over?　　[奈良産業大学]

　　　① be　　　② do　　　③ the war　　　④ will

☐ **16** Sorry. We talked about it just now, but ☐ A ☐ did you say ☐ B ☐?
　★★
　　　① A : how　B : the latest trend
　　　② A : how　B : was the latest trend
　　　③ A : what　B : the latest trend
　　　④ A : what　B : the latest trend was　　　[センター試験 改]

整序 ☐ **17** バスでそこへ行けるかどうかご存じですか？
　　★★
　　　☐　　☐　　☐(1)☐　　☐　　☐(2)☐　　☐　　☐ there by bus?

　　　① get　　　② we　　　③ know　　　④ you
　　　⑤ if　　　⑥ can　　　⑦ do　　　[東京家政大学]

整序 ☐ **18** その映画評論家はどうなったと思いますか？　　　[摂南大学 改]
　　★★
　　　What do you [① of　② think　③ has　④ the movie critic
　　　⑤ become]?

☐ **19** "☐　　☐ stay here in the cave until the rain stops?"
　★★
　　　"Yes, let's wait."　　　[駒澤大学 改]

　　　① Why do we　　　　　② How about
　　　③ Why don't we　　　　④ How do you want to

☐ **20** If you like this apple pie so much, ☐　　☐ make one yourself? I'll
　★★
　　　give you the recipe.　　　[センター試験]

　　　① how about　　　　　② how come you
　　　③ what do you say to　　④ why don't you

15 [答] (1) ② do　(2) ④ will　(② - ③ - ④ - ①)
When do you think the war will be over?
▶疑問詞＋ do you think ～？は「〈疑問詞〉～とあなたは思いますか？」という意味であるが，疑問詞の when が文頭に移動したので，think 以降は S V の語順になる。

16 [答] ④ A : what　B : the latest trend was
すみません。たった今話をしたばかりですが，何が最新の傾向だとおっしゃいましたか？
▶疑問詞＋ did you say ～？で「〈疑問詞〉とあなたは言いましたか？」という意味であるが，元の文が what was the latest trend と考えて④を選ぶ。

□ trend
[名]傾向

17 [答] (1) ③ know　(2) ② we　(⑦ - ④ - ③ - ⑤ - ② - ⑥ - ①)
Do you know if we can get there by bus?
▶Do you know ＋疑問詞 ～？は「〈疑問詞〉～か知っていますか？」，また Do you know if ～？は「～かどうか知っていますか？」という意味になる。

18 [答] ② - ③ - ⑤ - ① - ④
What do you think has become of the movie critic?
▶what has become of *A* ？は「*A* はどうなってしまったのか？」という意味の疑問文になる。

□ critic
[名]評論家

19 [答] ③ Why don't we
「雨が止むまでここの洞窟にいませんか？」
「はい，待ちましょう。」
▶why don't we *do* ～？は「～しませんか？」という意味の勧誘・提案の表現になる。

□ cave
[名]洞窟

20 [答] ④ why don't you
このアップルパイがそんなに好きなら，自分で作ってみてはどう？ レシピをあなたにあげますよ。
▶why don't you *do* ～？は「～してはどうですか？」という提案を表す表現になる。①how about ならば動詞は making になるので不可。

□ recipe
[名]レシピ

21 ★★
A : Be sure to visit my folks while you're in London.

B : I'd love to. In fact, do you think I could stay with them for a couple of days?

A : ☐ I'm sure they'd be delighted to have you.　［センター試験 改］

① How come?　　　　　　　② How could you?
③ Why not?　　　　　　　　④ Why on earth?

22 ★★
"Shall we take another route for a change?"

"Yes, ☐."　　　　　　　　　　　　　　　　［センター試験 改］

① go for one　② if you like　③ we do　　④ you should

23 ★★
You breed puppies for sale, ☐ you?　　　　　　　［金沢工業大学 改］

① are　　　　② aren't　　　③ does　　　④ doesn't
⑤ don't　　　⑥ wouldn't

24 ★★
It's been a long time since her parents split up, ☐?

① didn't it　② hasn't it　③ isn't it　④ wasn't it

［センター試験 改］

25 ★★
The manager seldom ever visits our branch, ☐?　　［松山大学］

① didn't he　② does he　③ isn't it　④ doesn't it

26 ★
Come and stay with us for the weekend, ☐?　　　［東海大学］

① do you　　② won't you　③ aren't you　④ don't you

27 ★★
Let's go out for dinner, ☐?　　　　　　　　　　［東京国際大学］

① will we　　② don't we　　③ are we　　④ shall we

21\ [答] ③ Why not?

A「ロンドンにいる間に，私の家族を訪ねてください。」
B「ぜひそうしたいです。実際のところ，数日間滞在できますでしょうか？」
A「もちろんです。あなたに来ていただけると彼らは喜びますよ。」

▶why not? は「もちろん，いいですとも」という表現になる。

□ folk
[名]家族

22\ [答] ② if you like

「気分を変えるために別の道を行きませんか？」
「そうね，あなたがそうしたいなら。」

▶shall we *do* ~ ? は「~しませんか？」という提案の表現。本問は，文意から②if you like「あなたがそうしたいなら」が適切。

□ route
[名]道（筋）

23\ [答] ⑤ don't

あなたは販売目的で子犬を繁殖させていますね？

▶breed は一般動詞であることと，主語 you に注目すれば，付加疑問文は否定形の don't になる。

☞【付加疑問文】

□ breed
[動]（を）飼育する
□ sale
[名]販売

24\ [答] ② hasn't it

彼女の両親が離婚してからしばらく経ちますね。

▶現在完了形の付加疑問文の場合は，コンマの後は have[has] を用いて表現する。

□ split
[動]別れる

25\ [答] ② does he

支配人は私たちの支店にはほとんど訪れない。

▶否定文の付加疑問文では，コンマの後は肯定形にする。

□ branch
[名]支店

26\ [答] ② won't you

週末に私たちのところに来て，一緒に過ごしませんか？

▶命令文の付加疑問文では，コンマの後に will[won't] you? を置く。

27\ [答] ④ shall we

夕食に出かけましょうよ。

▶Let's ~ , の付加疑問文では，コンマの後に shall we? を置く。

SCORE

	1回目	2回目	3回目
日付	／	／	／
★★★	／7問	／7問	／7問
★★	／19問	／19問	／19問
★	／1問	／1問	／1問
合計	／27問	／27問	／27問

目標ライン		
基礎	標準	難関
5 ／7	6 ／7	7 ／7
9 ／19	14 ／19	16 ／19
0 ／1	0 ／1	1 ／1
14 ／27	20 ／27	24 ／27

※問題を解き終わったら，上の表に日付・結果を記入して学習を振り返りましょう。
※間違えた問題はよく復習し，繰り返し演習することで定着を図りましょう。

英語の勉強は内容や質はもちろん，量をこなすことも絶対に必要だと私は思っています。この本を徹底して繰り返すことで英文法の力は必ずつきます。何事もやめることよりも継続することの方が大変です。でも，継続しているからこそ，その先に見える景色はきっと想像を超える素晴らしいものであるはずです。

WORDS CHECK TEST

- ☐ tragedy　[答] [名]悲劇
- ☐ ancient　[答] [形]古代の
- ☐ significant　[答] [形]重要な
- ☐ usual　[答] [形]いつもの
- ☐ critic　[答] [名]評論家
- ☐ folk　[答] [名]家族
- ☐ breed　[答] [動]（を）飼育する
- ☐ sale　[答] [名]販売
- ☐ split　[答] [動]別れる
- ☐ branch　[答] [名]支店

第 **11** 章

関係詞

RELATIVES

英文音声

第 11 章 関係詞

RELATIVES

□1 I like people ☐ are content with their ordinary lives.
★★★
① whom　　② who　　③ whose　　④ they

[大阪経済大学 改]

正誤 □2 I have no faith ①in him. ②How can you trust ③someone ④who
★★★ always tell lies?

[明海大学]

□3 My eyes opened to everything ☐ eyes could see.　[明治学院大学]
★★★
① but　　② for　　③ how　　④ if　　⑤ that

□4 You have only to listen to those ☐ you believe to be sincere.
★★★
① whoever　　② whom　　③ whomever　　④ whose

[武庫川女子大学]

□5 The garage ☐ I keep my car in is just around the corner.
★★★
① where　　② which　　③ of which　　④ when　　[東邦大学]

□6 They crossed the border and settled in a town ☐ called Virginia
★★ City.　　[明治学院大学 改]

① that　　② they　　③ was　　④ where　　⑤ which

1 [答] ② who
私は平凡な生活に満足している人が好きです。
▶空所の後は主語が不足した不完全文が続いている。先行詞が people なので，主格の関係代名詞である②who が正解。
☞【関係代名詞】

2 [答] ④ who always tell → who always tells
私は彼をまったく信じていない。いつも嘘をつく人をどうやって信じられるというのか？
▶関係代名詞 who の先行詞は someone であるため，who の後の tell は単数扱いになり，tells に変える。

3 [答] ⑤ that
目で見ることのできるものすべてに対して，私の目は開かれた。
▶see は他動詞だが，その目的語が不足しているので，⑤that が正解。本問では目的格のはたらき。

4 [答] ② whom
あなたが誠実だと信じている人に耳を傾けさえすればよい。
▶believe は他動詞だが，その目的語が不足している。先行詞が〈人〉であることも考え，目的格の関係代名詞②whom が正解。

5 [答] ② which
私が車を入れている車庫は，ちょうどその角を曲がったところにあります。
▶空所後の文は前置詞 in の目的語が不足していることがわかる。したがって，目的格の関係代名詞②which が正解。

6 [答] ② they
彼らは越境して，彼らがヴァージニア・シティと呼ぶ町に定住した。
▶②they を入れると call O C の語法から，called の目的語が不足した文となり，a town の直後に目的格の関係代名詞 which が省略されているとわかる。①that や⑤which は was called であれば可能。

☐ content
[形]満足して
☐ ordinary
[形]普通の
☐ faith
[名]信頼
☐ trust
[動]（を）信頼［信用］する
☐ sincere
[形]誠実な
☐ garage
[名]車庫
☐ corner
[名]角
☐ border
[名]境界
☐ settle
[動]定住する

[整序] □ 7 ★★ 私たちが車に乗せたハイカーは，職業がジャーナリストだとわかった。

The [ ] [ ] [ ] [ ] [(1)] [ ] [ ] [ ] a journalist by profession. ［龍谷大学 改］

① be ② hiker ③ out ④ picked ⑤ to
⑥ turned ⑦ up ⑧ we

[正誤] □ 8 ★★ Child labor ①is one of the ②most urgent problems that we face ③it ④today. ［北里大学］

□ 9 ★★★ He is one of the greatest baseball players [ ] Japan has ever produced. ［宮崎産業経営大学］

① when ② where ③ that ④ what

[正誤] □ 10 ★★★ Did you see the car and ①the driver ②who ③crashed ④into the house which I was renting at that time? ［松山大学 改］

□ 11 ★★★ This is the very book [ ] I have been looking for. ［名古屋学院大学］

① whom ② what ③ as ④ that

□ 12 ★★★ He has a daughter [ ] boyfriend has a large income.

① which ② who ③ whose ④ whom

［京都女子大学 改］

□ 13 ★★ This is a game [ ] I am quite ignorant of. ［獨協大学］

① which rules ② what rules
③ the rules of which ④ of whose rules

□ 14 ★★★ This is the latest robot, created in Switzerland this year, [ ] I spoke. ［沖縄国際大学 改］

① of that ② of which ③ that ④ which

7 [答] (1) ⑥ turned　(② - ⑧ - ④ - ⑦ - ⑥ - ③ - ⑤ - ①)
The hiker we picked up turned out to be a journalist by profession.
▶主語のかたまりを The hiker we picked up とする。The hiker の直後に目的格の関係代名詞 whom が省略されている。

☐ profession
[名]（専門的）職業

8 [答] ③ it → 削除
年少者労働は，今日私たちが直面している最も切実な問題の 1 つである。
▶③it を削除すれば，本問の that は目的格の関係代名詞としてはたらくことができ，また文意にも合う。

☐ labor
[名]労働
☐ urgent
[形]緊急の，切迫した

9 [答] ③ that
彼は日本が生んだ中で最も偉大な野球選手の 1 人だ。
▶空所後の文は produced の目的語が不足しており，目的格の関係代名詞が入る。先行詞に最上級が含まれている場合，関係代名詞は that を用いる。

☐ produce
[動]（を）輩出する

10 [答] ② who → that
当時私が借りていた家に突っ込んだ車とその車の運転手を見ましたか？
▶先行詞が〈人〉+〈人以外〉のとき，関係代名詞は that を用いる。

☐ crash
[動]衝突する
☐ rent
[動]（を）借りる

11 [答] ④ that
これはまさに私がずっと探していた本です。
▶空所後の文は前置詞 for の目的語が不足していることがわかる。先行詞に the very が含まれているときは関係代名詞は that を用いる。

12 [答] ③ whose
彼には，ボーイフレンドが高収入を得ている娘が 1 人いる。
▶所有格の関係代名詞である whose は，直後の名詞とセットで関係詞節内において名詞のはたらきをする。本問では whose boyfriend は has に対する主語の役割。

☐ income
[名]収入

13 [答] ③ the rules of which
これは僕が全然ルールを知らないゲームだ。
▶先行詞が〈人〉以外のとき，whose +名詞 は the +名詞+ of which に置きかえることができる。

☐ ignorant
[形]無知の

14 [答] ② of which
これは私が話していた，今年スイスで作られた最新ロボットだ。
▶speak of *A*「*A* について話す」の語法から，②of which が正解。前置詞+ which[whom] は後ろに完全文が続く。関係代名詞の that は前置詞の後に用いることは不可。

☐ create
[動]（を）創造する

☐ **15** Please pay constant attention to the speed ☐ which your car is
★★ travelling.   [広島工業大学]

① at   ② for   ③ up   ④ to

☐ **16** The place ☐ they hid themselves from their enemies was a
★★★ cave.   [駒澤大学 改]

① which   ② what   ③ when   ④ where

☐ **17** That quarter of Tokyo is a place ☐ attracts young people with
★★★ its shops and restaurants.   [法政大学 改]

① which   ② where   ③ when   ④ what

☐ **18** I can remember the time ☐ applications using artificial
★★★ intelligence were still rare.   [立教大学 改]

① as   ② since   ③ until   ④ when

☐ **19** The time will soon come ☐ many individuals can enjoy space
★★ travel.   [和光大学 改]

① which   ② when   ③ what   ④ where

☐ **20** The reason ☐ I get up early every morning to exercise is that
★★★ it is a good way to maintain work-life balance.   [国士舘大学 改]

① when   ② how   ③ why   ④ which

☐ **21** That was the reason ☐ Cathy gave to conclude it.   [札幌大学 改]
★★★
① how   ② why   ③ what   ④ which

[15] [答] ① at
車が進んでいる速度に絶えず注意を払ってください。
▶which の先行詞は the speed。your car is travelling at ~ the speed と考えて①at が正解。

[16] [答] ④ where
彼らが敵から身を隠した場所は洞窟だった。
▶空所後の文が完全文であり，先行詞が場所を表すときは関係副詞 where を用いる。
☞【関係副詞】

[17] [答] ① which
東京のその地域は，お店やレストランで若者を引きつけている場所です。
▶空所後の文は主語が不足した不完全文であることから，主格の関係代名詞を入れなければならないので①which が正解。

[18] [答] ④ when
人工知能を用いたアプリケーションがまだ珍しかった頃を覚えている。
▶空所後の文が完全文であり，先行詞が時を表す名詞 the time であるため，関係副詞である④when が正解。

[19] [答] ② when
多くの人々が宇宙旅行を楽しむことができるときが，まもなく来るでしょう。
▶空所後の文は完全文であることから，関係代名詞である①which と③what は不可。先行詞が The time であることから②when が正解。

[20] [答] ③ why
運動するために私が毎朝早起きしている理由は，ワークライフバランスを保つ良い方法だからです。
▶空所後の文は完全文が続いていることと，先行詞が the reason であることから，関係副詞である③why が正解。

[21] [答] ④ which
それが，そう結論を下すためにキャシーが与えた理由だった。
▶空所後の文は目的語が不足した不完全文が続いている。したがって，関係代名詞の目的格である④which が正解。

□ constant
[形]絶え間ない
□ attention
[名]注意
□ hide
[動]（を）隠す
□ enemy
[名]敵
□ quarter
[名]地区
□ attract
[動]（を）引きつける
□ artificial
[形]人工の
□ intelligence
[名]知能
□ individual
[名]個人
□ space
[名]宇宙
□ exercise
[動]運動する
□ balance
[名]釣り合い
□ conclude
[動]（を）結論づける

☐**22** "Oh, what a wonderful day!"
    "That's ☐ in the garden, isn't it?"   [杏林大学]

  ① where you are having coffee   ② why you are having coffee
  ③ how you are having coffee   ④ when you are having coffee

☐**23** This is ☐ you can contribute to the triumph of justice.

  ① how   ② what   ③ that   ④ which

                                        [広島修道大学 改]

☐**24** The town where I live now is very different from ☐ it was ten
    years ago.   [愛知大学]

  ① that   ② which   ③ where   ④ what

☐**25** Without American influences, Japanese culture would not be ☐
    it is today.   [関西学院大学]

  ① that   ② what   ③ when   ④ which

☐**26** Caroline spent ☐ she had on the clothes. Meanwhile, her
    personal finances got worse and worse.   [松山大学 改]

  ① what little money   ② what few money
  ③ what less money   ④ what more money

☐**27** She is modest, and ☐ is more, very delicate.   [千葉工業大学 改]

  ① as   ② what   ③ that   ④ which

☐**28** It was getting dark, and ☐ was worse, we couldn't find the
    cottage we had reserved.   [立命館大学 改]

  ① which   ② that   ③ what   ④ but

22\ 答 ② why you are having coffee
「わあ，なんて素晴らしい日なんだろう！」
「そういうわけで，庭でコーヒーを飲んでいるんですね？」
▶ That is why S V ~ は「そういうわけで～」という意味で，「原因・理由」から導かれる「結果」を表す。why の直前には the reason が省略されている。一方，That is because S V ~ は「それは～だからだ」という「結果」に対する「原因・理由」を表す。

23\ 答 ① how
このようにして正義の勝利へ貢献することができる。
▶ This is how S V ~ は「このようにして～」という意味になる。空所後の文は完全文なので，②what，④which は不可。
☞【関係副詞 how】

□ contribute
   働貢献する
□ triumph
   图勝利

24\ 答 ④ what
私が今住んでいる町は，10年前の姿から大きく異なっている。
▶ 空所からのかたまりは前置詞 from の目的語になるので，名詞節になる。また was の後に補語が不足する不完全文となっているため，名詞節を導く関係代名詞の④what が正解。
☞【関係代名詞 what】

25\ 答 ② what
アメリカの影響がなかったら，日本の文化は現在の姿にならなかったでしょう。
▶ 空所からのかたまりは動詞 be の補語になるので，名詞節になる。また，it is の後に補語が不足した不完全文になることから，②what が正解。what S is today で「現在の S」という意味になる。

□ culture
   图文化

11

関係詞

26\ 答 ① what little money
キャロラインは自分が持っているなけなしのお金を衣服に使った。その間に，彼女の経済状況はますます悪化した。
▶ what little money A have は「A が持っているなけなしのお金」という意味になる。

□ meanwhile
   圖その間に
□ less
   圈より少な［小さ］い

27\ 答 ② what
彼女は控えめで，そのうえとても上品です。
▶ what is more は「さらに，そのうえ」という意味の頻出表現。
☞【what を用いた慣用表現】

□ modest
   圈謙虚な
□ delicate
   圈繊細な

28\ 答 ③ what
暗くなってきたし，さらに悪いことに，私たちは予約した別荘を見つけることができなかった。
▶ what is worse は「さらに悪いことに」という意味の頻出表現。

□ cottage
   图小家屋，小別荘
□ reserve
   働（を）予約する

☐ **29** Reading is to the writer [blank] training is to the athlete.

① that   ② what   ③ which   ④ how   [広島国際大学]

☐ **30** The doctor neglected the virus threat, [blank] surprised us all.

① it   ② that   ③ which   ④ what   [名城大学 改]

☐ **31** She went on a trip to Japan, [blank] she had long wanted to visit.

① which   ② to which   ③ to where   ④ where

[桃山学院大学]

正誤 ☐ **32** Prince Shotoku, ①that is believed to have established a centralized government ②during his reign, appeared ③on the first 10,000 yen note ④that was issued in Japan.   [名古屋外国語大学]

☐ **33** I stopped at a gas station, [blank] I encountered an old friend.

① that   ② where   ③ what   ④ why   [東洋大学 改]

正誤 ☐ **34** Malaysia is a country ①in a tropical area, ②which the leaves ③never change ④colors.   [獨協大学]

☐ **35** He was committed to the project until Sunday, [blank] he left for Paris to meet his fiancée.   [獨協大学 改]

① why   ② if   ③ which   ④ when

29 [答] ② what
読書と作家の関係は訓練とスポーツ選手の関係と同じだ。
▶*A* is to *B* what[as] *C* is to *D* は「*A* と *B* との関係は *C* と *D* との関係と同じだ」という意味になる。

30 [答] ③ which
その医者はウイルスの脅威を無視したが，それには私たちみんなが驚いた。
▶文と文をつなぐには，原則，関係詞・接続詞・疑問詞のいずれかが必要。よって，①it は不可。非制限用法では that/what/why/how は使えない。空所の後は主語が不足した不完全文なので③which が正解。

31 [答] ① which
彼女は日本へ旅行に行ったが，そこは彼女が長い間訪れたいと思っていたところだった。
▶先行詞が固有名詞や世の中に 1 つしかないものの場合，関係詞は非制限用法になる。空所の後の文は visit の後に目的語が不足した不完全文なので，①which が正解。

32 [答] ① that → who
聖徳太子は在位中に中央集権政府を築いたと考えられているのだが，日本で発行された最初の一万円紙幣にその姿が描かれた。
▶非制限用法では関係代名詞の that は使えない。主格の関係代名詞が必要であることと，先行詞が〈人〉であることから who に変える。

33 [答] ② where
私はガソリンスタンドで停まり，そこでばったり旧友に出会った。
▶空所後の文が完全文であることで②where，④why が残るが，非制限用法で用いることができるのは②where になる。

34 [答] ② which → where
マレーシアは熱帯地方の国です。そこでは木々の葉が色を変えることはありません。
▶②which の後ろの文は不完全文が続くはずだが，完全文が続いているため，本問では関係副詞の where に変える必要がある。

35 [答] ④ when
彼は日曜日までそのプロジェクトに専念し，それから婚約者に会うためにパリへ発った。
▶leave for *A* は「*A* に向けて出発する」という意味。そうすると空所後の文は完全文だと考えられるため，③which は不可。先行詞は Sunday（時）であるため，④when が正解。

□ writer
[名]作家
□ athlete
[名]スポーツ選手
□ neglect
[動]（を）無視する
□ virus
[名]ウイルス
□ threat
[名]脅威
□ trip
[名]旅行
□ reign
[名]治世
□ issue
[動]（を）発行する
□ encounter
[動]（に）偶然出会う
□ tropical
[形]熱帯の
□ area
[名]地域
□ commit
[動]［be committed to ～］
～に取り組む
□ project
[名]計画

□ **36** 　　　　has to deal with young people learns that too much
★★　 sympathy is a mistake.　　　　　　　　　　　　　　　［東海大学］

① Whatever　② Whichever　③ Whoever　④ However

正誤 □ **37** A wise ①and experienced manager ②will assign a job to
★★ ③whomever is ④best qualified.　　　　　　　　　　　［成蹊大学］

□ **38** Jane always agrees with 　　　　 her sister tells her to do.　［獨協大学］
★★

① wherever　② whatever　③ whenever　④ whichever

正誤 □ **39** When you ①reach Hong Kong, ②give this message to ③whoever
★★ ④come to meet you at the airport.　　　　　　　　　［学習院大学］

整序 □ **40** 誰に聞いたとしても，そんなばかげた話は信じてはなりません。
★★
You should not believe such nonsense, [① from　② you
③ heard　④ it　⑤ whoever].　　　　　　　　［四天王寺国際仏教大学 改］

□ **41** 　　　　 happens, we can't give up rescuing abused animals.
★★
① However　② Whatever　③ Wherever　④ Whoever

［清泉女子大学 改］

□ **42** 　　　　 your goal may be, you have to unite all your efforts.
★★
① What　② Which　③ No matter　④ Whatever

［清泉女子大学 改］

36 [答] ③ Whoever
若者と向き合わなければならない人なら誰でも，あまり同情しすぎるのは間違いであることに気づく。
▶空所から people までは，learns に対する主語のかたまりで名詞節。空所後の文は主語が不足した不完全文で，「学ぶ」のは〈人〉のため，③Whoever が正解。
☞【複合関係代名詞】

37 [答] ③ whomever → whoever
賢明で経験豊かなマネージャーなら，最も適任な人なら誰にでも仕事を割り当てるだろう。
▶前置詞 to の直後の③whomever 以下は名詞節になるが，主語が不足しているため，whomever を whoever に変える。

38 [答] ② whatever
ジェーンは，姉が彼女にしなさいということは何でもいつも同意するのだ。
▶前置詞 with の後は名詞のかたまりになるため，②whatever と④whichever が残るが，文意から②whatever が正解。

39 [答] ④ come → comes (will come)
香港に着いたら，空港であなたに会いに来た人誰にでもこのメッセージを伝えてください。
▶前置詞 to の直後の③whoever 以下は名詞節になる。また whoever が主語のとき，動詞は単数扱いになる。

40 [答] ⑤ - ② - ③ - ④ - ①
You should not believe such nonsense, whoever you heard it from.
▶副詞節を導く whoever を用いて「誰に～しようと」という意味を表現できる。本問では，whoever は from の目的語のはたらき。

41 [答] ② Whatever
何が起ころうとも，虐待された動物たちを救うのを諦めることはできません。
▶空所後の文は主語が不足した不完全文になるので，②Whatever と④Whoever の2つが残る。文意から，副詞節を導く②Whatever が正解。

42 [答] ④ Whatever
あなたの目的が何であっても，すべての努力を結集しなくてはなりません。
▶空所から may be までは副詞節であり，may be の後には補語が不足した不完全文になることから判断する。

□ sympathy [名]同情
□ however [副]しかしながら
□ assign [動]〚assign *A* to *B*〛*A* を *B* に割り当てる
□ qualified [形]ふさわしい
□ agree [動]同意する
□ message [名]伝言
□ nonsense [名]ばかげたこと
□ rescue [動]を救う
□ abuse [動](を)虐待する
□ goal [名]目標
□ unite [動](を)結合させる

☐ 43 You may come [　　　] it is convenient. I will ensure a place of
★★ relaxation for you. 　　　　　　　　　　　　　　　　　　　[東洋大学 改]

① whenever　　② whichever　　③ whomever　　④ whatever

☐ 44 [　　　] we may go, we can keep in contact with each other by mobile
★★ phone. 　　　　　　　　　　　　　　　　　　　　　　　[名城大学]

① However　　② Whatever　　③ Wherever　　④ Whoever

☐ 45 [　　　] busy you are, never fail to take regular exercise at least three
★★ times a week. 　　　　　　　　　　　　　　　　　　[関東学院大学 改]

① However　　　　② Whoever　　　　③ Whatever
④ Whenever　　　⑤ Wherever

☐ 46 You may use this money [　　　] purpose you wish. 　　[西南学院大学]
★

① in which　　　　　　　② for whatever
③ which　　　　　　　　④ on

☐ 47 [　　　] course you choose, the tour guarantees an exciting and
★ unforgettable experience. 　　　　　　　　　　　　[関西医科大学 改]

① Wherever　　② Whenever　　③ Whichever　　④ However

☐ 48 In 1791, Quebec was divided into two sections, Upper Canada and
★★ Lower Canada, [　　　] were ruled by elected assemblies.

① they both　　　　　　② both of them
③ in which both　　　　④ both of which 　　　　　[神奈川大学]

☐ 49 I have two watches, [　　　] correct time. 　　　　　[東北学院大学]
★★

① both of that keeps　　　　② either of them keep
③ neither of them keep　　　④ neither of which keeps

43 [答] ① whenever
いつでも都合の良いときにおいでください。あなたがリラックスできる場所を確保しておきます。
▶空所後の文が完全文であることから，①whenever が正解。
☞【複合関係副詞】

□ ensure
[動]（を）保証する
□ relaxation
[名]息抜き

44 [答] ③ Wherever
私たちがどこにいようとも，携帯電話でお互い連絡を取りあうことができる。
▶空所後の文が完全文であるので，②Whatever と④Whoever は不可。文意から，③Wherever が正解。

□ contact
[名]連絡

45 [答] ① However
たとえどんなに忙しくとも，少なくとも週に3回は定期的な運動をするように。
▶however ＋形容詞［副詞］＋ S V ~ は「たとえどんなに~しても」という意味になる。

□ regular
[形]規則正しい

46 [答] ② for whatever
あなたが望むどんな目的にでもこのお金を使ってもよい。
▶whatever は直後に名詞を伴うことが可能。本問の whatever は名詞節を導き，「…するどんな~でも」という意味になる。

47 [答] ③ Whichever
どのコースを選んだとしても，そのツアーは刺激的で忘れがたい体験を保証します。
▶whichever は直後に名詞を伴うことが可能。本問の whichever は副詞節を導き，「どの~を…しようとも」という意味になる。

□ guarantee
[動]（を）保障する
□ unforgettable
[形]忘れられない

48 [答] ④ both of which
1791年，ケベックは上カナダと下カナダという2つの地域に分割され，いずれの地域も選挙で選ばれた議会によって統治された。
▶数量代名詞〈all/both/either/neither/some など〉＋ of which [whom] の表現から，④both of which が正解。
☞【数量代名詞＋ of which[whom] の用法】

□ divide
[動]（を）分ける
□ elect
[動]（を）選挙する
□ assembly
[名]議会

49 [答] ④ neither of which keeps
私は腕時計を2つ持っているが，どちらも時間が正確ではない。
▶非制限用法では関係代名詞 that が使えないので，①both of that keeps は不可。文と文をつなぐ関係代名詞が含まれている④neither of which keeps が正解。

□ correct
[形]正しい

□ 50 ★★ Ken is a student ☐ the teachers believe is honest.   [桜美林大学]

  ① what   ② who   ③ whose   ④ whom

正誤 **□ 51** ★★ This is a letter ①from my mother, ②who we hope ③that will get ④out of despair soon.   [日本大学 改]

□ 52 ★★ She had the same troubles ☐ her mother had.   [立命館大学]

  ① about   ② that   ③ of   ④ with

□ 53 ★★ ☐ is often the case with her, she is absorbed in sewing using a needle and thread.   [玉川大学 改]

  ① As   ② When   ③ While   ④ Since

正誤 **□ 54** ★ Of course ①it may rain, ②for which case we will ③have to hold the ceremony ④indoors.   [学習院大学]

□ 55 ★ I was looking for a knife ☐ to cut up some cardboard boxes.

  ① to which   ② which   ③ in which

  ④ at which   ⑤ with which   [大東文化大学]

[50] [答] ② who
ケンは教師たちが正直だと信じている生徒だ。
▶空所の後に believe と is が連続していることに注目する。is に対する主語が不足しているので，主格となる関係代名詞②who を入ればよい。このように，関係代名詞＋ S V V′ となる形を連鎖関係代名詞という。
☞【連鎖関係代名詞】

[51] [答] ③ that → 削除
これは母からの手紙ですが，私たちは母がすぐに絶望から立ち直ることを願っています。
▶③that を削除すれば，hope と will get が連続していることがわかり，who が主格の連鎖関係代名詞として英文が成立する。

[52] [答] ② that
彼女は母親が抱えていたのと同じトラブルを抱えていた。
▶空所は目的格の関係代名詞を入れるが，先行詞に the same が含まれているとき，関係代名詞は that や as を用いる。

[53] [答] ① As
彼女にはよくあることだが，彼女は針と糸を使った縫物に没頭している。
▶as is often the case with ~「～にはよくあることだが」という意味になる。この表現での as は関係代名詞になり，その先行詞は主節全体と考える。
☞【関係代名詞の as の頻出表現】

[54] [答] ② for which case → in which case
もちろん雨が降るかもしれないが，その場合には，屋内でその儀式を催さなければならないでしょう。
▶..., in which case S V ~「…，その場合には～」という表現を覚えておく。

[55] [答] ⑤ with which
私は段ボール箱をバラバラにするためのナイフを探していた。
▶前置詞＋関係代名詞＋ to *do* の構文。本問では先行詞が a knife であるため，前置詞は with「～を使って」(道具)を用いる。

□ despair
[名]絶望

□ absorb
[動](を)吸収する

□ needle
[名]針

□ thread
[名]糸

□ hold
[動](を)催す

□ ceremony
[名]式典

SCORE

	1回目	2回目	3回目
日付	／	／	／
★★★	／19問	／19問	／19問
★★	／32問	／32問	／32問
★	／4問	／4問	／4問
合計	／55問	／55問	／55問

目標ライン		
基礎	標準	難関
15 ／19	17 ／19	19 ／19
16 ／32	24 ／32	29 ／32
1 ／4	2 ／4	3 ／4
32 ／55	43 ／55	51 ／55

※問題を解き終わったら，上の表に日付・結果を記入して学習を振り返りましょう。
※間違えた問題はよく復習し，繰り返し演習することで定着を図りましょう。

知らないことや間違いがあることは決して恥ずかしいことではありません。どんな人でも間違いはありますし，知らないことも山ほどあります。大切なことは，新しく知った正しい知識を何度も確認して，次に間違えないようにするという前向きな考えを持つことです。自信を持ってくださいね。私も頑張ります。

WORDS CHECK TEST

- ☐ sincere　[答] [形]誠実な
- ☐ settle　[答] [動]定住する
- ☐ constant　[答] [形]絶え間ない
- ☐ triumph　[答] [名]勝利
- ☐ meanwhile　[答] [副]その間に
- ☐ encounter　[答] [動](に)偶然出会う
- ☐ sympathy　[答] [名]同情
- ☐ qualified　[答] [形]ふさわしい
- ☐ guarantee　[答] [動](を)保障する
- ☐ absorb　[答] [動](を)吸収する

形容詞

ADJECTIVES

◀)) 英文音声

第 12 章 形容詞

ADJECTIVES

□ 1 ★★ そのリモート会議に出席した人の数は少なかった。

The number of those present at the remote meeting was _____.

① few ② little ③ short ④ small [成蹊大学 改]

□ 2 ★★★ How _____ is the overall population of the Ryukyu Islands?

① big ② large ③ many ④ much

[沖縄国際大学 改]

□ 3 ★★★ The soccer game was shown on a big screen in front of _____ audience. [センター試験]

① a large ② a lot of ③ many ④ much

□ 4 ★★★ I arrived here early today because the traffic was _____ than usual.

① busier ② heavier ③ lighter ④ weaker

[センター試験]

□ 5 ★★★ I would like to have a _____ meal before advancing to the next round of the game. [上智大学 改]

① light ② sharp ③ tight ④ strong

□ 6 ★★★ Plain black tea is too _____ for me. Could you pass me the cream, please? [徳島文理大学 改]

① full ② dry ③ strong ④ busy

正誤 □ 7 ★★★ ①After the accident he spent ②much hours ③trying to reconstruct, in his head, ④how it had happened. [上智大学]

1 [答] ④ small
▶number「数」の大小は，large「多い」，small「少ない」を用いる。
☞【特定の名詞と結びつく形容詞】

2 [答] ② large
琉球諸島の全人口はどれくらいですか？
▶population「人口」の数の大小は，large「多い」，small「少ない」を用いる。

3 [答] ① a large
そのサッカーの試合は，多くの観衆の前の大きなスクリーンで放映された。
▶audience「観客」の数の大小は，large「多い」，small「少ない」を用いる。

4 [答] ③ lighter
いつもより交通量が少なかったので，今日は早めにここに着いた。
▶traffic に対する交通量の多少は，heavy［busy］を用いて「多い」，light を用いて「少ない」を表す。

5 [答] ① light
次の試合に進む前に軽い食事を取りたい。
▶heavy meal で「腹応えのある食事」，light meal で「軽い食事」という意味になる。

6 [答] ③ strong
ストレートの紅茶は私には濃すぎます。クリームを取ってくださいませんか？
▶コーヒーや紅茶の味の濃さは，strong を用いて「濃い」，weak を用いて「薄い」を表す。

7 [答] ② much hours → many hours
事故の後で，彼はそれがどのように起こったか頭の中で再現しようとして何時間も使った。
▶much は不可算名詞を修飾する形容詞。hours は可算名詞なので many に変える。

☐ remote
[形]遠隔の

☐ overall
[形]全部の

☐ screen
[名]画面

☐ front
[名]前方

☐ audience
[名]観客

☐ sharp
[形]鋭い

☐ tight
[形]きつい

☐ plain
[形]素材のままの

☐ reconstruct
[動]（を）再現する

正誤 □8 ★★★ イギリス新聞では，商業面は別として日本のニュースはほとんど出ていない。

①Apart from the business pages, ②there is ③few news about Japan ④in ⑤the British press.　　[姫路獨協大学]

正誤 □9 ★★ The prime minister ①reported that, ②as a result of financial constraints, ③less soldiers would be ④sent on peacekeeping missions this year.　　[立教大学]

□10 ★★ There are quite ⬚ elements of interest in the movie.

① a few　② a little　③ any　④ some
[名古屋学院大学 改]

□11 ★★ This book includes ⬚ information about the species.

① quite a few　② many　③ a lot of　④ several
[広島修道大学 改]

□12 ★★ You are ⬚ of passing the test if you study hard enough.

① possible　② possibility　③ able　④ capable
[岩手医科大学]

正誤 □13 ★★ I will not be ①convenient ②for the meeting ③on Friday ④regarding the agriculture project.　　[早稲田大学 改]

□14 ★★★ She's a ⬚ businessperson because she works with great passion.　　[玉川大学 改]

① successfully　② succeed
③ successful　④ success

8 [答] ③ few news → little news
▶news は不可算名詞なので，few では修飾できない。little なら不可算名詞を修飾できる。

9 [答] ③ less → fewer
財政上の制約の結果として，今年，平和維持任務に派遣される兵士は少なくなるだろうと首相は発表した。
▶little の比較級 less の後に可算名詞(複数形)は置けないので，fewer に変える。

10 [答] ① a few
その映画には興味深い要素がかなりたくさんある。
▶空所直後の複数名詞に注目する。quite a few ＋複数名詞 で「かなり多数の～」という意味。quite a little ＋不可算名詞 だと「かなり多量の～」という意味になる。

11 [答] ③ a lot of
この本にはその種に関してたくさんの情報が含まれる。
▶information は不可算名詞なので，可算・不可算名詞どちらとも使える③a lot of が正解。残りの選択肢は直後に可算名詞（複数形）が続く。

12 [答] ④ capable
十分にしっかりと勉強をすれば，その試験に合格できる。
▶空所直後の of passing に注目する。be capable of *doing* は「～する能力がある」という意味。①possible は〈人〉を主語にできない。③able は be able to *do* という形で用いる。
☞【〈人〉を主語にできない形容詞】

13 [答] ① convenient → available
その農業計画に関する金曜日の会議に，私は都合がつきません。
▶①convenient「便利な，都合のよい」は〈人〉を主語にとらない形容詞。

14 [答] ③ successful
彼女はとても熱心に働くので，実業家として成功しているのだ。
▶空所部分は直後の名詞を修飾するので，形容詞が必要。③successful が形容詞なので，正解。①successfully は副詞，②succeed は動詞，④success は名詞。

□ business
[名]商業
□ press
[名]新聞
□ constraint
[名]束縛，制限
□ mission
[名]使命
□ element
[名]要素
□ interest
[形]興味がある
□ include
[動]（を）含む
□ species
[名]種
□ capable
[形]【be capable of *doing*】～する能力がある
□ possible
[形]可能な
□ convenient
[形]都合のよい
□ agriculture
[名]農業
□ passion
[名]情熱
□ succeed
[動]成功する
□ success
[名]成功

☐ **15** Thanks to their ☐ comments after my presentation, I felt very
★★　relieved.　　　　　　　　　　　　　　　　　　　　　　　［センター試験 改］

　① friendly　　　② nicely　　　③ closely　　　④ warmly

☐ **16** Today people throughout the world generally support ☐
★★　policies.　　　　　　　　　　　　　　　　　　　　　　　［青山学院大学］

　① environment friend　　　　② environmental friend
　③ environmentally friend　　　④ environmentally friendly

☐ **17** She must be a very ☐ writer.　　　　　　　　　　［上智大学］
★★★

　① imaginary　② imaginable　③ imagined　④ imaginative

☐ **18** I think you should be more ☐ to her feelings.　　［東邦大学］
★★★

　① sensible　　② sensitive　　③ sense　　④ sensory

☐ **19** Our organization plans to stimulate ☐ development in this
★★★　area.　　　　　　　　　　　　　　　　　　　　　　　　　［中央大学］

　① economical　② economic　③ economics　④ economized

☐ **20** We always try to be ☐ of each other's opinions, no matter how
★★★　much we disagree.　　　　　　　　　　　　　　　　　　　［学習院大学］

　① respective　② respectful　③ respecting　④ respectable

☐ **21** The boy tends to be very ☐ of his teacher's warnings.
★★

　① forgettable　　　　　　　② unforgettable
　③ forgetful　　　　　　　　④ forgetting　　　　　　　　［駒澤大学］

15 [答] ① friendly
私の発表の後に好意的なコメントをしていただいたおかげで，私はとても安心しました。
▶空所には形容詞が入るため，①friendly が正解。残りの選択肢はすべて副詞になる。通常，形容詞＋ ly は副詞，名詞＋ ly は形容詞として考えればよい。

□ friendly
[形]友好的な
□ comment
[名]論評

16 [答] ④ environmentally friendly
今日，世界中の人々は一般に，環境へ配慮した方策を支持する。
▶空所直後の名詞 policies を修飾することができる形容詞を含んでいるのは④environmentally friendly のみ。副詞の environmentally が形容詞の friendly を修飾している。

□ throughout
[前]～の隅から隅まで
□ environment
[名]（自然）環境

17 [答] ④ imaginative
彼女はとても想像力の豊かな作家に違いない。
▶文意から，④imaginative「想像力に富む」が正解。①imaginary は「想像上の」，②imaginable は「想像できる」という意味。

□ imagine
[動]（を）想像する

18 [答] ② sensitive
あなたは彼女の気持ちにもっと気を配るべきだと思いますよ。
▶②sensitive は be sensitive to ～ で「～に敏感である，気を配っている」という意味になる。①sensible は「賢明な」，④sensory は「知覚に関する」という意味。

□ sensitive
[形]敏感な
□ sense
[動]（を）感じ取る

19 [答] ② economic
我々の組織は，この地域の経済発展を刺激することを計画している。
▶②economic は「経済（上）の」という意味。①economical は「経済的な」という意味。文意から，②economic が正解。

□ organization
[名]組織
□ stimulate
[動]（を）刺激する

20 [答] ② respectful
私たちはどれだけ意見が合わなくとも，常にお互いの意見に敬意を表するようにしている。
▶文意から，②respectful「敬意を表して，丁寧な」が正解。①respective は「それぞれの」，④respectable は「尊敬すべき，立派な」という意味。

□ opinion
[名]意見
□ disagree
[動]意見が異なる
□ respect
[動]（を）尊敬する

21 [答] ③ forgetful
その少年は先生の注意をよく忘れる傾向がある。
▶文意から，③forgetful「（〈人〉が）忘れやすい」が正解。①forgettable は「忘れてもよい」という意味になる。

□ tend
[動]〚tend to *do*〛～する傾向がある
□ forget
[動]（を）忘れる

正誤 ☐ **22** A ①considerate amount of work ②is being done on ③affordable housing, the city government ④has said.　　　　　［学習院大学］
★★

☐ **23** It is an apparent fact that his ☐ CD has not been as successful as the first two.　　　　　［南山大学 改］
★★

① lately　　　② latest　　　③ lasting　　　④ the latter

連立 ☐ **24** (a) It's quite a surprise to meet you here.
★★★　　(b) You are the ☐ person I expect to meet here.　　　　　［佛教大学］

① last　　　② least　　　③ less　　　④ little

☐ **25** Professor Richards started his career in mass media when he was in his ☐ twenties.　　　　　［摂南大学 改］
★★

① deep　　　② high　　　③ late　　　④ far

☐ **26** ☐ people think the virus will be conquered soon, but I don't believe it.　　　　　［日本女子大学 改］
★★

① Almost　　　② Most　　　③ Most of　　　④ The most

☐ **27** Travelling makes us feel more ☐ because we can get away from everyday routines.　　　　　［東京経済大学 改］
★★

① live　　　② alive　　　③ lived　　　④ like

☐ **28** Among those ☐ the former senior advisor of the firm and his wife.　　　　　［松山大学 改］
★★

① were attending　　　　② were present
③ present were　　　　　④ were attended

22 [答] ① considerate → considerable
手頃な値段の住宅にかなりの量の仕事がなされている，と市政府は言った。
▶①considerate は「思いやりがある」という意味なので，文意から，considarable「かなりの，相当な」に変える必要がある。

23 [答] ② latest
彼の最新の CD が初めの２枚ほどうまくいっていないというのは明らかな事実だ。
▶②latest は「最新の」という意味になり正解。①lately は「最近」という意味の副詞。④the latter は「後半の」という意味になる。

24 [答] ① last
(a) 君にここで会うなんてかなり驚きだよ。
(b) 君にここで会うなんて思いもよらなかったよ。
▶the last ＋名詞＋関係詞節［to *do*］～という形で，「最も～（しそう）でない〈名詞〉」という意味を表す。

25 [答] ③ late
リチャード教授は20代後半のときにマスメディアでの仕事を始めた。
▶年齢を「～代」で表す場合，early で「前半」，late で「後半」を表す。

26 [答] ② Most
ほとんどの人は，そのウイルスが間もなく撲滅されると思っているが，私はそれを信じない。
▶②Most は「ほとんどの」という意味の形容詞で直後の名詞 people を修飾する。①Almost は Almost all なら可能。③Most of は所有格や the で限定した名詞が続く。

27 [答] ② alive
日常生活から離れられるので，旅は私たちをより生き生きとさせてくれる。
▶②alive「生き生きして，生きている」は，名詞を修飾できず動詞の補語の役割になる。①live が形容詞のとき，「（動植物が）生きている」という意味で名詞を修飾する用法。また，living は「（人・動植物が）生きている」という意味になる。
☞【名詞修飾ができない形容詞】

28 [答] ③ present were
出席者の中には会社の前顧問とその夫人がいた。
▶those (who are) present で「出席者」という意味になる。

□ considerable [形]かなりの
□ affordable [形]手頃な価格の
□ apparent [形]明らかな
□ latter [形]後者の
□ quite [形]かなり
□ least [形]一番少ない
□ mass [形]大衆の
□ media [名]メディア
□ deep [形]深い
□ conquer [動]（を）征服する
□ almost [副]ほとんど
□ alive [形]生き生きして
□ routine [名]日課
□ former [形]前の
□ firm [名]会社

29 The people [　　] should read this notice carefully.　[獨協大学]

① concern　② concerned　③ concerning　④ to concern

30 There were no tickets [　　] for the variety show.　[札幌大学 改]

① useful　② available　③ optional　④ profitable

31 These high-quality incense sticks are [　　] of being bought.

① worthwhile　② worthy　③ worthless　④ worth

[獨協大学 改]

32 The Mona Lisa is a [　　] work of art, so it is displayed behind a thick pane of glass in the museum.　[獨協大学]

① valueless　② worthless　③ priceless　④ penniless

33 The last ①person to finish the race ②was Chico Simon, ③an 83-years old man ④from Italy.　[久留米大学]

34 It is [　　] that Kenta be at the station by 12:40 so he can catch his train.　[南山大学]

① needed　② certain　③ essential　④ definite

35 I understand most of what they said but not [　　] word.

① all　② a few　③ every　④ single

[共立女子大学]

36 I have a private English lesson [　　] day.　[神戸学院大学]

① other day　② every other
③ one another　④ each other

29 [答] ② concerned
関係者はこの通知をよく読んでおくべきです。
▶本問での形容詞 concerned は「関係している」という意味。people concerned で「関係者」という表現になる。

30 [答] ② available
そのバラエティショーのチケットは手に入らなかった。
▶②available は「手に入る，利用できる」という意味になり，文意に合う。

□ variety
[名]多様性

31 [答] ② worthy
これらの高級線香は購入する価値がある。
▶be worthy of *A* で「*A* に値する，*A* にふさわしい」という意味になる。

□ incense
[名]香
□ stick
[名]棒状のもの

32 [答] ③ priceless
モナ・リザは大変貴重な美術作品なので，その美術館では分厚いガラス板の向こう側に展示している。
▶文意から，③priceless「（値段が付けられないほど）大変貴重な」が正解。①valueless と②worthless は「価値がない」，④penniless は「ひどく貧乏な」という意味。

□ display
[動]（を）展示する
□ museum
[名]美術館

33 [答] ③ an 83-years old → an 83-year old
最後にゴールにたどり着いたのはキコ・シモンで，イタリアから来た83歳の男性だった。
▶数詞と単位を表す名詞をハイフンを用いて，全体を形容詞として用いる場合，単位を表す名詞は複数形ではなく単数形にする。

□ race
[名]競争

34 [答] ③ essential
ケンタが電車に間に合うためには12:40までに駅にいることが必要不可欠だ。
▶that 節の後ろに原形動詞の be があるため，③essential が正解。

□ essential
[形]不可欠な
□ certain
[形]確かな

35 [答] ③ every
私は彼らが話した大半のことは理解しているが，すべての単語とは限らない。
▶①all，②a few なら直後の名詞は words になる。④single なら a single word となる。③every は形容詞で単数名詞が後に続く。

□ single
[形]個々の

36 [答] ② every other
私は1日おきにプライベートの英語の授業を受けている。
▶every other *A* で，「1つおきの［に］*A*」の意味になる。

□ private
[形]私的な

37 During the first week of the experiment, the mice were fed [   ] three hours.　　　　　　　　　　　　　　　　　　　　　　　[中央大学]
★★

① no　　　　② few　　　　③ most　　　　④ every　　　　⑤ whenever

38 We have [   ] to walk before the sun goes below the horizon.
★★
① another miles ten　　　　　　② another ten miles
③ ten another miles　　　　　　④ ten miles another　　[センター試験 改]

39 It was [   ] day that we took a nap on the grass.　　[徳島文理大学 改]
★★
① such nice a　　　　　　② a such nice
③ such a nice　　　　　　④ a nice such

40 They were all [   ] expensive bags that no one could afford to buy them.　　　　　　　　　　　　　　　　　　　　　　　　[清泉女子大学]
★
① quite　　　　② so　　　　③ such　　　　④ very

37 [答] ④ every
実験の第1週目の間，ネズミは3時間ごとに餌を与えられた。
▶every は「～ごとに」という意味を表す場合，every ＋基数＋複数名詞 や every ＋序数＋単数名詞 の形で用いられる。基数は one, two, three など数量を表し，序数は first, second, third など順序を表す。本問は every third hour と書きかえることができる。

□ experiment [名]実験
□ feed [動]に餌を与える

38 [答] ② another ten miles
太陽が地平線に沈むまでにあと10マイル歩かなければならない。
▶another ＋基数＋複数名詞 は，「あと～，もう～」という意味になる。また本問は ten more miles と書きかえることができる。

□ mile [名]マイル
□ horizon [名]地［水］平線

39 [答] ③ such a nice
とても天気の良い日だったので，私たちは芝生の上で昼寝をした。
▶such は a[an] ＋形容詞＋名詞 の語順で「そのような［とても］〈形容詞〉な〈名詞〉」というの意味で用いる。

□ nap [名]昼寝

40 [答] ③ such
それらはすべて非常に高価な靴だったので，誰もそれらを買う余裕がなかった。
▶空所の後に that があるので，②so と③such を考える。形容詞＋複数名詞 が続くときは③such を用いる。

□ expensive [形]高価な
□ afford [動]〚can afford to *do*〛～する（経済的・時間的・心理的）余裕がある

■ SCORE

	1回目	2回目	3回目
日付	／	／	／
★★★	／13問	／13問	／13問
★★	／25問	／25問	／25問
★	／2問	／2問	／2問
合計	／40問	／40問	／40問

目標ライン		
基礎	標準	難関
10 ／13	12 ／13	13 ／13
13 ／25	20 ／25	22 ／25
0 ／2	0 ／2	1 ／2
23 ／40	32 ／40	36 ／40

※問題を解き終わったら，上の表に日付・結果を記入して学習を振り返りましょう。
※間違えた問題はよく復習し，繰り返し演習することで定着を図りましょう。

勉強していく中で，疲れたなって思ったときは一旦休みましょう。息抜きは必要です。私は受験生時代にスランプに陥ってしまったとき，大学に入ったらやりたいことを考えました。将来のことを考えながら勉強をするとすごく勉強も楽しくなるんじゃないかなと私は感じています。

■ WORDS CHECK TEST

☐ reconstruct　動 (を)再現する

☐ press　名 新聞

☐ constraint　名 束縛，制限

☐ throughout　前 ～の隅から隅まで

☐ disagree　動 意見が異なる

☐ considerable　形 かなりの

☐ conquer　動 (を)征服する

☐ variety　名 多様性

☐ certain　形 確かな

☐ nap　名 昼寝

第 **13** 章

副詞
ADVERBS

英文音声

第 13 章 副詞

ADVERBS

□■**1** It's _____ day today that we should dine out on the canal deck.
★★

① such beautiful   ② so beautiful

③ so beautiful a   ④ a so beautiful   [青山学院大学 改]

□■**2** It's _____ a long time since the export of that product was banned.
★★

① much   ② too   ③ quite   ④ so

[センター試験 改]

□■**3** He was so ashamed that he could _____ look up.   [大阪学院大学 改]
★★

① able   ② unable   ③ hard   ④ hardly

連立 □■**4** (a) I hardly ever go shopping on rainy days.
★★   (b) I _____ shop on rainy days.   [中央大学]

① frequently   ② generally   ③ often   ④ rarely

□■**5** The batter hit the ball _____ into the air.   [創価大学]
★★

① height   ② heighten   ③ high   ④ highly

正誤 □■**6** ①Studying in abroad is ②one way ③of expanding one's ④cultural
★★★ scope.   [東邦大学]

正誤 □■**7** ①Sometimes he acts like the people of the country ②do. He does
★★★ not feel the country is strange. Logically, he feels ③less and less
like going ④to home for visits.   [中央大学]

1 [答] ③ so beautiful a
今日はとても素晴らしい天気なので，運河のテラスで食事をするべきです。
▶名詞 day は可算名詞なので a がついていない①such beautiful と②so beautiful は不可。so/as/too が後に名詞を伴うとき，形容詞＋a[an]＋名詞 の語順が続く。

2 [答] ③ quite
その製品の輸出が禁止されてから，かなりの時間が経った。
▶quite a long time で「かなり長い時間」という意味になる。quite が後に名詞を伴うとき，a[an]＋形容詞＋名詞 の語順が続く。②too は too long a time，④so は so long a time と表現する。

3 [答] ④ hardly
彼はとても恥ずかしかったので，ほとんど顔を上げることができなかった。
▶look up を修飾するため空所には副詞が入る。①able，②unable は形容詞なので不可。文意から，④hardly「ほとんど～ない」が正解。

4 [答] ④ rarely
私は雨の日にはめったに買い物に行かない。
▶hardly[scarcely] ever ~ は「めったに～しない」(頻度) という意味を表す副詞。同意表現として，副詞の④rarely が正解。

5 [答] ③ high
その打者は空高くボールを打ち上げた。
▶high は形容詞以外に「高く」という意味の副詞として用いられることがある。なお，④highly は「非常に」という意味の副詞である。

6 [答] ① Studying in abroad → Studying abroad
海外で勉強することは，文化的視野を広げる1つの方法である。
▶abroad は「海外で［へ］」という意味の副詞なので，直前に前置詞 in は不要。
☞【名詞と間違いやすい副詞】

7 [答] ④ to → 削除
彼はその国の人々と同じように振る舞うことがある。彼は，この国を変わっているとは感じていない。当然，ますます彼は故郷を訪問しに行く気持ちが薄れている。
▶home「家に［へ］，故郷に［へ］」は，go や stay などの動詞とともに用いるときは副詞になるので，前置詞は不要。

WORDS
- □ dine [動]食事をする
- □ canal [名]運河
- □ deck [名]テラス
- □ export [名]輸出(品)
- □ ban [動](を)禁止する
- □ ashamed [形]恥じている
- □ frequently [副]しばしば
- □ hit [動](を)打つ
- □ height [名]高い所
- □ expand [動](を)拡大する
- □ scope [名]範囲，視野
- □ strange [形]変わった
- □ logically [副]必然的に

□ **8** Do you know how ____ in the evening the broadcast will start?
★★★

① early   ② fast   ③ quickly   ④ rapidly

[センター試験 改]

□ **9** That abstract painting doesn't seem ugly to me; ____, I think it's
★★ rather beautiful.   [センター試験 改]

① despite   ② while
③ on the contrary   ④ therefore

□ **10** The accident happened on a steep slope three hours ____.
★★

① ago   ② since   ③ before   ④ previous

[東京国際大学 改]

□ **11** My friend said that he had had a brief talk with her a week ____.
★★

① before   ② back   ③ since   ④ sooner

[立命館大学 改]

□ **12** I've ____ finished my homework, so I deserve to play and relax.
★★★

① already   ② yet   ③ still   ④ ever

[北海学園大学 改]

□ **13** Have you answered the questionnaire ____?   [東京経済大学 改]
★★

① still   ② either   ③ neither   ④ yet

□ **14** I was offered that job at the international company, but I ____
★★ can't believe it.   [学習院大学]

① hardly   ② seldom   ③ still   ④ yet

8 [答] ① early
夕方のどのくらい早くからその放送が始まるか知っていますか？
▶①early は,「(時間的に) 早く, (ある期間の中の) 早いうち」という意味。②fast は「(継続的な動作が) 速く」, ③quikly は「(対応する行動が) 速く」といった場合に用いる。

9 [答] ③ on the contrary
私には，その抽象画はひどいように思えません。それどころか，かなり美しいと思います。
▶空所には副詞のはたらきをする語 (句) が入る。①despite は前置詞, ②while は接続詞のため不可。文意から③on the contrary「それとは反対に，それどころか」が最も文意に合う。
☞【文と文の意味をつなぐ副詞】

10 [答] ① ago
その事故は3時間前に急な坂で起こった。
▶happened が過去時制であることに注目する。①ago は時間を表す語句の後に用いて「(現在から) ～前に」という意味。③before は時間を表す語句の後に用いたとき「(過去のある時点から) ～前に」という意味で，動詞は過去完了時制になる。

11 [答] ① before
私の友達は1週間前に彼女と短い会話をしたと言った。
▶that 節の動詞が過去完了時制であることに注目すると，①before が正解。「言った」時から「1週間前に」を表すことができる。

12 [答] ① already
私はすでに宿題を終えたので，遊んだりのんびりしたりする権利がある。
▶①already は肯定文で用いられるとき,「すでに，もう」という意味になる。③still は「まだ (～している)」という継続を表すので不可。

13 [答] ④ yet
そのアンケートにもう答えましたか？
▶④yet は疑問文で用いられると,「もう (～したか)」という意味になる。

14 [答] ③ still
私はその国際的企業での職を提示されたのだが，いまだに信じられない。
▶③still は否定文で「まだ (～していない)」という意味になる。また，④yet は not ~ yet の語順で「まだ (～していない)」という意味になる。

☐ broadcast
[名]放送
☐ rapidly
[副]急速に
☐ abstract
[形]抽象的な
☐ ugly
[形]醜い
☐ contrary
[名]逆
☐ steep
[形]急な
☐ slope
[名]坂
☐ previous
[形]以前の
☐ brief
[形]短い
☐ deserve
[動](に) 値する
☐ questionnaire
[名]アンケート
☐ international
[形]国際的な

15 "Were you in time for the train?"
★★
"Yes, we _____ made it." ［沖縄国際大学 改］

① almost ② rarely ③ barely ④ hardly

16 Our task has been easy _____, but it will be difficult from now on.
★★
① before long ② in price
③ on no terms ④ so far ［亜細亜大学］

17 "Is Satoko still occupied with her research paper?"
★★
"Well, I think she's _____ finished it." ［センター試験 改］

① now and then ② one after another
③ more or less ④ one by one

18 Exhausted from manual labor, the boy was _____ asleep.
★★
① fast ② most ③ much ④ quick
［京都女子大学 改］

19 When I came back into the room, our baby was still _____ asleep in
★★
my husband's arms. ［摂南大学 改］

① tight ② dull ③ sweet ④ sound

20 When I was sixteen, I translated an English poem into Japanese
★★
_____. ［同志社大学 改］

① for the first time ② in the first time
③ on the first time ④ at the first time

21 _____ in two years, Allan caught a severe cold and saw a doctor.
★★
① At first hand ② Firstly
③ For the first time ④ The first ［青山学院大学 改］

15 [答] ③ barely
「あなた方は電車に間に合いましたか？」
「はい，私たちはかろうじて間に合いました。」
▶質問に対して Yes と答えていることを考えると，③barely「かろうじて，なんとか」が正解。また，make it は「間に合う」という意味も覚えておくこと。

16 [答] ④ so far
私たちの作業は今までは簡単だったが，今後は難しくなるだろう。
▶so far は，「今までのところ」という意味になる。

□ term
[動]【on no terms】
決して〜ない

17 [答] ③ more or less
「サトコはまだ調査報告書で忙しいですか？」
「えーと，彼女はもうだいたい終わっていると思うよ。」
▶③more or less は「だいたい，およそ」という意味があり，文意に合う。①now and then は「時おり」，②one after another は「次々と」，④one by one は「1 つずつ」という意味。

□ occupy
[動]【be occupied with~】
〜で占められている
□ research
[名]調査

18 [答] ① fast
肉体労働でとても疲れたので，その少年はぐっすり眠っていた。
▶①fast は形容詞 asleep を修飾して「ぐっすり」という意味になる。

□ manual
[形]手を使う
□ asleep
[形]眠って

19 [答] ④ sound
私が部屋に戻ったとき，赤ちゃんは夫の腕の中でまだぐっすりと寝ていた。
▶④sound が副詞になり，形容詞の asleep を修飾することができる。このときの sound は「ぐっすり」という意味になり，fast asleep と同意表現。

□ sound
[副]ぐっすり
□ dull
[形]鈍い

20 [答] ① for the first time
16歳のときに私は初めて英語の詩を日本語に翻訳しました。
▶①for the first time を用いて「(それまでになく経験上) 初めて」という意味を表す。
☞【first に関する表現】

□ translate
[動](を) 翻訳する
□ poem
[名]詩

21 [答] ③ For the first time
2年ぶりにアランはひどい風邪をひいて医師に診てもらった。
▶③For the first time in ... は，「…ぶりに」という意味になり，文意に合う。

□ severe
[形]激しい

整序 □22 マイクは駅に行く途中で，私を車に乗せてくれました。
★★
Mike [　　] [　　] [　　] [(1)] [　　] [　　] the station.

① me ② to ③ up
④ his way ⑤ on ⑥ picked　　　　　　　　　　[立教大学]

正誤 □23 When you ①come across a word ②whose meaning you don't know,
★★
③look up it in your dictionary ④before you ask.　　　[東北学院大学]

□24 My father is strict about manners, but [　　] he is very tolerant.
★★
① however ② somehow ③ otherwise ④ yet　[東京理科大学]

□25 It is very important to leave the house on time. [　　], you may
★★★
miss the train to school.　　　　　　　　　　　　　　　[愛知学院大学]

① However ② Otherwise ③ Then ④ Therefore

正誤 □26 It was ①shocking to see how ②easy Tom ③could lose his temper
★★
whenever he ④drove in heavy traffic.　　　　　　　[桃山学院大学]

正誤 □27 Caffeine ①in tea is ②relative ③harmless if you take it ④moderately.
★★
　　　　　　　　　　　　　　　　　　　　　　　　　　　[明治大学]

正誤 □28 ①Some people play sports for fun, but ②others take sports so
★★
③serious that they must win ④all the games they play.　[学習院大学]

22 [答] (1) ⑤ on　(⑥-①-③-⑤-④-②)
Mike picked me up on his way to the station.
▶pick *A* up で「*A*〈人〉を車に乗せる」という意味になる。他動詞と副詞を組み合わせた句動詞が代名詞を目的語にとる場合，他動詞＋代名詞＋副詞 の語順にする。

23 [答] ③ look up it → look it up
意味を知らない単語を見つけたら，質問する前に自分の辞書で調べてみなさい。
▶look *A* up in a dictionary で「*A* を辞書で調べる」という意味。代名詞 it は look と up の間に置くこと。

☐ meaning
[名]意味

24 [答] ③ otherwise
父は行儀作法に厳しいが，そのほかの点ではとても寛大だ。
▶but の前の文意から③otherwise が正解。otherwise は「さもなければ，そのほかの点では，別のやり方で」と訳せるが，本問では，「そのほかの点では」という意味。

☐ strict
[形]厳しい
☐ manners
[名]行儀作法，マナー
☐ tolerant
[形]寛大な

25 [答] ② Otherwise
時間通りに家を出ることはとても重要です。さもないと，学校に向かう列車に乗り遅れるかもしれません。
▶文意から，②Otherwise「さもなければ」が正解。

26 [答] ② easy → easily
渋滞の中を運転するときはいつでも，トムがどれほど容易に腹を立てるかを知るのは，衝撃的なことだった。
▶形容詞の②easy を副詞 easily「容易に」とすることで，lose his temper を修飾でき文意にも合う。

☐ shocking
[形]衝撃的な
☐ temper
[名]怒りっぽい性格

27 [答] ② relative → relatively
紅茶に含まれるカフェインは，ほどほどに摂取するのであれば比較的無害である。
▶形容詞である harmless を修飾するのは副詞なので，②relative を relatively に変える。

☐ relative
[形]関係のある，比較上の
☐ harmless
[形]無害の
☐ moderately
[副]適度に

28 [答] ③ serious → seriously
楽しみのためにスポーツをする人もいるが，出る試合にはすべて勝たなければならないと思うほど，スポーツを真剣に考える人もいる。
▶文意から，③serious は動詞 take を修飾していると考えられるため，副詞 seriously に変える。

☐ serious
[形]真剣な
☐ win
[動]（に）勝つ

正誤 □ **29** ★ I ①<u>wish</u> Professor Lamb ②<u>would</u> speak ③<u>more aloud</u>; I can't hear ④<u>what</u> she is saying.

[学習院大学]

□ **30** ★★★ とても驚いたことに，彼はその産業が著しく成長することを正確に予測していた。

　　　　　 to my surprise, he had exactly forecast the enormous growth of the industry.

[中央大学 改]

① Very　　　② Best　　　③ Great　　　④ Much

29 [答] ③ more aloud → more loudly
ラム教授はもっと大きな声で話してくれればいいのに。教授が何を言っているのか聞こえないよ。
▶副詞 aloud は「声に出して」という意味。セミコロン以下の内容から，副詞 loudly「大きな声で」とすると文意に合う。

30 [答] ④ Much
▶to ＋所有格＋感情名詞 のかたまりを強調できるのは④Much のみ。

□ professor
[名]教授

□ forecast
[動]（を）予想［予言］する

□ enormous
[形]莫大な

□ industry
[名]産業

■ SCORE

	1回目	2回目	3回目
日付	／	／	／
★★★	／6問	／6問	／6問
★★	／23問	／23問	／23問
★	／1問	／1問	／1問
合計	／30問	／30問	／30問

目標ライン		
基礎	標準	難関
4 ／6	5 ／6	6 ／6
11 ／23	18 ／23	21 ／23
0 ／1	0 ／1	1 ／1
15 ／30	23 ／30	28 ／30

※問題を解き終わったら，上の表に日付・結果を記入して学習を振り返りましょう。
※間違えた問題はよく復習し，繰り返し演習することで定着を図りましょう。

皆さんが努力している姿は，実は周りの人たちにも多くの影響を与えています。人は頑張っている人が近くにいると，自分自身も頑張ろうという気持ちが生まれます。切磋琢磨し合う環境ができて，想像以上の力を発揮することもあります。周りの人に影響を与えるトップランナーになりましょう。

■ WORDS CHECK TEST

□ dine 　　　　答 働食事をする

□ export 　　　答 ②輸出（品）

□ frequently 　答 働しばしば

□ expand 　　　答 働（を）拡大する

□ abstract 　　答 形抽象的な

□ contrary 　　答 ②逆

□ brief 　　　　答 形短い

□ strict 　　　　答 形厳しい

□ moderately 　答 働適度に

□ enormous 　　答 形莫大な

第 14 章

比較

COMPARISON

英文音声

14
比較

第 14 章 比較

COMPARISON

□1 The population of Tokyo is larger than [＿＿＿＿]. ［神戸松蔭女子学院大学］
★★★
① Osaka ② one of Osaka
③ that of Osaka ④ those of Osaka

□2 Our flat is smaller than [＿＿＿＿]. ［九州国際大学 改］
★★★
① you ② your ③ your it ④ yours

正誤 □3 My friends ①and I found ②the new textbook to ③be easy as the old
★★★ ④one. ［摂南大学］

□4 The economy did not improve [＿＿＿＿] analysts had predicted.
★★★
① many so ② as much as ③ more than ④ much as
［松山大学 改］

整序 □5 それは見かけほど難しい問題だとは思いません。
★★
I don't think it is [(1)] [＿＿] a [＿＿] [＿＿] [＿＿] [(2)].
① as ② it ③ question
④ seems ⑤ serious ⑥ so ［専修大学］

□6 She is trying to invest [＿＿＿＿] she can. ［湘南工科大学 改］
★★
① as much money ② as money as much
③ as much money as ④ money as many as

□7 She speaks English [＿＿＿＿] fluently as any student in her class.
★★
① more ② much ③ as ④ so ［追手門学院大学］

1 [答] ③ that of Osaka
東京の人口は大阪の人口よりも多い。
▶比較対象は同じ形で繰り返すのが原則のため，「東京の人口」と「大阪の人口」が比較されるはず。したがって，①Osaka は不可。②one of Osaka は代名詞の one が可算名詞を受けるが，population は不可算名詞のため不可。代名詞 that は可算名詞も不可算名詞も受けることができるため，③that of Osaka が正解。

2 [答] ④ yours
私たちのアパートはあなたのアパートよりも小さい。
▶比較対象は our flat に対して your flat と考えられる。これを1語で表しているのが所有代名詞の④yours である。

□ flat
[名]《英》アパート

3 [答] ③ be easy → be as easy
友達と私は，新しい教科書が前の教科書と同じくらい簡単だと思った。
▶文末の as the old one に注目して，同等比較の as ＋原級＋ as *A*「*A* と同じくらい～」の構文にすれば，自然な文になる。

4 [答] ② as much as
経済は分析者が予期していたほど，十分改善はしなかった。
▶not as[so] ＋原級＋ as *A* は，「*A* ほど～ではない」という意味になる。この表現は less ＋原級＋ than *A* に書きかえることができる。

□ improve
[動]（を）改善する
□ predict
[動]（を）予測する

5 [答] (1) ⑥ so　(2) ④ seems　(⑥-⑤-③-①-②-④)
I don't think it is so serious a question as it seems.
▶not as[so] ＋原級＋ as S seem[look] は，「見かけほど～ではない」という意味になる。

□ seem
[動]～のように思える

14 比較

6 [答] ③ as much money as
彼女はできるだけたくさんのお金を投資しようとしている。
▶as ~ as S can/as ~ as possible は，「できるだけ～」という意味になる。money は much の直後に置くことも注意しておく。

□ invest
[動]（を）投資する

7 [答] ③ as
彼女はクラスのどの生徒にも劣らず流暢に英語を話す。
▶as ~ as any *A*〈単数名詞〉で「どんな *A* にも劣らず～」という意味になる。

□ fluently
[副]流暢に

[整序] □ **8** ★★ 人の価値は財産にあるよりはむしろ人柄にある。 ［崇城大学 改］

A man's [① what he possesses ② much ③ as ④ so ⑤ worth ⑥ not ⑦ in ⑧ lies] in what he is.

□ **9** ★★ The depression is as ______ as over. ［武蔵大学 改］

① bad ② early ③ good ④ late ⑤ well

□ **10** ★★ The team scored two goals ______ minutes, and won the game.

① for more than ② in as many
③ on so many ④ with any more ［関西学院大学］

[正誤] □ **11** ★★★ Mary is ①much ②more happier than ③her ④brothers and ⑤sisters. ［工学院大学］

[正誤] □ **12** ★★★ David always ①drove more carefully ②as Richard ③when the weather ④was bad. ［成蹊大学］

[正誤] □ **13** ★★ ①Following the accident, he ②was away from school ③for six years and made ④little progress than ⑤the other children in his class. ［日本大学］

□ **14** ★★ You are ______ to gain weight in summer than in winter because you tend to lose your appetite when it is hot. ［センター試験］

① less likely ② less unlikely
③ very likely ④ very unlikely

□ **15** ★★ Although Star Wars was more expensive to make than ______ movie, it was also the most successful. ［名城大学］

① other ② the others ③ any ④ any other

8 [答] ⑤-⑧-⑥-④-②-⑦-①-③
A man's worth lies not so much in what he possesses as in what he is.
▶not so much *A* as *B* は「*A* というよりむしろ *B*」という意味になる。less *A* than *B*/*B* rather than *A* も同意表現として覚えておく。

9 [答] ③ good
不況は終わったも同然である。
▶as good as *A* は「*A* も同然で」という意味になる。

10 [答] ② in as many
そのチームは2分で2得点をあげ，試合に勝った。
▶as many *A* は，「同数の *A*」という意味になる。
☞【比較慣用表現】

11 [答] ② more → 削除
メアリーは彼女の兄弟姉妹よりもはるかに幸せだ。
▶happy の比較級は happier になるので，②more は不要。

12 [答] ② as → than
天気が悪いときに，デイヴィッドはいつもリチャードより注意深く車を運転した。
▶more carefully の比較表現に注目して，②as を than に変える。

13 [答] ④ little → less
その事故の後，彼は6年間学校を休み，クラスのほかの子どもたちほど進歩しなかった。
▶than は単独で用いることができず，原則，比較級，other，rather と共に用いる。したがって，④little を比較級の less に変えなければならない。

14 [答] ① less likely
暑いときには食欲が減りがちなため，冬よりも夏に体重が増える可能性は低い。
▶than があることで，比較表現を考える。したがって③very likely，④very unlikely は消える。文意から，①less likely「より可能性が低い」が正解。

15 [答] ④ any other
スター・ウォーズはほかのどの映画よりも制作するのに費用がかかったけれども，最も成功したものであった。
▶比較級＋ than any other *A*〈単数名詞〉は，「ほかのどの *A* よりも（～）」という最上級に近い意味を表す。

□ possess
[動]（を）持っている

□ depression
[名]不景気

□ score
[動]（を）得点する

□ gain
[動]（を）得る

□ appetite
[名]食欲

□16 ★★★ Smokers are [　　] likely as nonsmokers to die before reaching the age of 65. ［明星大学］

① as three times　② three more times
③ three times more　④ three times as

□17 ★★ The yen is [　　] it was ten years ago. ［青山学院大学］

① as strong twice as　② as twice as strong
③ as twice strong as　④ twice as strong as

[整序] □18 ★★ 今は1960年代と比べると3倍もの大学生がいる。 ［中央大学］

There are [① were　② college　③ times　④ than　⑤ three　⑥ there　⑦ students　⑧ more] in the 1960s.

□19 ★ This pond is [　　] size of that one. ［名古屋学院大学 改］

① the double　② double　③ a double　④ double the

□20 ★★ Parents are [　　] more flexible than they used to be.

① so　② too　③ much　④ very

［東京都市大学 改］

[正誤] □21 ★★ If this pain gets ① <u>very worse</u>, I won't be able to ② <u>move around much</u>. The doctor ③ <u>has</u> told me ④ <u>not to</u>, anyway. ［獨協大学］

□22 ★★ You have [　　] more acquaintances than I. ［松山大学 改］

① many　② much　③ so　④ such

□23 ★ For even [　　] convenience, we are going to extend our business hours to the maximum. ［青山学院大学 改］

① great　② greater　③ greatest　④ greatly

16 [答] ④ three times as
非喫煙者と比べて，喫煙者は65歳になる前に亡くなる可能性が3倍高い。
▶数字＋ times as ＋原級＋ as *A* の形で「*A* の…倍～」という意味の倍数表現になる。
☞【倍数表現】

□ likely
[形]起こる可能性の高い

17 [答] ④ twice as strong as
円は10年前の2倍高い。
▶twice as ＋原級＋ as *A*「*A* の2倍～」という意味の倍数表現がポイント。

□ twice
[副]2倍

18 [答] ⑤ - ③ - ⑧ - ② - ⑦ - ④ - ⑥ - ①
There are three times more college students than there were in the 1960s.
▶倍数表現は，数字＋ times as ＋原級＋ as *A* 以外にも，数字＋ times ＋比較級＋ than *A* で表すこともできる。

19 [答] ④ double the
この池はあの池の2倍の大きさだ。
▶倍数表現では，数字＋ times the ＋名詞＋ of *A* という形でも表現できる。twice[double] を用いて「2倍」という意味になる。
☞【倍数の書きかえ表現】

□ pond
[名]池
□ double
[名]2倍

20 [答] ③ much
親たちは以前よりもずっと柔軟だ。
▶比較級を強調するとき，much/far/by far/even/still/yet/a lot/a great[good] deal などを比較級の直前に置く。

□ flexible
[形]柔軟な

21 [答] ① very worse → much worse
もしこの痛みがはるかにひどくなったら，あまり動き回れないだろう。いずれにせよ，医者はあまり動き回らないようにと言っていた。
▶比較級の前に very を置いて強調表現とすることはできない。

□ pain
[名]痛み

22 [答] ① many
あなたは私よりずっと多くの知り合いがいる。
▶more ＋複数名詞 が続くとき much を用いて強調表現とすることはできず，代わりに many を用いて表現する。

□ acquaintance
[名]知り合い

23 [答] ② greater
より一層の利便性のために営業時間を最大限延長する予定です。
▶空所直前の even に注目する。even が比較級を強調する語になれることを考えて，②greater が適切と判断する。

□ extend
[動]（を）延長する
□ greatly
[副]大いに

□24 ★★ I can't stand this horrible weather. It's getting [　　].

① cold and cold　② further and further
③ fewer and fewer　④ worse and worse ［鹿児島国際大学 改］

□25 ★★★ The older we grow, [　　] our memory becomes. ［宮崎産業経営大学］

① the weaker　② more weak　③ as weak　④ the weakest

[整序] □26 ★★ この絵は見れば見るほど魅力的です。

The [　　] [　　] [　　] [　　] [　　], [　　] [　　] [　　] [　　]. ［札幌大学 改］

① more　② look　③ the more　④ at
⑤ this picture　⑥ looks　⑦ attractive　⑧ it　⑨ I

□27 ★★ I love the girl all [　　] for being curious. ［獨協大学 改］

① the more　② more　③ most　④ better

[整序] □28 ★★ この薬を飲んでも少しも良くなっていないのだよ。 ［関西学院大学 改］

I am [① for　② the　③ none　④ better　⑤ this　⑥ taking] medicine.

□29 ★★ Even though this story may sound odd, it is none the [　　] true.

① little　② less　③ much　④ more ［南山大学 改］

[整序] □30 ★★ 求職者は2人いるが，年長者を採用することに決めた。

There are two applicants for the job, and I've made up [　　] [　　] [　　] [(1)] [　　] [　　] the two. ［拓殖大学］

① of　② my mind　③ the
④ hire　⑤ older　⑥ to

[24] [答] ④ worse and worse
こんなひどい天気には耐えられない。ますますひどくなっている。
▶比較級＋ and ＋比較級 で「ますます，だんだん」という意味になる。文意から④worse and worse が正解。

□ horrible
[形]実にひどい
□ further
[副]さらに

[25] [答] ① the weaker
年をとればとるほど，記憶力は弱まる。
▶The ＋比較級＋ S V ~, the ＋比較級＋ S' V' ... という形で，「～すればするほど，ますます…」という意味になる。

□ memory
[名]記憶（力）

[26] [答] ①-⑨-②-④-⑤-③-⑦-⑧-⑥
The more I look at this picture, the more attractive it looks.
▶The ＋比較級＋ S V ~, the ＋比較級＋ S' V' ... の構文だが，attractive の比較級は more attractive であるため，後半部を the more it looks attractive と表現するのは不可。

□ attractive
[形]魅力的な

[27] [答] ① the more
私はその少女が好奇心旺盛なために，なおいっそう彼女のことを愛している。
▶all the ＋比較級＋ for ... [because S V ...] という形で，「…なのでそれだけいっそう～」という意味になる。

□ curious
[形]好奇心の強い

[28] [答] ③-②-④-①-⑥-⑤
I am none the better for taking this medicine.
▶none the ＋比較級＋ for ... [because S V ...] という形で，「…だからといってそれだけ～ということはない」という意味になる。

□ none
[副]少しも～ない

[29] [答] ② less
この話は奇妙に思われるかもしれないが，それでもやはり本当なのだ。
▶none the less は「それでもやはり」という意味になる。

□ odd
[形]奇妙な

[30] [答] (1) ③ the　(②-⑥-④-③-⑤-①)
There are two applicants for the job, and I've made up my mind to hire the older of the two.
▶the ＋比較級＋ of the two（＋名詞）は，「2つ［人］のうちより～な方」という意味になる。

□31 ★★ Concrete bridges are superior [   ] wooden bridges.

① from ② to ③ with ④ in ［青山学院大学 改］

□32 ★★ Tom is [   ] than honest. ［四天王寺国際仏教大学］

① clever ② more clever
③ cleverer ④ the cleverer

□33 ★★ A large proportion of residents cannot even read French, much [   ] speak it with fluency. ［学習院大学 改］

① even ② further ③ less ④ more

□34 ★★★ If you [   ] than to do something, you are wise enough not to do it. ［学習院大学］

① are cleverer ② do better
③ are too learned ④ know better

[整序] □35 ★★ 平均点は自分が予想した以上に良かった。［ 1 語不要 ］ ［中央大学 改］

[① better ② the average score ③ over ④ out ⑤ expected ⑥ I ⑦ turned ⑧ had ⑨ than].

□36 ★★ I am [   ] interested in this topic than you are. ［東北学院大学］

① fewer ② no more ③ not very ④ too much

[整序] □37 ★★ 遊びが人生の目的でないのと同様に，お金は人生の目的ではあるまい。

Money [   ] [   ] [   ] [(1)] [   ] [   ] [(2)] [   ] [   ] [   ] is. ［青山学院大学］

① any ② is ③ life ④ more ⑤ not
⑥ of ⑦ play ⑧ purpose ⑨ than ⑩ the

31 [答] ② to
コンクリート製の橋は木造の橋よりも優れている。
▶比較対象を than ではなく to を用いて示す表現。be superior to *A* は「*A* より優れている」という意味。
☞【to を用いて比較対象を表す表現】

32 [答] ② more clever
トムは誠実というよりもむしろ利口なのだ。
▶同一の人［物］における比較表現は，more ＋原級 *A* ＋ than ＋原級 *B* の形で表し，「*B* というよりもむしろ *A*」という意味になる。

33 [答] ③ less
住民のほとんどがフランス語を読むことすらできない。まして流暢に話すことはなおさらできない。
▶否定文の後，much[still] less *A* が続くと「まして なおさら *A* ではない」という意味になる。また，肯定文の後では，much[still] more *A* が続いて「まして なおさら *A* だ」という意味になる。

34 [答] ④ know better
何かをするほど馬鹿ではないという場合，それをしないだけの分別があるということである。
▶know better than to *do* は「～するほど馬鹿ではない，～しないだけの分別がある」という意味になる。

35 [答] ② - ⑦ - ④ - ① - ⑨ - ⑥ - ⑧ - ⑤　［不要語 ③ over］
The average score turned out better than I had expected.
▶比較級＋ than I (had) expected で「私が予想した以上に～」という意味になる。

36 [答] ② no more
あなたがこの話題に興味がないのと同様に，私もこの話題には興味がない。
▶問題文に than があることから，比較表現でない③not very と④too much は不可。②no more を入れると no more ... than *A* は「*A* でないのと同様に…でない」という意味になり，文意に合う。

37 [答] (1) ⑧ purpose　(2) ① any
(② - ⑤ - ⑩ - ⑧ - ⑥ - ③ - ① - ④ - ⑨ - ⑦)
Money is not the purpose of life any more than play is.
▶no more ... than *A*「*A* でないのと同様に…でない」の表現は，not ... any more than *A* に書きかえることができる。

□ concrete
[名]コンクリート
□ superior
[形]【be superior to *A*】*A* より優れた
□ clever
[形]利口な
□ proportion
[名]割合
□ resident
[名]住民
□ fluency
[名]流暢さ
□ average
[形]平均の
□ topic
[名]話題

[連立] □38 ★★ (a) In winter, it is no less cold in Japan than in Scandinavian countries.

(b) In winter, it is [　　] cold in Japan as in Scandinavian countries.

[中京大学]

□39 ★★ Though she was no [　　] than seven years old, she was already a highly successful singer. [九州産業大学]

① fewer　② less　③ more　④ sooner　⑤ younger

□40 ★ Your application must be submitted to the authority [　　] than March 10th. [関東学院大学 改]

① not before　② not after　③ no later
④ no less　⑤ no more

[整序] □41 ★★★ 戦争ほど人間を惨めにするものはない。

Nothing [　　] [　　] [　　] [(1)] [　　] [　　]. [拓殖大学]

① than　② people　③ war　④ makes
⑤ miserable　⑥ more

[整序] □42 ★★ 子どもたちが心身ともに成長するのを見ることほど, 素晴らしいことはありません。 [東邦大学 改]

[① exciting　② is　③ children　④ more　⑤ grow　⑥ seeing　⑦ nothing　⑧ than] in body and soul.

[整序] □43 ★★★ 語学の勉強ほど私たちに楽しみを与えるものはない。 [北海学園大学]

There is nothing that [① foreign languages　② as　③ us　④ pleasure　⑤ studying　⑥ so much　⑦ gives].

[正誤] □44 ★★ No ①<u>other</u> disease in the course of human history ②<u>has had</u> as ③<u>profound</u> an effect on human development and well-being ④<u>like</u> malaria.

[学習院大学]

38 [答] as
冬にはスカンジナビア諸国と同じくらい日本も寒い。
▶no less ... than *A* は「*A* であるのと同様に…である」という意味の表現で，同等比較の as ... as *A* と書きかえることができる。

39 [答] ③ more
彼女はわずか7歳だったが，すでにおおいに成功を収めた歌手であった。
▶no more than *A* は「ほんの *A* だ，*A* にすぎない」という意味。
☞【比較の書きかえ表現】

□ highly
[副]おおいに

40 [答] ③ no later
願書は遅くとも3月10日までに当局に提出しなさい。
▶文意から，no later than *A*「遅くとも *A* までに」という意味になる③no later が正解。

□ application
[名]願書
□ submit
[動]（を）提出する
□ authority
[名]当局

41 [答] (1) ⑤ miserable　(④ - ② - ⑥ - ⑤ - ① - ③)
Nothing makes people more miserable than war.
▶nothing ... so[as]＋原級＋ as *A*，また，nothing ... ＋比較級＋ than *A* は「*A* ほど～なものはない」という意味になり，最上級と同様の表現として用いられる。
☞【最上級の意味になる重要構文】

□ miserable
[形]惨めな

42 [答] ⑦ - ② - ④ - ① - ⑧ - ⑥ - ③ - ⑤
Nothing is more exciting than seeing children grow in body and soul.
▶nothing ... ＋比較級＋ than *A* は「*A* ほど～なものはない」という意味を表す。

□ soul
[名]精神

14 比較

43 [答] ⑦ - ③ - ⑥ - ④ - ② - ⑤ - ①
There is nothing that gives us so much pleasure as studying foreign languages.
▶nothing ... so[as]＋原級＋ as *A*「*A* ほど～なものはない」という表現がポイント。

□ pleasure
[名]楽しみ

44 [答] ④ like → as
人類の歴史の中で，マラリアほど人間の発達と健康に深い影響を与えた病気はない。
▶No (other) ＋単数名詞＋ ... as[so] ＋原級＋ as *A* は「（ほかの）どの…も *A* ほどは～ない」という意味の表現。No (other) ＋単数名詞＋ ... ＋比較級＋ than *A* も同意表現になる。

□ profound
[形]深刻な
□ effect
[名]影響
□ development
[名]発達

整序 □ 45 試験はこれ以上ないくらい難しかった。[1 語不要]
★
The examination □ □ □ □ □ □.

① been　　　　② could　　　　③ difficult　　　　④ have
⑤ more　　　　⑥ not　　　　⑦ than　　　　　　　　　[東京理科大学]

□ 46 Last night's football game was □ of all the games I had ever
★★★
seen.　　　　　　　　　　　　　　　　　　　　　　　　[仁愛大学]

① more exciting than　　　　② the most exciting
③ as exciting as　　　　　　④ such an exciting

□ 47 It is the □ impressive illusion I have ever seen.　　[東海大学 改]
★★
① more　　　　② most　　　　③ better　　　　④ best

□ 48 This is the □ best wine I've ever tasted.　　　　[中部大学]
★★
① so　　　　② most　　　　③ much　　　　④ very

□ 49 She looks □ when she is entertaining people.　　[関西学院大学 改]
★★
① happily　　　　　　　　　② the happier
③ less happier　　　　　　　④ happiest

整序 □ 50 What is [① largest　② in　③ second　④ mammal　⑤ the] the
★★
world?　　　　　　　　　　　　　　　　　　　　　[関東学院大学 改]

45. 答 ② - ⑥ - ④ - ① - ⑤ - ③ [不要語 ⑦ than]
The examination could not have been more difficult.
▶could not ＋比較級 の表現では「これ以上〜はありえないだろう」
という意味になる。本問では仮定法過去完了形で,「試験はこれ以
上難しくなりえなかっただろう」, つまり「試験はこれ以上ないくら
いに難しかった」という意味になる。

46. 答 ② the most exciting
昨夜のサッカーの試合は, 私がこれまで見てきたすべての試合の
中で, 最も刺激的なものだった。
▶空所直後の of 以下が「私がこれまで見てきたすべての試合の中で」
とあるので, 空所には最上級表現を入れると自然な流れになる。

47. 答 ② most
それは私が今まで見てきた中で, 最も印象的な幻想だった。
▶the ＋最上級 A ＋ S have ever *done* は,「S が今まで…した中で
最も〜な A」という意味。

□ impressive
　㊟印象的な
□ illusion
　㊟幻想

48. 答 ④ very
これは私が今まで味わった中で, まさしく最良のワインだ。
▶the very ＋最上級「まさに最も」は最上級の強調表現。much[(by)
far]＋最上級 でも表現できる。

□ taste
　㊟(を)味わう

49. 答 ④ happiest
彼女は人を楽しませているときが一番幸せそうに見える。
▶同一の人[物]の性質を述べるとき, 最上級には the をつけない。

□ entertain
　㊟(を)楽しませる

50. 答 ⑤ - ③ - ① - ④ - ②
What is the second largest mammal in the world?
世界で 2 番目に大きな哺乳動物は何ですか？
▶the ＋序数＋最上級 の形で,「…番目に〜」という意味になる。

14

比較

□ mammal
　㊟哺乳動物

■ SCORE

	1回目	2回目	3回目
日付	／	／	／
★★★	／12問	／12問	／12問
★★	／34問	／34問	／34問
★	／4問	／4問	／4問
合計	／50問	／50問	／50問

目標ライン		
基礎	標準	難関
9 ／12	10 ／12	12 ／12
17 ／34	26 ／34	31 ／34
1 ／4	2 ／4	3 ／4
27 ／50	38 ／50	46 ／50

※問題を解き終わったら，上の表に日付・結果を記入して学習を振り返りましょう。
※間違えた問題はよく復習し，繰り返し演習することで定着を図りましょう。

比較は仮定法と同様，覚えるべき構文が多いテーマです。ここまで頑張ることができた皆さんは，この章もきっと乗り越えることができたと思います。焦らずゆっくりいきましょう。今頑張ってる勉強は自分の人生のためです。つらい時こそ『人生楽笑』という気持ちでいきましょう。

■ WORDS CHECK TEST

- ☐ improve 答 動 (を) 改善する
- ☐ fluently 答 副 流暢に
- ☐ pain 答 名 痛み
- ☐ extend 答 動 (を) 延長する
- ☐ horrible 答 形 実にひどい
- ☐ resident 答 名 住民
- ☐ highly 答 副 おおいに
- ☐ submit 答 動 (を) 提出する
- ☐ profound 答 形 深刻な
- ☐ effect 答 名 影響

第15章

名詞・冠詞
NOUNS & ARTICLES

🔊 英文音声

□1 Please give me some [_____] on how to distinguish the symptoms of
★★★ colds and flu. [明治大学 改]

① advises ② advise ③ advices ④ advice

□2 Inventing a new flavor of ice cream is a challenge, but it is also
★★ [_____]. [青山学院大学 改]

① a fan ② a fun ③ fan ④ fun

正誤 **□3** ①Nowadays, a jumbo jet can lift ②nearly five hundred people and
★★★ their ③luggages into the air ④with its magnificent engine power.

[北里大学]

正誤 **□4** Airline regulations allowed only ①two baggages to ②be carried on
★★★ board ③during my flight ④from Osaka to Paris. [学習院大学]

正誤 **□5** ①Since you ②have been coming to me ③for piano lessons, you have
★★ made ④a great progress.

⑤ NO ERROR [早稲田大学]

正誤 **□6** ①Our old apartment is ②so large that we may have to give away
★★★ ③many furniture when ④we move. [成蹊大学]

正誤 **□7** Many women ①claim that there ②are a lot of discrimination
★★ ③against women in the ④workplace in this country. [学習院大学]

1 答④ advice
風邪とインフルエンザの症状の見分け方について，多少の助言を
いただけませんか。
▶名詞 advice「助言」は不可算名詞なので，④advice が正解。①，
②の advise は動詞であるため不可。

2 答④ fun
アイスクリームの新しいフレーバーを創り出すのは大変なことだ
が，とても楽しくもある。
▶fun「楽しみ」は不可算名詞なので，冠詞の a は不要。

3 答③ luggages → luggage
最近，ジャンボジェット機は，素晴らしいエンジン出力でおよそ
500 人とその荷物を上空へと持ち上げることができる。
▶luggage「手荷物」は不可算名詞なので，複数形にはならない。

4 答① two baggages → two pieces of baggage
航空規則では，大阪からパリまでの飛行の間，手荷物は 2 つのみ
機内に持ち込むことが許されていた。
▶baggage「手荷物」は不可算名詞になるので，複数形にはできない。

5 答④ a great progress → great progress
あなたは私のところへピアノのレッスンにずっと通っているので，
ずいぶんと上達しましたね。
▶progress「進歩」は不可算名詞なので，冠詞の a は不要。

6 答③ many → much
私たちの古いアパートはとても広いので，引っ越すときには，た
くさんの家具をただであげなければならないかもしれません。
▶furniture「家具」は不可算名詞であるため，much を用いて修飾す
る。many の後には複数名詞がくる。

7 答② are → is
多くの女性が，この国の職場では女性に対する差別がたくさんあ
ると主張している。
▶a lot of の直後の discrimination「差別」は不可算名詞であるため，
②are を is に変えなければならない。

□ distinguish
　働(を)区別する
□ symptom
　⑧症状

□ fun
　⑧楽しみ
□ fan
　⑧ファン

□ lift
　働(を)持ち上げる
□ magnificent
　⑱素晴らしい

□ regulation
　⑧規則
□ board
　⑧ [on board]
　機内に
□ progress
　⑧進歩

□ furniture
　⑧家具

15

名詞・冠詞

□ claim
　働(を)主張する
□ discrimination
　⑧差別

217

正誤 ☐ **8** ①<u>In the wake of</u> the total devastation, ②<u>heavy machineries</u> were
★★ ③<u>used in</u> ④<u>the search for</u> survivors.
⑤ NO ERROR

[早稲田大学 改]

☐ **9** Tom needs a steady income, so he is looking for ☐.
★★★
① a work ② work ③ works ④ job

[札幌学院大学 改]

☐ **10** バスで，その少女はおばあさんに席を譲ってあげた。
★★
The girl made ☐ for an old woman in the bus. [姫路獨協大学 改]

① set ② margin ③ room ④ seat ⑤ vacant

☐ **11** There is always ☐ in the city center. [青山学院大学 改]
★★★
① a heavy traffic ② heavy traffic
③ heavy traffics ④ many traffics

☐ **12** Congratulations! I just heard ☐ that you got the job.
★★★
① a news ② the news ③ many news ④ some news

[岩手医科大学 改]

☐ **13** I think it is ☐ to disturb people at meals. [京都女子大学 改]
★★
① a bad manner ② a bad manners
③ bad manner ④ bad manners

正誤 ☐ **14** The police ①<u>has captured</u> the five ②<u>thieves</u> who ③<u>broke into</u> the
★★ bank and ran away ④<u>with</u> a huge sum of money. [杏林大学 改]

8 [答] ② heavy machineries → heavy machines
すっかり荒廃した後すぐに，生存者の捜索のために重機が用いられた。
▶machinery「機械（類）」は不可算名詞なので，複数形にはならない。machine「（個々の）機械」は可算名詞になる。

9 [答] ② work
トムは安定した収入が必要なので，仕事を探している。
▶①a work，③works のように，work を可算名詞として用いるなら「作品」という意味になる。不可算名詞なら「仕事」の意味。④job は可算名詞なので a をつけるか複数形にすべき。

10 [答] ③ room
▶make room for ~「～のために場所をあける」という意味だが，この room は「場所，空間，余地」という意味の不可算名詞。「部屋」の意味では可算名詞。

11 [答] ② heavy traffic
都市の中心部はいつも渋滞しています。
▶traffic「交通（量）」は不可算名詞なので，①a heavy traffic では a が不要。また，複数形にならないため，③heavy traffics と④many traffics も不可。よって，②heavy traffic が正解。

12 [答] ② the news
おめでとう！　たった今，君がその仕事に就いたという知らせを耳にしたところだよ。
▶news「知らせ」は不可算名詞なので，①a news と③many news は不可。空所直後の that 節の内容が news の具体的内容になるので，news の直前に the をつける必要があり，②the news が正解。

13 [答] ④ bad manners
人の食事中にお邪魔するのは行儀が悪いと思う。
▶複数形 manners を用いて「マナー，行儀作法」という意味を表す。in a ~ manner という形ならば「～の方法で，やり方で」という意味になる。

14 [答] ① has captured → have captured
銀行に侵入し多額の金を持ち去った5人の泥棒を，警察は捕まえた。
▶police「警察」，cattle「牛（の群れ）」，people「人々」などは集団を構成する1人ひとりを意識するため常に複数扱いで考える。よって，本問では動詞は has ではなく have が正しい。

□ total
[形]まったくの
□ devastation
[名]荒廃（状態）
□ machinery
[名]機械（類）
□ steady
[形]安定した
□ margin
[名]余地
□ manner
[名]方法，態度
□ disturb
[動]（を）邪魔する
□ capture
[動]（を）捕える
□ thief
[名]泥棒
□ sum
[名]合計

□ 15 They used to say that the Japanese were a hardworking and moral _____.　[東京経済大学 改]
① people　② persons　③ ethic　④ national

□ 16 All the _____ at the hospital were very friendly and focused on the patients.　[芝浦工業大学 改]
① public　② personal　③ staff　④ stuff

正誤 □ 17 I saw ①so many sheep there ②that I thought ③it was as commonplace ④as trees in a forest.　[学習院大学]

□ 18 Mary quarreled with her father a week ago. She is now barely _____ with him.　[摂南大学]
① on speaking terms　② on good feelings
③ in familiar relation　④ on bad conditions

正誤 □ 19 You ①had better change ②train ③at the ④next station.　[桜美林大学]

正誤 □ 20 Tokyo, ①which is one of the biggest ②city in the world, is ③larger than any other ④city in Japan.　[明治大学]

正誤 □ 21 You may ①find this hard to believe, but I've ②just won a huge ③number of money ④in the lottery.　[南山大学]

15 [答] ① people

日本人は勤勉で道徳心のある国民であると言われたものだ。

▶people は「人々」という意味以外に，a people/peoples で「民族，国民」という意味で用いることができる。

☐ moral
[形]道徳的な

16 [答] ③ staff

その病院のすべての職員は，とても親切で患者に集中していた。

▶staff「職員」は集合名詞になる。動詞に are が用いられているので，集団を構成する職員１人ひとりを意識している。おもな集合名詞として，class「クラス」，committee「委員会」，crew「乗務員」，nation「国民」，public「大衆」，team「チーム」なども覚えておく。

☐ focus
[動]集中する
☐ stuff
[名]物

17 [答] ③ it was → they were

そこで非常に多くの羊を目にしたので，それは森の中の木々と同じぐらいありふれたものなのだと思った。

▶sheep は単数形と複数形が同じ。本問では many があるので複数形として考える。それを受ける代名詞は they なので，③it was を they were とする。

☐ commonplace
[形]ありふれた
☐ forest
[名]森林

18 [答] ① on speaking terms

1週間前，メアリーは父親と口げんかをした。今は，かろうじて話をするぐらいの仲である。

▶be on ~ terms (with *A*) で「(*A* と) ～の間柄だ」という意味になる。「間柄」という意味では必ず複数形になることに注意する。

☐ quarrel
[動]口論する
☐ barely
[副]かろうじて
☐ relation
[名]関係

19 [答] ② train → trains

次の駅で乗りかえた方がいいですよ。

▶change trains で「電車に乗りかえる」という意味。この表現では train は必ず複数形で用いること。

☐ change
[動]（を）変える

20 [答] ② city → cities

東京は世界最大の都市の１つで，日本ではほかのどの都市よりも大きい。

▶one of the の後に複数名詞が続き，「～のうちの１つ［人］」を表す。

21 [答] ③ number → amount

信じがたいと思うでしょうが，宝くじで高額のお金が当たったんです。

▶a ＋形容詞＋ amount of ＋不可算名詞 で「～な量の…」という意味。a number of の後には可算名詞の複数形が続き，「多くの～」という意味になる。

☐ huge
[形]巨大な
☐ amount
[名]量

□22 Most department stores are crowded with □ on Sundays.
★★★
① guests   ② clients   ③ customers   ④ passengers

[青山学院大学]

□23 The hospital was filled with □ waiting for the doctor.
★★★
① customers   ② passengers   ③ opponents   ④ patients

[芝浦工業大学 改]

□24 The annual membership □ for this club is fixed at 100 dollars.
★★★
① fare   ② fee   ③ cost   ④ price   [東邦大学]

□25 "This is made of leather, isn't it? What's the □ of this bag?"
★★
"3,000 yen. It's a good buy, ma'am."   [獨協大学]

① fee   ② charge   ③ fare   ④ price

□26 The □ for taking that examination is much more than I can
★★
afford.   [神奈川大学]

① fee   ② fare   ③ fine   ④ wage

□27 If you don't return your books to the library by the due date, you'll
★★★
have to pay a □.   [南山大学]

① fare   ② cost   ③ fine   ④ credit

□28 応募者は書く英語と話す英語がどちらも堪能でなければならない。
★★
Applicants must have a good □ of both written and spoken
English.   [獨協医科大学]

① control   ② view   ③ command   ④ literacy

22 [答] ③ customers

たいていの百貨店は日曜日に客で混雑する。

▶guest は「訪問客」，client は「(弁護士などの) 顧客」，passenger は「乗客」という意味。customer で「お店の客」になる。

23 [答] ④ patients

その病院は医師を待つ患者でいっぱいだった。

▶patient は「患者」という意味。customer は「お店の客」，passenger は「乗客」という意味になる。

24 [答] ② fee

このクラブの年会費は100ドルに決められている。

▶②fee は「謝礼，報酬，授業料」という意味。①fare は「(乗り物の) 運賃」，③cost は「経費，費用」，④price は「(品物の) 値段，代価」という意味になる。

25 [答] ④ price

「これは革でできているんですよね。この鞄の値段はいくらですか？」

「3,000円です。良い買い物ですよ，奥様。」

▶④price は「(品物の) 値段，代価」という意味。②charge は「(サービスに対する) 料金」という意味になる。

26 [答] ① fee

あの試験を受ける料金は，私が支払うことができる金額をはるかに上回るものだ。

▶①fee は「(試験のための) 料金」という意味。③fine は「罰金」，④wage は「賃金」という意味になる。

27 [答] ③ fine

期日までに図書館へ本を返却しなければ，罰金を支払わなければなりません。

▶文意から③fine「罰金」が正解となる。④credit は「信用貸し」という意味になる。

28 [答] ③ command

▶have a good[fine] command of *A* で「*A* が堪能である」という意味になる。

☐ department
[名]【- store】百貨店
☐ crowd
[動] (に) 群がる
☐ fill
[動]【fill with】(で) いっぱいになる
☐ opponent
[名]敵
☐ annual
[形]年1回の
☐ fix
[動] (を) 固定する

☐ leather
[名]革
☐ price
[名]値段
☐ charge
[名]料金

☐ fee
[名]料金
☐ wage
[名]賃金

☐ date
[名]日取り
☐ credit
[名]信用貸し

☐ command
[名] (言葉を) 自由に操る力
☐ literacy
[名]読み書きの能力

☐29 I got a sudden toothache, so I called the dentist and made ☐ for
★★ treatment. [芝浦工業大学 改]

① an appointment ② a promise
③ an engagement ④ a reservation

☐30 Hold your ☐ , or you'll get fired. [青山学院大学]
★★
① mouth ② teeth ③ tongue ④ breath

☐31 She played an important ☐ in making the school musical a
★★ success. She practiced very hard to prepare for that day. [札幌大学]

① role ② position ③ goal ④ field

☐32 Owen is having trouble making ☐ meet these days. [札幌大学]
★★
① ends ② walls ③ means ④ grades

☐33 In principle, the job of the police is to maintain law and ☐ .
★★
① crime ② life ③ pole ④ order ⑤ prison
[武蔵大学 改]

☐34 You should get rid of your bad ☐ of resorting to violence to
★★ solve your problems. [摂南大学 改]

① habit ② manner ③ custom ④ rule

☐35 Generally, it is thought to be rude when a lot of friends visit a person
★ suddenly at short ☐ . [青山学院大学]

① confirmation ② notice
③ source ④ knowledge

29 [答] ① an appointment
急に歯が痛くなったので，歯科医院に電話をして治療のための予約をしました。
▶病院や美容院などの場所や日時が決まった予約には appointment，列車やホテルなどの予約には reservation を用いる。promise は「(何かの行動をするという) 約束」という意味。

30 [答] ③ tongue
黙りなさい。さもないとクビになるよ。
▶hold *one's* tongue で「黙る」という意味になる。

31 [答] ① role
彼女は学校のミュージカルを成功させるのに重要な役割を果たした。彼女はその日に備えて一生懸命に練習したのだ。
▶play a part in *A* は「*A* において役割を果たす」という意味になる。

32 [答] ① ends
オーウェンは最近家計のやりくりに苦労している。
▶make (both) ends meet で「収入内でやりくりをする」という意味。ends は複数形になることに注意する。

33 [答] ④ order
原則として，警察の仕事は法と秩序を維持することだ。
▶order は「規律，秩序」の意味がある。それ以外には「順序，注文，整理」という意味も覚えておくこと。

34 [答] ① habit
あなたは問題を解決するときに暴力に訴えるという悪い癖をやめた方がいい。
▶①habit は「習慣，癖」という意味で，おもに個人的なことに用いられる。一方，③custom は社会的習慣の場合に用いられることが多い。

35 [答] ② notice
一般的に，たくさんの友達が突然急に，ある人を訪問することは無礼だと考えられている。
▶at short notice は「急に，即座に」という意味になる。

□ sudden [形]突然の
□ toothache [名]歯痛
□ dentist [名]歯医者
□ tongue [名]舌
□ fire [動](を)クビにする
□ breath [名]呼吸
□ role [名]役割
□ position [名]姿勢
□ field [名]分野
□ principle [名]原則
□ crime [名]犯罪
□ prison [名]刑務所
□ rid [動](を)取り除く
□ resort [動]訴える
□ rude [形]失礼な
□ confirmation [名]確認

□36 According to the instruction on the package, this machine should be
★★　kept out of ☐ of children.　　　　　　　　　　　[関西学院大学]

① taste　　　② arm　　　③ hold　　　④ reach

□37 We knew by instinct that he was a man of his ☐, so we could
★★　always trust him.　　　　　　　　　　　　　　　[駒澤大学 改]

① sentence　　② behavior　　③ promise　　④ word

□38 その小説家は，友情の印として彼の小説を私にくれたのです。
★　The novelist gave me his novel as a ☐ of our friendship.

① gift　　　② model　　　③ thought　　　④ token　[中央大学 改]

□39 Emily is going to take a six-month maternity ☐ when she has a
★★　baby.　　　　　　　　　　　　　　　　　　　[松山大学]

① leave　　② to leave　　③ leaving　　④ left

□40 It's none of your ☐ how I choose to spend my money.
★★
① business　　　　　② responsibility
③ affair　　　　　　④ liability　　　　　　[法政大学]

□41 The President addressed his supporters and said that the fallen
★★　soldiers had not died for ☐.　　　　　　　　　[駒澤大学 改]

① anything　　② nothing　　③ something　　④ thing

正誤 **□42** ①Fill in ②the required information and write your ③sign ④at the
★★★　bottom of the page.
⑤ NO ERROR　　　　　　　　　　　　　　　　[早稲田大学]

連立 **□43** (a) She died after saving the boy from drowning.
★★★　(b) She saved the boy from drowning at the ☐ of her own life.

① sake　　② thought　　③ sight　　④ cost　[関西学院大学]

36 [答] ④ reach
その小包の説明書によると，この機械は子どもの手の届かない所に保管すべきだ。
▶out of (the) reach of ~ は「~の手の届かない範囲で」という意味で，within (the) reach of ~「~の手の届く範囲で」という意味になる。

37 [答] ④ word
私たちは彼が約束を守る人だと本能的に知っていたので，彼をいつも信頼できた。
▶a man of *one's* word は「約束を守る人」という意味になる。

38 [答] ④ token
▶as a token of ~ は「~の印として」という意味になる。

39 [答] ① leave
エミリーは，子どもができたら６ヶ月の産休を取る予定だ。
▶名詞の leave には「休暇，許可」という意味がある。

40 [答] ① business
私が自分の金をどのように使おうと，あなたには関係のないことだ。
▶S is none of *one's* business で「S は~には関係ない」という意味。本問では It が形式主語として用いられており how 以下が真主語。

41 [答] ② nothing
大統領は支持者に対して演説し，戦死した兵士たちは無駄死にではなかったと述べた。
▶for nothing は「ただで，無駄に」という意味になる。

42 [答] ③ sign → signature
必須事項を書き入れて，ページの一番下に署名してください。
▶動詞 sign は「署名する」という意味だが，名詞 sign は「記号，標識，兆候」という意味。名詞 signature が「署名」という意味になる。

43 [答] ④ cost
(a) 溺れかけていた少年を救った後，彼女は亡くなった。
(b) 彼女は自分の命を犠牲にして，溺れかけていた少年を救った。
▶at the cost of *A* で「*A* を犠牲にして」という意味になる。

☐ instruction [名]指示
☐ reach [名]（届く）範囲
☐ instinct [名]本能
☐ behavior [名]振る舞い
☐ gift [名]贈り物
☐ model [名]型
☐ maternity [形]妊婦の（ための）
☐ affair [名]事柄
☐ liability [名]責任
☐ address [動]（に）演説する
☐ soldier [名]軍人，兵士
☐ sign [名]記号
☐ bottom [名]最下部
☐ sake [名]理由
☐ save [動]（を）救う

15 名詞・冠詞

44 あなたにはエイブラハム・リンカーンのような人になってほしいと母は私に
ささやいた。

Mom whispered to me that she wanted me to become ☐
Abraham Lincoln.　　　　　　　　　　　　　　　　　　　［名古屋学院大学 改］

① a　　　　　② an　　　　　③ the　　　　　④ to

45 When you are hired as a part-time worker, you'll be paid by ☐.

① the hour　　② hour　　　③ an hour　　④ hours

　　　　　　　　　　　　　　　　　　　　　　　　　　　　　　［武蔵工業大学］

46 ☐ consists of six.　　　　　　　　　　　　　　　　［東京国際大学］

① A Jones family　　　　　　② The Jones family
③ Jones families　　　　　　④ The Jones families

47 People demonstrated with placards saying "The government is
doing nothing to help ☐."　　　　　　　　　　［共立女子大学 改］

① poor　　　　② poorly　　　③ the poor　　④ the poors

48 私たちは言葉を用いて考えや気持ちを表現する。

We express our thoughts and emotions by ☐ of words.

① help　　② means　　③ method　　④ system　　⑤ ways

　　　　　　　　　　　　　　　　　　　　　　　　　　　　　［姫路獨協大学 改］

49 If you want to keep yourself in good ☐, you need to exercise
every day.　　　　　　　　　　　　　　　　　　　　　　　　［学習院大学］

① appearance　② body　　　③ image　　　④ shape

50 She threw away the papers in a fit of ☐.　　　　　　　［聖心女子大学］

① temper　　② feeling　　③ mind　　　④ nerves

44\ 答 ② an

▶a[an] ＋固有名詞（有名人物）は，「～のような人，～という名前の人」という意味になる。

□ whisper
　働 (を)ささやく

45\ 答 ① the hour

パートタイム従業員として雇用されると，1時間単位で給料が支払われる。

▶by the ~ という表現で「～単位で」の意味を表すことができる。名詞の前には必ず the が必要。

□ hire
　働 (を)雇う

46\ 答 ② The Jones family

ジョーンズさん一家は6人家族だ。

▶The A family や The A's という表現で，「A 家」という意味を表す。

□ consist
　働〔consist of A〕A から成る

47\ 答 ③ the poor

人々は「政府は貧しい人たちを助けるために何も行っていない」と書かれたプラカードを持ってデモをした。

▶the ＋形容詞 は名詞扱いになり，「～な人たち」という意味になる。

□ demonstrate
　働デモをする
□ government
　图政府

48\ 答 ② means

▶by means of A で「A（の手段）によって」という意味。②means は「手段，方法，財産」という意味になる。

□ express
　働を表現する
□ emotion
　图感情

49\ 答 ④ shape

もし良い体型を維持したいと思うならば，毎日運動をする必要があります。

▶keep *oneself* in shape で「体型を維持する，健康を保つ」という意味になる。

□ image
　图印象
□ shape
　图形

50\ 答 ① temper

彼女はかっとなって書類を放り投げた。

▶in a fit of temper で「かっとなって」という意味。同意表現として lose *one's* temper「腹を立てる」も覚えておくこと。

□ throw
　働 (を)投げる
□ nerves
　图神経過敏

15

名詞・冠詞

CHECK - 15

SCORE

	1回目	2回目	3回目
日付	／	／	／
★★★	／14問	／14問	／14問
★★	／31問	／31問	／31問
★	／5問	／5問	／5問
合計	／50問	／50問	／50問

目標ライン		
基礎	標準	難関
11 ／14	12 ／14	14 ／14
16 ／31	25 ／31	28 ／31
1 ／5	2 ／5	4 ／5
28 ／50	39 ／50	46 ／50

※問題を解き終わったら，上の表に日付・結果を記入して学習を振り返りましょう。
※間違えた問題はよく復習し，繰り返し演習することで定着を図りましょう。

今こうして勉強ができているのは自分一人の力だけではありません。皆さんのことを応援してくれている人たちに感謝の気持ちを忘れないようにしてくださいね。少し照れくさくて「ありがとう」って言いにくいときは，心の中で「ありがとう」って思うようにしましょう。それだけで十分素晴らしいことです。

WORDS CHECK TEST

☐ total [答] [形]まったくの

☐ steady [答] [形]安定した

☐ focus [答] [動]集中する

☐ stuff [答] [名]物

☐ amount [答] [名]量

☐ annual [答] [形]年１回の

☐ behavior [答] [名]振る舞い

☐ liability [答] [名]責任

☐ address [答] [動]（に）演説する

☐ demonstrate [答] [動]デモをする

第16章

代名詞
PRONOUNS

英文音声

第 **16** 章 代名詞
PRONOUNS

□1 I bought a neat book on Hawaii and gave ⬚ to my sister.
★★★

① it ② one ③ some ④ ones

[芝浦工業大学 改]

□2 "I want to write it down. Do you have a pen?"
★★★
"I'm sorry I don't have ⬚." [東京家政大学 改]

① it ② that ③ one ④ none

□3 As I had my bicycle stolen, I bought a new ⬚. [愛知大学]
★★★

① another ② other ③ it ④ one

□4 "It's hard to look up words in this new dictionary."
★★
"Then why don't you use ⬚ you used before?" [共立女子大学 改]

① them ② it
③ one another ④ the one

□5 The climate of Matsuyama is milder than ⬚ of Sapporo.
★★★

① this ② that ③ it ④ one [松山大学]

□6 The results of Experiment I are more reliable than ⬚ of
★★★ Experiment II. [東京国際大学 改]

① one ② these ③ that ④ those

1 \ 答 ① it
私はハワイに関する素敵な本を買って，私の妹にあげた。
▶it はすでに話題となった特定の名詞を示す。本問では「私が買っ
た本」と特定化されているため，①it が正解。it は the ＋単数名詞
（可算名詞・不可算名詞）を指す。

2 \ 答 ③ one
「私はそれを書き留めたいです。ペンを持っていますか？」
「申し訳ないんだけど，ペンを持っていないの。」
▶本問では何か特定のペンを話題にした状況ではないので，すでに
話題となった不特定の名詞を示す③one が正解。one は可算名詞を
受け，a[an] ＋単数名詞（可算名詞）を指すと考えればよい。

3 \ 答 ④ one
自転車を盗まれてしまったので，新しいのを買った。
▶直前に a new があるので，それに続けることができるのは④one
のみとなる。代名詞 one は形容詞の後に置くことができる。ただし，
この用法では a[an/the/*one's*] ＋形容詞＋ one の形になる。

4 \ 答 ④ the one
「この新しい辞書で単語を引くことは大変です。」
「それなら，以前にあなたが使っていた辞書を使ってみたらどう？」
▶空所の直後には関係代名詞の目的格が省略され，空所部分が後ろ
から修飾されていると考えられる。代名詞 one は関係詞節を続ける
ことができるため④the one が正解。①them，②it は後ろからの修
飾は不可。③one another「お互い」は副詞ではなく代名詞として機
能する。

5 \ 答 ② that
松山の気候は，札幌の気候よりも温暖である。
▶比較対象を合わせなければならないので，the climate の代わりと
して，名詞の反復を避ける代名詞②that を入れる。that は the ＋単
数名詞（可算名詞・不可算名詞）を表す。また，of ～ が続くときは
通常，one ではなくthat が用いられることが多い。

6 \ 答 ④ those
実験Ⅰの結果は，実験Ⅱの結果よりも信頼できる。
▶比較対象を考えると，空所には the results （複数名詞）が入ること
になるが，④those をその代用として用いることができる。those は
the ＋複数名詞 を表す代名詞。

□ neat
形小ぎれいな，
素敵な

□ steal
動（を）盗む

□ climate
名気候
□ mild
形穏やかな

□ reliable
形信頼できる

16

代名詞

☐ **7** There were no objections on the part of ☐ who were present.

① they ② that ③ these ④ those 〔神奈川大学〕

整序 ☐ **8** ☐ ☐ ☐ (1) ☐ ☐ alone for the first time? 〔九州国際大学〕

① like ② is ③ what ④ to
⑤ live ⑥ it

☐ **9** My boss found ☐ difficult to persuade me to assist him.

① them ② that ③ it ④ one

〔広島工業大学 改〕

☐ **10** It is one thing to acquire knowledge, but it is quite ☐ to apply it. 〔青山学院大学〕

① other ② anything ③ another ④ others

☐ **11** "Bags are on sale today. How about this one?"
"It's too small. Would you show me ☐?" 〔九州産業大学 改〕

① another ② it ③ other ④ the other

☐ **12** There are two university students in our group. One is majoring in English literature, and ☐ is majoring in Western civilization.

① another ② other ③ the other ④ others

〔愛知大学 改〕

☐ **13** There are four cats in the park near my house. One is black, ☐ is brown, and the others are white and black. 〔芝浦工業大学 改〕

① the ones ② other ③ ones ④ another

7 [答] ④ those
出席者の側からは反論はなかった。
▶those (who are) present は「出席者」という表現になる。本問での those は「人々」という意味。

8 [答] (1) ① like　(③ - ② - ⑥ - ① - ④ - ⑤)
What is it like to live alone for the first time?
初めて一人暮らしをするのはどのような感じですか？
▶本問の it は形式主語になり to live 以下を指す。また，what is S like? は「～はどのようなものか？」という意味の重要表現。

9 [答] ③ it
私の上司は，私に彼を補佐するよう説得するのは難しいとわかった。
▶find it ＋形容詞＋ to *do* の形を予想する。このとき，it は後に続く to *do* 以下を指す。

10 [答] ③ another
知識を得ることと，それを適用することは全く別である。
▶*A* is one thing and *B* is another は「*A* と *B* とは別である」という表現。

11 [答] ① another
「本日は鞄がお安くなっています。こちらの鞄はいかがですか？」
「それは小さすぎます。別のものを見せてくれませんか？」
▶文意から「別の鞄」を表す代名詞を用いるとわかるので，①another が正解。another は前出の名詞を指して不特定の「別のもの」という意味を表す。③other は形容詞で「ほかの」という意味。④the other は残り１つ［人］の場面で用いる。

12 [答] ③ the other
私たちのグループには大学生が２人います。１人は英文学を専攻していて，もう１人は西洋文明を専攻しています。
▶2つ［人］の中の１つ［人］を one と置いたとき，残りの１つ［人］は the other と示す。
☞【another/the other/others/the others の使い分け】

13 [答] ④ another
私の家の近くの公園には４匹の猫がいます。１匹は黒色で，別の１匹は茶色で，残りの猫は白黒です。
▶４匹の猫のうち１匹が黒色で残りは３匹となるが，空所直後の動詞が is であることから，３匹のうちの別の１匹をどう表現するかを考える。このときに用いることができる代名詞は④another。

□ objection
[名]反対（意見）
□ part
[名]部分
□ alone
[副]独りで
□ persuade
[動]〚persuade *A* to *do*〛*A* を説得して～させる
□ assist
[動]（を）助ける
□ acquire
[動]（を）習得する
□ apply
[動]（を）適用する
□ literature
[名]文学
□ civilization
[名]文明

14 Some people were killed and ☐ were injured in the accident that happened on the rough road. ［関西学院大学 改］

① another ② others ③ the other ④ other

15 He has three sisters; one is a college student, and ☐ work in a legal office. ［東海大学 改］

① another ② other ③ rest ④ the others

16 After a number of meetings, ☐ the employers and the employees were satisfied. ［神奈川大学］

① either ② neither ③ both ④ also

17 My parents like to ski and ☐ are good skiers. ［大阪産業大学 改］

① every ② neither ③ both ④ each

18 Tony couldn't find any supermarkets on ☐ side of the broad road. ［東海大学 改］

① either ② neither ③ both ④ opposite

19 ☐ of the two cameras takes good pictures. Their lenses need polishing. ［法政大学］

① Both ② Neither ③ Either ④ One

正誤 20 Neither ①brothers refused ②to take care ③of the dog ④yesterday. ［佛教大学］

14\ 答 ② others

悪路で起こったその事故では，亡くなった人もいれば負傷した人もいた。

▶some people ~ の後に others ... が続き，「~する人もいれば…する人もいる」という表現になる。

15\ 答 ④ the others

彼には3人の姉妹がいます。1人は大学生ですが残りは法律事務所で働いています。

▶3人の姉妹のうち残り2人を表す代名詞は④the others になる。

16\ 答 ③ both

多くの会議の後，雇用者も従業員も両方とも満足した。

▶空所直後に the employers and the employees と続いていることから，both *A* and *B* の形を考えればよい。

17\ 答 ③ both

私の両親はスキーをするのが好きで，また両方ともスキーが上手です。

▶空所直後に are があるので，複数扱いになる③both が正解。①every は形容詞なので主語になれない。②neither，④each は動詞が is になる。

18\ 答 ① either

トニーは，広い道のどちら側にもスーパーマーケットを見つけられなかった。

▶not ~ either ... で「どちらの…も~ない」という意味になり，前提が2つ[人]の場合で用いる。②neither は couldn't の後に用いることは不可。③both なら sides になる。④opposite は冠詞がないため不可。

19\ 答 ② Neither

その2台のカメラはどちらも綺麗に写真が撮れない。レンズを磨く必要がある。

▶①Both は動詞が take になる。③Either，④One は文意に合わないため不可。②Neither なら neither of ~ の形で「どちらも~ない」という否定の意味になり文意にも合う。

20\ 答 ① brothers → brother

昨日，兄弟はどちらも犬の世話をするのを拒まなかった。

▶neither の直後の名詞は単数形になり，「どちらも~ない」という意味になる。

□ injure
動に怪我をさせる
□ rough
形荒れた

□ legal
形法律（上）の
□ rest
名残り

□ satisfied
形満足している

□ broad
形（幅）広い
□ opposite
形反対側の

□ polish
動（を）磨く

16

代名詞

□ refuse
動を拒む

21
★★
[_____] his brother nor he resembled their parents.   [芝浦工業大学 改]

① Either   ② Both   ③ Neither   ④ Not only

22
★★★
[_____] of the pictures on the four walls was painted by a different artist.   [近畿大学 改]

① Either   ② Both   ③ Each   ④ Every

23
★★★
"Did you answer any of the five questions?"
"Yes, I did. I found [_____] of them difficult."   [獨協大学]

① neither   ② every   ③ either   ④ none

24
★★
There was plenty of fuel in the tank this morning, but now there [_____] left.   [関東学院大学 改]

① is none   ② are none   ③ are no   ④ is not

25
★★
My grandparents usually invite my friends and [_____] to their house on seasonal occasions.   [関東学院大学 改]

① I   ② my   ③ me   ④ mine

26
★★★
His logic is quite similar to [_____].   [共立女子大学 改]

① you   ② your   ③ yours   ④ yourself

27
★★
They tried several things to prevent the chemical substances from flowing into the system, but [_____] effectiveness is doubtful.

① it's   ② its   ③ theirs   ④ their

[神奈川大学 改]

21\ 答 ③ Neither

彼の兄も彼も，両親には似ていなかった。

▶空所の後の nor に注目する。neither *A* nor *B* で，「*A* も *B* もどちらも〜ない」という意味になる。

22\ 答 ③ Each

4つの壁の絵は，それぞれ異なる画家によって描かれました。

▶①Either と②Both は前提が2つ［人］のときに用いるので不可。④Every は直後に of 〜 は続かない。③Each は each of 〜 で「〜のそれぞれ」という意味になる。

23\ 答 ④ none

「5つの問題のうちどれか解きましたか？」

「はい，解きました。どれも難しいとは思いませんでした。」

▶none は「（3つ［人］以上のうち）1つ［人］も〜ない」という意味。①neither，③either は2つ［人］のときに用いる。

24\ 答 ① is none

今朝タンクにはたくさんの燃料が入っていたが，今は全く残っていない。

▶代名詞 none は no ＋名詞 を1語で表現できるので，no fuel を表している。

25\ 答 ③ me

私の祖父母は，たいてい私の友達と私を季節の折々に自分たちの家に招待する。

▶空所には invite の目的語が入るとわかるので，目的格の③me が正解。

26\ 答 ③ yours

彼の論理はあなたの論理とかなり似ています。

▶空所が His logic「彼の論理」に対応することから，your logic に相当する代名詞を入れればよい。よって，所有代名詞の③yours が正解。

27\ 答 ④ their

彼らは，化学物質がそのシステムに流れ込むのを防ぐためにいくつかのことを試してみたが，その有効性は疑わしい。

▶文意から effectiveness は several things についてのことであると考えられ，複数名詞を受ける所有格④their が正解。

□ resemble
  動（〈人・物・事〉に）似ている

□ paint
  動（を）描く

□ plenty
  名多量
□ fuel
  名燃料

□ seasonal
  形季節の

□ logic
  名論理
□ similar
  形似ている

16

代名詞

□ substance
  名物質
□ flow
  動流れる
□ effectiveness
  名有効性
□ doubtful
  形疑わしい

28 When we went mountain climbing, my youngest daughter fell and hurt [＿＿＿]. ［大東文化大学］

① oneself　　② myself　　③ ourselves
④ himself　　⑤ herself

29 Please help [＿＿＿] to anything on the table and enjoy the atmosphere of a Spanish bar. ［芝浦工業大学 改］

① you　　② yourself　　③ him　　④ her

30 The author invited us to sit on the sofa, saying, "Please make [＿＿＿] at home." ［福岡大学］

① you　　② themselves　　③ all of you　　④ yourselves

31 When he was young, he was poverty [＿＿＿]. ［大阪産業大学 改］

① almost　　② very much　　③ itself　　④ rather

32 After graduating from university, I plan to move away from home and live [＿＿＿]. ［学習院大学］

① by my own　　② by myself　　③ for my own　　④ only one

33 A good thing in [＿＿＿] may become harmful by its use.

① it　　② it's　　③ its　　④ itself ［千葉工業大学］

34 Mary is an experienced military officer. She expects to be treated as [＿＿＿]. ［青山学院大学 改］

① she　　② that　　③ it　　④ such

28 [答] ⑤ herself
私たちが登山に行ったとき，末っ子の娘が滑り落ちて怪我をした。
▶hurt の直後に *oneself* を用いたとき，「自分自身を傷つける」から「傷つく」という意味になる。主語が my youngest daughter なので⑤herself が正解。

□ hurt
[動]（を）傷つける

29 [答] ② yourself
テーブルのものはなんでも自由に食べていただいて，スペインのバルの雰囲気を楽しんでください。
▶help yourself to ~ は，「~を自由に食べて[飲んで]ください」という意味になる。

□ atmosphere
[名]雰囲気

30 [答] ④ yourselves
その作家は，「どうぞおくつろぎください」と言って，私たちにソファに座るよう勧めた。
▶make yourself[yourselves] at home は「くつろぐ，楽にする」という意味になる。

□ author
[名]著者

31 [答] ③ itself
若い頃，彼は貧乏そのものだった。
▶補語の名詞 poverty の直後に itself がくると，「貧乏そのもの」という意味になり補語を強調することができる。kindness itself「親切そのもの」，happiness itself「幸せそのもの」，patience itself「忍耐そのもの」も覚えておくこと。

□ poverty
[名]貧乏

32 [答] ② by myself
大学を卒業した後，実家から離れて1人で生活することを計画している。
▶by *oneself* は「1人で，独力で」という2つの意味があり，本問では「1人で」という意味になる。

□ own
[形]自分（自身）の

33 [答] ④ itself
それ自体良いものは，使い方によって有害なものになるかもしれない。
▶in itself[themselves] で「本来は，それ自体で」という意味になる。

□ harmful
[形]有害な

34 [答] ④ such
メアリーは経験豊富な軍人である。彼女はそういう人として扱われることを期待している。
▶as such は「そういうものとして」という意味になる。

□ military
[形]軍（隊）の
□ treat
[動]（を）扱う

35 ☐ ★★ [_____] the students are satisfied with the room they are assigned.

① Almost　　　② Most　　　③ Most of　　　④ Each of

［関西学院大学 改］

36 ☐ ★★ [_____] cars you see here were manufactured in Germany.

① Almost　　　② Almost all　　　③ Most of　　　④ The most

［南山大学 改］

37 ☐ ★★ [_____] was a present from my father.　　　　［センター試験］

① My old camera of this　　　② My this old camera
③ This my old camera　　　④ This old camera of mine

35＼ 答 ③ Most of
学生たちのほとんどは，割り当てられた部屋に満足している。
▶③Most of は the や所有格が伴う限定名詞が続く。①Almost は副詞なので直接名詞を修飾できない。②Most は Most students なら可能。④Each of は動詞が is になる。
☞【most と almost の用法】

36＼ 答 ② Almost all
あなたがここで目にするほとんどの車は，ドイツで生産されました。
▶①Almost は副詞なので，名詞 cars を修飾することはできない。③Most of の後は限定名詞が続く。②Almost all は直後の cars を修飾できるので正解。

37＼ 答 ④ This old camera of mine
私のこの古いカメラは父からのプレゼントでした。
▶所有格は、a[an]/this/these/that/those/some/any/no と並べて用いることはできない。〈a[an]/this/these/that/those/some/any/no〉＋名詞＋ of ＋所有代名詞 の順で表現するので，④This old camera of mine が正解。

16
代名詞

■ SCORE

	1回目	2回目	3回目
日付	／	／	／
★★★	／13問	／13問	／13問
★★	／24問	／24問	／24問
★	／0問	／0問	／0問
合計	／37問	／37問	／37問

目標ライン		
基礎	標準	難関
10 ／13	12 ／13	13 ／13
12 ／24	19 ／24	21 ／24
0 ／0	0 ／0	0 ／0
22 ／37	31 ／37	34 ／37

※問題を解き終わったら，上の表に日付・結果を記入して学習を振り返りましょう。
※間違えた問題はよく復習し，繰り返し演習することで定着を図りましょう。

何か夢に向かって頑張ってるときほど人と比較してしまいます。自分に足らないところばかり見えて落ち込むこともあります。でも，他人は他人，自分は自分です。自分自身のことを信じてあげてください。特に，受験は自分自身との戦いです。自分が今何をすべきかを常に考えて勉強を続けていきましょう。

■ WORDS CHECK TEST

□ steal　　　　圏 働(を)盗む

□ reliable　　　圏 ⑱信頼できる

□ objection　　圏 ⑧反対(意見)

□ acquire　　　圏 働(を)習得する

□ plenty　　　　圏 ⑧多量

□ effectiveness　圏 ⑧有効性

□ doubtful　　　圏 ⑱疑わしい

□ hurt　　　　　圏 働(を)傷つける

□ poverty　　　圏 ⑧貧乏

□ harmful　　　圏 ⑱有害な

前置詞

PREPOSITIONS

◀)) 英文音声

第 17 章 前置詞

PREPOSITIONS

□ 1
★★★
Tom was tired and in a bad mood. He woke up [____] 5:00 this morning.　　　　　　　　　　　　　　　　　　　　[阪南大学 改]

① at ② in ③ on ④ to

□ 2
★★
"What time does the library close?"

"It closes at 9 p.m. from Monday to Friday and 6 p.m. [____] Saturdays."

① at ② by ③ in ④ on　　　　[学習院大学 改]

正誤 □ 3
★★
Would you like to go ①to the dance with me ②on this Saturday evening? I'm ③so tired of staying home watching TV ④every weekend.　　　　　　　　　　　　　　　　　　　[早稲田大学 改]

□ 4
★★
My cousin was born [____] July 14, 1957.　　　[九州国際大学 改]

① on ② in ③ at ④ to

正誤 □ 5
★★
①In spite of many delays, the wedding ceremony ②was finally held at Christ Church ③in the morning of ④July 2, 2006.　　[早稲田大学]

□ 6
★★
[____] arrival at the airport, you should take a taxi to get to the city center.　　　　　　　　　　　　　　　　　　　[関西学院大学]

① At ② In ③ On ④ To

□ 7
★★
I talked with Mr. Tanaka [____] the telephone.　　　　[札幌大学]

① on ② by ③ at ④ with

[1] [答] ① at

トムは疲れていらいらしていた。彼は今朝5時に目を覚ましたのだ。

▶時刻を表すときは「点」をイメージする at を用いる。

☞【時に関する重要表現】

[2] [答] ④ on

「何時に図書館は閉まりますか？」

「月曜日から金曜日までは午後9時に閉まり，土曜日は午後6時に閉まります。」

▶日付や曜日を表す場合は on を用いる。

[3] [答] ② on this Saturday evening → this Saturday evening

今週土曜日の晩に私とダンスをしに行きませんか？ 毎週末テレビを見ながら家にいるのにとても飽きてしまって。

▶時を表す名詞の前に every/last/next/this がつくと前置詞は不要で，かたまりで副詞のはたらきをする。

[4] [答] ① on

私のいとこは1957年7月14日に生まれた。

▶特定の日を表すときは on を用いる。

[5] [答] ③ in the morning → on the morning

度重なる延期にもかかわらず，結婚式はついに2006年7月2日の朝にクライスト教会で行われた。

▶特定の日の「午前」「午後」「夜」は on を用いて表す。in は月・年・季節や in the morning, in the afternoon, in the evening のように不特定の日における「午前」「午後」「夜」のときに用いる。

[6] [答] ③ On

空港に到着するとすぐに，タクシーで市内中心部に行く必要があります。

▶on arrival で「到着するとすぐに」という意味になる。

[7] [答] ① on

私は電話で田中さんと話をした。

▶on[over] the tele(phone), または by tele(phone) で「電話で」と表現できる。

□ mood
[名]気分

□ wake
[動]目を覚ます

□ cousin
[名]いとこ

□ wedding
[名]婚礼

□ arrival
[名]到着

□ center
[名]中心地

□ 8 ★★ The names of the permanent residents were written ☐ the wall.

① in   ② at   ③ on   ④ under [成城大学 改]

□ 9 ★ At this very moment football fans are pouring into the country from all over the world, and the police are ☐ duty checking and double-checking identities.   [青山学院大学]

① into   ② off   ③ on   ④ through

□ 10 ★★ I like your new dress. It looks great ☐ you.   [愛知学院大学]

① in   ② of   ③ on   ④ to

□ 11 ★★★ I have to write a report on an advertising campaign ☐ Friday.

① by   ② at   ③ in   ④ until [愛知大学 改]

□ 12 ★★★ He stayed in bed ☐ noon.   [関東学院大学]

① by   ② to   ③ until   ④ on

□ 13 ★★★ There is a curved table ☐ the window.   [鹿児島国際大学 改]

① by   ② close   ③ on   ④ over

□ 14 ★★ Mary is taller than Judy ☐ two inches.   [青山学院大学]

① by   ② for   ③ in   ④ with

□ 15 ★★ He took me ☐ the hand.   [愛知工業大学]

① on   ② with   ③ from   ④ by

8 \ 答 ③ on

永住者の名前は壁に書かれていた。

▶ on はあるものとの「接触」を表すため，on the wall で「壁にかかって」という意味になる。

9 \ 答 ③ on

まさにこの瞬間，フットボールファンたちが世界中からその国に押しかけているので，警察は身元の確認と再確認に従事している。

▶ on はある種の動作や状態を表す名詞とともに用い，「〜して，〜している最中で」という意味を表す。

10 \ 答 ③ on

私はあなたの新しいドレスを気に入っています。あなたにとても似合っています。

▶ S look great on A で「S〈衣服など〉が A〈人〉にとても似合う」という意味になる。「着用」を意味する in は，in の直後に衣服などの身につけるものがくるので不可。

11 \ 答 ① by

私は金曜日までに宣伝活動に関する報告書を書かなければならない。

▶「金曜日までに書かなければならない」と考えると，「〜までには」という期限を表す①by が正解。

12 \ 答 ③ until

彼は正午までベッドの中にいた。

▶「午後までずっと」と考えれば文意に合うので，「〜までずっと」という継続の終点を表す③until が正解。

13 \ 答 ① by

窓のそばに曲線テーブルが 1 つある。

▶ by ～ で「〜のそばに」という意味になる。②close は形容詞なので不可。

14 \ 答 ① by

メアリーはジュディーよりも 2 インチ背が高い。

▶ by には程度や差異を表す用法があり，比較の文で用いられることが多い。

15 \ 答 ④ by

彼は私の手を取った。

▶ take A by the hand は，「A〈人〉の手をとる」という意味になる。

□ **permanent**
　㊰（半）永久的な

□ **pour**
　㊰押しかける

□ **duty**
　㊁職務

□ **identity**
　㊁身元

□ **advertise**
　㊰（を）宣伝する

□ **campaign**
　㊁（企業・会社などの）宣伝活動

□ **curve**
　㊰曲がる

□ **inch**
　㊁インチ

17

前置詞

16 European navigators were trying to find a way to reach China, Japan and India ☐ sea. ［桜美林大学］

① across　　　② by　　　③ through　　　④ on

正誤 17 Because of ①a bad stomachache, Lucy could ②never sleep nor eat ③while her flight ④over to Singapore. ［学習院大学］

18 Nick has been in the hospital ☐ two months to have his disease cured. ［東北学院大学 改］

① during　　　② for　　　③ in　　　④ while

19 When we voted on whether to convert the system, eight of us were ☐, and five against. ［関西学院大学 改］

① approved　　　② favor　　　③ for　　　④ on

20 "Fran looks young ☐ his age, doesn't he?"
"Yes. He hasn't changed a bit over the last few decades."

① in　　　② with　　　③ for　　　④ to　　　［獨協大学 改］

21 She has strong mental power ☐ a 15-year-old girl. ［立命館大学 改］

① along　　　② for　　　③ in　　　④ on

22 彼女は1万円でその楽器を買った。
She bought that musical instrument ☐ ten thousand yen.

① by　　　② for　　　③ in　　　④ off　　　⑤ with
　　　　　　　　　　　　　　　　　　　　　　　　　　［姫路獨協大学 改］

23 I couldn't confess to my father the real reason ☐ my failing the test. ［立教大学 改］

① for　　　② of　　　③ to　　　④ why

16 [答] ② by

ヨーロッパの航海者たちは，船で中国，日本，インドにたどり着くルートを見つけようとしていた。

▶by sea は「航海で」という意味になる。by air「飛行機で，航空便で」という表現も覚えておくこと。

17 [答] ③ while → during

ひどい腹痛のせいで，シンガポールへのフライトの間ルーシーは眠ることも食べることもできなかった。

▶while は従属接続詞なので直後には S V の形が続くはず。前置詞の during は特定の期間を表す名詞が続くため，③while を during に変えればよい。

- □ flight [名]フライト

18 [答] ② for

ニックは病気を治療してもらうため，2ヶ月間入院している。

▶for は不特定の期間が直後に続く。通常は数詞を伴った期間の長さを表現する。

- □ disease [名]病気
- □ cure [動](を)治療する

19 [答] ③ for

そのシステムを変更するかどうかについて投票したとき，私たちのうち8人が賛成し，5人が反対した。

▶against ~「~に反対」の対比表現は，for ~「~に賛成」になる。

- □ convert [動]を変える
- □ approve [動](に)賛成する
- □ favor [名]好意
- □ decade [名]10年間

20 [答] ③ for

「フランは年の割には若く見えるよね？」
「そうだね。ここ数十年間ちっとも変わっていない。」

▶for *one's* age は「年の割には」という意味になる。

21 [答] ② for

彼女は15歳の女の子の割には強い精神力を備えている。

▶for ~ には「~の割には」という意味があるため，文意に合う。

- □ mental [形]精神的な

22 [答] ② for

▶「1万円でその楽器を買う」ので，本問では交換を表す for が正解。

- □ instrument [名]楽器

23 [答] ① for

試験に落ちた本当の理由を私は父に話せなかった。

▶the reason for ~ で，「~に対しての理由」という意味になる。

- □ confess [動](を)告白する
- □ real [形]本当の

24 ★★ What was the satellite launched ☐ ? [松山大学 改]
① to ② at ③ for ④ about

25 ★★ Kyoto is well known ☐ its historical sites, which must be preserved for future generations. [大阪経済大学 改]
① as ② at ③ for ④ to

26 ★★ I will be back ☐ two minutes, so don't change the channel.
① for ② in ③ at ④ by [青山学院大学 改]

27 ★★ Japan is located ☐ the east of Asia. [宮崎産業経営大学]
① above ② to ③ in ④ for

28 ★★ Hi! It's me. I'm sorry I'm late. I'm running ☐ the direction of the ticket gate. I'll be with you in a minute. [センター試験 改]
① in ② of ③ to ④ within

29 ★★★ She looks very charming, dressed ☐ white. [センター試験]
① for ② in ③ on ④ with

30 ★★ Four of us went to Machida ☐ our car yesterday. [桜美林大学]
① by ② in ③ to ④ into

正誤 **31** ★★ He ①was about to ②get on a taxi ③near the station when ④his mobile phone ⑤rang. [関西学院大学]

24 [答] ③ for

なぜ，その衛星は打ち上げられたのか？

▶What ~ for? の表現では，「何のために～？，なぜ～？」という意味を表す。Why ~? や How come S V ~? と同意表現になる。

25 [答] ③ for

京都は史跡でよく知られており，それらは未来の世代のために守られなくてはならない。

▶*A* be known for *B* は *A* = *B* の関係が成立しないが，*A* be known as *B* は *A* = *B* の関係が成立する。本問では③for が正解。

26 [答] ② in

2分後に戻るから，チャンネルを変えないでね。

▶経過を表す in を用いると「現在」を基準に，「(今から) ～後に」と表すことができる。after the meeting「会議後」のように「ある行為や動作の完了」を基準にして「～後に」を表す場合は after を用いる。

27 [答] ③ in

日本はアジアの東部に位置する。

▶日本はアジアの内部に含まれるため，③in が正解。「日本は中国の東に位置する」のように離れた場所を表すときは②to を用いる。

28 [答] ① in

やあ！ 僕だよ。遅れてごめん。今，改札口の方へ走っているところ。あとちょっとで君のところに着くよ。

▶in the direction of *A* で「*A* の方向に」という表現。

29 [答] ② in

彼女は白い服を着ていて，とても魅力的に見える。

▶in ~ は「～を身につけて」という意味がある。in glasses「眼鏡をかけて」，in (*one's*) shoes「靴をはいて」なども覚えておくこと。

30 [答] ② in

私たちのうち4人は，昨日私たちの車で町田へ行った。

▶①by なら by car のように名詞に冠詞や所有格はつかない。本問の our car のように用いる場合は②in を用いて表現する。

31 [答] ② get on a taxi → get in a taxi

携帯電話が鳴ったとき，彼は駅の近くでタクシーに乗ろうとしていた。

▶比較的大きな乗り物 (バス・飛行機・列車・船) や，またがって乗る乗り物 (自転車・バイクなど) は get on *A* を用いる。また，比較的小さな乗り物 (タクシー・車など) は get in *A* を用いて「*A*〈乗り物〉に乗る」という意味を表す。

□ satellite [名]衛星

□ launch [動](を)発射する

□ site [名]用地，跡地

□ preserve [動](を)保護する

□ channel [名](テレビの)チャンネル

□ locate [動]〚be located〛ある

□ direction [名]方向

□ charming [形]魅力的な

□ dress [動]服を着る

□ mobile [形]移動可能な

正誤 □ 32 ①In winter, we went ②fishing ③to ④the nearby lake every
weekend.
　　　　　　　　　　　　　　　　　　　　　　　　　　　　［慶應義塾大学 改］

□ 33 彼らがその活動に資金を出すのをやめると決めたので、とてもがっかりした。
★★★
　　　　　　　 my great disappointment, they decided to cease funding the
activity.　　　　　　　　　　　　　　　　　　　　　　　　［成蹊大学 改］

① At　　　　　② For　　　　　③ To　　　　　④ With

□ 34 Everybody feels embarrassed 　　　　　 some extent in that situation.
★★
① on　　　　　② to　　　　　③ at　　　　　④ with　　［上智大学 改］

□ 35 What is the key 　　　　　 a world without nuclear weapons?
★★
① for　　　　　② to　　　　　③ after　　　　　④ by　［桃山学院大学 改］

□ 36 These old wires are 　　　　　 little use now.　　　［東北学院大学 改］
★★
① at　　　　　② of　　　　　③ on　　　　　④ out of

□ 37 We can't eliminate our enemies 　　　　　 these conditions.［明治大学 改］
★★
① over　　　　　② by　　　　　③ under　　　　　④ to

□ 38 　　　　　 the heat, they managed to keep the ice sculpture from
★★★
melting.　　　　　　　　　　　　　　　　　　　　　　　［関西外国語大学 改］

① As　　　　　　　　　　　② According to
③ As for　　　　　　　　　④ In spite of

32 [答] ③ to → in
冬には，私たちは毎週末近くの湖に魚釣りに行った。
▶go fishing in ~ で「~に魚釣りに行く」という意味になる。このとき，go につられて in を to にしないこと。go *doing*「~しに行く」の表現では，*doing* に対して前置詞が決定する。

33 [答] ③ To
▶to の直後に *one's* +感情名詞 を用いて，結果としての感情状態を表すことができる。to *one's* surprise「驚いたことに」も頻出表現。

34 [答] ② to
その状況では，誰もがある程度は当惑したと感じる。
▶to some extent[degree] は「ある程度まで」という意味になる。

35 [答] ② to
核兵器のない世界への鍵は何ですか？
▶the key to ~ は「~の鍵」という意味になる。

36 [答] ② of
これらの古いワイヤーは今ではほとんど役に立たない。
▶of +抽象名詞 は形容詞としての意味を持つ。of use は useful「役に立つ」という意味になる。そのほかに，of importance は important「重要な」，of value は valuable「価値がある」，of help は helpful「役に立つ」も頻出表現。

37 [答] ③ under
これらの状況下では，私たちは敵を殺すことができない。
▶under ~ condition は「~の状況下で」という意味になる。

38 [答] ④ In spite of
暑さにもかかわらず，彼らはなんとかその氷の像を溶けないよう保った。
▶主節の文に「彼らはなんとかその氷の像を溶けないよう保った」とあるので，④In spite of を入れると「暑さにもかかわらず」となり文意に合う。また，③As for は前置詞として用いられ，as for *A* で「*A* について」という意味になる。通常は文頭で用いられる。

☐ nearby
[形]近くの

☐ cease
[動](を)やめる

☐ fund
[動](に)資金を提供する

☐ embarrassed
[形]当惑した，きまりの悪い

☐ extent
[名]程度

☐ nuclear
[形]核の

☐ weapon
[名]兵器

☐ wire
[名]針金(でできたもの)

☐ eliminate
[動](を)除去[削除]する

☐ manage
[動](を)どうにか成し遂げる

☐ sculpture
[名]彫像

□39 ★★ He came to the party [　　] his sore throat and cough. ［和光大学 改］

① though　② although　③ in spite　④ despite

整序 □40 ★★ ジョンは口いっぱいに食べものをほおばりながら，メアリーに話しかけた。

John [　　] [　　] [　　] [　　] [(1)] [　　] [　　] [　　] [　　]. ［中京大学］

① to　② with　③ of　④ mouth　⑤ talked
⑥ Mary　⑦ full　⑧ food　⑨ his

整序 □41 ★★ 両手をポケットにつっこんで立っているあの男性は誰ですか？

Who is [　　] [　　] [(1)] [　　] [　　] [　　] in his pockets?

① his　② with　③ man　④ that
⑤ standing　⑥ hands ［九州国際大学］

□42 ★★ She was so exhausted that she fell asleep at nine o'clock [　　] the light on. ［中央大学］

① in　② by　③ with　④ for　⑤ to

□43 ★★ Please don't forget to bring a pencil to write your essay [　　].

① about　② by　③ with　④ on ［南山大学］

□44 ★★ It is [　　] the Road Traffic Law to cross the street while the light is red. ［大阪経済大学］

① against　② before　③ behind　④ over

□45 ★★ I leaned [　　] a tree to rest. ［創価大学］

① against　② in　③ under　④ within

□46 ★★ The movie depicted the lives of two young people [　　] the background of the French Revolution. ［立教大学］

① against　② at　③ in　④ towards

39 [答] ④ despite
彼はのどが痛くて咳をしていたにもかかわらず，パーティーに来た。
▶空所直後に名詞があるため，空所には前置詞を入れることがわかる。①though は接続詞と副詞があり，②although は接続詞であるため不可。

□ sore [形]痛い
□ although [接]〜だけれども

40 [答] (1) ⑨ his　(⑤-①-⑥-②-⑨-④-⑦-③-⑧)
John talked to Mary with his mouth full of food.
▶付帯状況の with を用いて「*A* が〜した状態で」と表現できる。本問では名詞の直後に形容詞が置かれた形。

□ full [形]いっぱいの

41 [答] (1) ⑤ standing　(④-③-⑤-②-①-⑥)
Who is that man standing with his hands in his pockets?
▶本問の付帯状況の with は名詞の直後に前置詞句が置かれた形。

42 [答] ③ with
彼女はとても疲れていたので，灯りをつけたまま9時に眠った。
▶空所の直後に the light on と続いていることから，③with が正解。本問の付帯状況の with は名詞の直後に副詞が置かれた形。

□ exhausted [形]疲れ果てた

43 [答] ③ with
エッセイを書くための鉛筆を持参するのを忘れないでください。
▶write your essay with a pencil という形を考える。本問の with は道具の with で，「〜を使って」という意味になる。

□ essay [名]随筆

44 [答] ① against
信号が赤の間に通りを渡ることは，道路交通法に反します。
▶against 〜 に「〜に反する」という意味がある。

□ cross [動](を)横断する

45 [答] ① against
私は休息しようと木に寄りかかった。
▶against 〜 は「〜に寄りかかって」という意味にもなる。

□ lean [動]もたれる

46 [答] ① against
その映画は，フランス革命を背景にして2人の若者の人生を描写した。
▶空所の直後に the background があるため，against を入れると「〜を背景にして」という意味になり文意に合う。

□ depict [動](を)描写する
□ background [名]背景
□ revolution [名]革命

☐47 ★★★ "Have you finished the preparation for your social debate?"
"Yes, I talked about it with our group members ☐ lunch."

① across   ② on   ③ over   ④ with   [センター試験]

☐48 ★ He has a good sense of humor. Moreover, he is ☐ lying. He is a person of good reputation.

① on   ② above   ③ across   ④ under   ⑤ below

[九州産業大学 改]

☐49 ★★ He was named William ☐ his uncle, who has always inspired him.   [亜細亜大学 改]

① after   ② through   ③ from   ④ to

☐50 ★★ We spent the night on the mountain ☐ the wind and rain.

① at the sight of   ② at the cost of
③ at the rate of   ④ at the mercy of   [青山学院大学]

☐51 ★★★ 彼女は最終列車に間に合わなかった。
She was not ☐ time for the last train.   [浜松大学]

① at   ② for   ③ to   ④ in

☐52 ★★★ ☐ to an error, you will need to submit your application again.

① Since   ② Because   ③ For   ④ Due   [獨協大学]

☐53 ★★ The task is just beyond my capacity, and I am ☐ a loss about what to do.   [産能大学 改]

① at   ② for   ③ in   ④ to

47 [答] ③ over
「社会討論の準備は終わったの？」
「うん，昼食をとりながらそのことをグループのメンバーたちと相談したよ。」
▶over ~ は「〈飲み物〉を飲みながら，〈食べ物〉を食べながら」という表現がある。

□ social [形]社会的な
□ debate [名]討論

48 [答] ② above
彼は素晴らしいユーモアのセンスの持ち主だ。さらに，彼は嘘をつくような人ではない。彼は評判のよい人間だ。
▶be above *doing* は「～することを恥とする」という意味になる。

□ humor [名]ユーモア
□ moreover [副]その上
□ reputation [名]評判

49 [答] ① after
彼は叔父にちなんでウイリアムと名付けられたが，その叔父はいつも彼に勇気を与えてくれる。
▶after ~ は「～にちなんで」という意味があり，name *A* after *B* で「*B* にちなんで *A* と名付ける」という表現になる。

□ inspire [動]（〈人〉を）鼓舞する

50 [答] ④ at the mercy of
私たちは風雨のなすがままになりながら，その山で一夜を過ごした。
▶④at the mercy of *A*「*A* のなすがままに」を入れると最も文意に合うので正解。また，②at the cost of *A*「*A* を犠牲にして」も必ず覚えておくこと。

□ sight [名]視界
□ rate [名]割合

51 [答] ④ in
▶be in time for *A* は「*A* に間に合って」という意味になる。

52 [答] ④ Due
1つのミスが原因で，申請書をもう一度送らなくてはならなくなるだろう。
▶due to *A* は「*A* のために，*A* が原因で」という原因や理由を表す意味になる。because of *A*/on account of *A*/owing to *A* とほぼ同意表現。

□ due [形]支払われるべき
□ error [名]間違い

53 [答] ① at
その仕事は私の能力を超えていて，私は何をしたらいいのか途方に暮れています。
▶(be) at a loss は「途方に暮れて（いる）」という意味になる。

□ capacity [名]力量
□ loss [名]失うこと

□54 Even if you travel with your best friend, you will never fail to argue with him as ☐ where to go or what to see. 　［関西学院大学］

① of　　　　② such　　　　③ to　　　　④ yet

□55 本校の創立10周年記念コンサートが来週火曜日に開かれる。
Next Tuesday, a concert will be held ☐ the tenth anniversary of the founding of our school. 　［獨協医科大学］

① owing to　　　　　　② in honor of
③ on behalf of　　　　　④ for the purpose of

正誤 **□56** Japanese are ①discouraged by ②the latest ③statistics ④regarded unemployment. 　［武庫川女子大学］

□57 The slight accident I had yesterday was ☐ my control.

① beneath　　② behind　　③ beside　　④ beyond

［南山大学 改］

□58 There are many reasons to learn a foreign language ☐ the fact that it is a required subject at school. 　［同志社大学］

① aside　　② better than　　③ more than　　④ other than

連立 **□59** (a) Apart from the size of the bedroom, I really liked the apartment.
(b) ☐ for the size of the bedroom, I really liked the apartment.

［中京大学］

□60 I like all subjects ☐ geography. 　［立命館大学］

① except　　② exclude　　③ however　　④ other

54\ [答] ③ to
一番の親友と旅をするとしても，どこに行くべきかや何を見るべきかについて，必ず議論するだろう。
▶as to は前置詞として用いられ，as to *A* で「*A* に関して」という意味になる。通常は文中に置く。

□ argue
[動]論争する

55\ [答] ② in honor of
▶②in honor of ~ は「~の記念に，~に敬意を表して」という意味になる。①owing to ~ は「~のために，~のおかげで」，③on behalf of ~ は「~を代表して，~に代わって」，④for the purpose of ~ は「~の目的で」という意味。

□ honor
[名]名誉
□ behalf
[名]味方

56\ [答] ④ regarded → regarding
日本人は失業に関する最新の統計に落胆している。
▶regarded を regarding にすると「~について，関して」という意味になり，前置詞として用いられる。

□ statistics
[名]統計
□ regard
[動]〖regard *A* as *B*〗*A* を *B* とみなす

57\ [答] ④ beyond
昨日私が遭った小さな事故は，私にはどうすることもできないものだった。
▶beyond *one's* control は「支配できない，手に負えない」という意味になる。

□ control
[名]統制

58\ [答] ④ other than
外国語を学ぶ理由は，学校で必修科目であるということ以外にもたくさんあります。
▶*A* other than *B* で「*B* 以外の *A*」という意味になる。

59\ [答] Except
寝室の広さを除いて，私はそのアパートが本当に気に入った。
▶apart from *A* は「*A* は別として」の意味で，except for *A* に置きかえ可能。

□ apart
[副]少し離れて

60\ [答] ① except
私は地理以外のすべての科目が好きです。
▶except ~ は，通常 every/any/all/no/none がつく名詞の後に続いて，「~以外に，~を除いて」という意味になる。

□ geography
[名]地理学
□ exclude
[動]（を）除外する

整序 □ **61** 彼は貴族の出だと言ってはいるが，本人以外は誰も真相を知らない。
★
　　　[1 語不要]
　　　He says he comes of a noble family, but [(1)] [　] [　]
　　　[　] [　] truth of it. 　　　　　　　　　　　　　[千葉工業大学]

　　　① but 　　　　　　② none 　　　　　　③ the
　　　④ nothing 　　　　⑤ knows 　　　　　⑥ himself

適語 □ **62** I know that the victim was still in the hospital as [　] last week.
★ 　　　　　　　　　　　　　　　　　　　　　　　　　　　[立教大学 改]

□ **63** This morning the weather was fine and the temperature was
★ 　　moderate, so I walked as [　] as the park. 　　　[センター試験 改]

　　　① far 　　　　② well 　　　　③ good 　　　　④ long

正誤 □ **64** Originally a protest against ①conventional painting, the Romantic
★★ 　　movement ②had a great influence ③for the art of ④its time.
　　　　　　　　　　　　　　　　　　　　　　　　　　　　　[立教大学]

同意 □ **65** Regardless of age, we all want happiness. 　　　　　　[東海大学]
★★
　　　① No matter how old we are 　　② As we get old
　　　③ Before we get old 　　　　　　④ Unless we consider age

□ **66** He has been [　] poor health since he graduated from junior
★★ 　high school. 　　　　　　　　　　　　　　　　　　　[早稲田大学]

　　　① at 　　　　② by 　　　　③ for 　　　　④ in

□ **67** It is [　] you to earn your own living now. 　　　[東京電機大学]
★★
　　　① about 　　　② up to 　　　③ down to 　　　④ as to

□ **68** We'll have to move that big desk; it's really [　] the way.
★
　　　① by 　　　　② in 　　　　③ on 　　　　④ out of
　　　　　　　　　　　　　　　　　　　　　　　　　　　　[センター試験]

61\ 答(1)② none　(②-①-⑥-⑤-③)　[不要語 ④ nothing]

He says he comes of a noble family, but <u>none but himself knows the truth of it.</u>

▶but を前置詞として用いるとき,「～以外に,～を除いて」という意味になる。この用法では except と同じように,通常 every/any/all/no/none の後に用いられる。

62\ 答 of

先週の時点で,被害者がまだその病院にいたことは知っている。

▶as of ～ は「～の時点で」という意味になる。

63\ 答 ① far

今朝は天気が良くてほどよい気温だったので,その公園まで散歩した。

▶as far as ～ を前置詞として用いるとき,「～まで」という意味になる。

64\ 答 ③ for → on

最初は伝統的な絵画に対する抵抗であったロマン主義運動は,その時代の芸術に大きな影響を与えた。

▶have an influence[effect] on ～ で,「～に影響を与える」という意味になる。一般動詞の influence[affect] ～ と同意表現。

65\ 答 ① No matter how old we are

年齢にかかわらず,私たちはみんな幸せを望んでいる。

▶regardless of ～ は「～にかかわらず,～に関係なく」という意味。
①No matter how old we are「私たちが何歳であろうと」が最も近い。

66\ 答 ④ in

彼は中学校を卒業して以来,健康ではない。

▶状態を表す前置詞を探す。be in good[bad/poor] health で「健康状態が良い[悪い]」という意味。

67\ 答 ② up to

今や自分自身の生活費を稼ぐことはあなたの責任だ。

▶be up to A は「A 次第だ,A の責任で」という意味がある。

68\ 答 ② in

私たちはあの大きな机を動かさなければならないだろう。というのは,それは本当に邪魔だから。

▶in the way は「邪魔になって」という意味になる。by the way は「ところで」という意味で話題を変えるときに用いる。

□ noble
　㊟貴族の

□ victim
　㊐犠牲者

□ temperature
　㊐温度,気温

□ moderate
　㊟適度の

□ conventional
　㊟伝統的な

□ movement
　㊐活動

□ happiness
　㊐幸せ

□ health
　㊐健康

□ earn
　㊙(を)稼ぐ

17

前置詞

263

SCORE

	1回目	2回目	3回目
日付	／	／	／
★★★	／13問	／13問	／13問
★★	／46問	／46問	／46問
★	／9問	／9問	／9問
合計	／68問	／68問	／68問

目標ライン		
基礎	標準	難関
10 ／13	12 ／13	13 ／13
24 ／46	38 ／46	41 ／46
1 ／9	4 ／9	6 ／9
35 ／68	54 ／68	60 ／68

※問題を解き終わったら，上の表に日付・結果を記入して学習を振り返りましょう。
※間違えた問題はよく復習し，繰り返し演習することで定着を図りましょう。

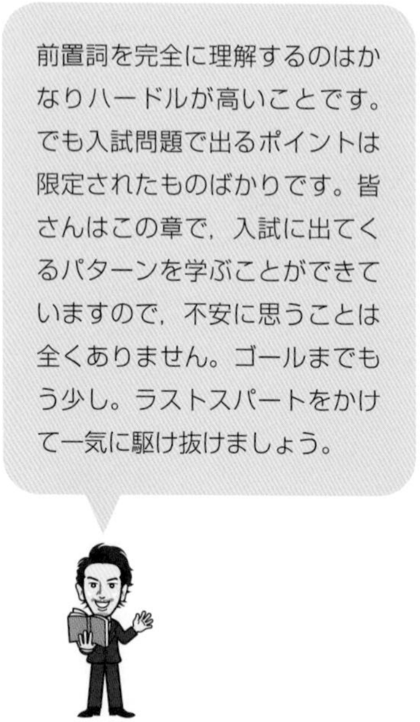
前置詞を完全に理解するのはかなりハードルが高いことです。でも入試問題で出るポイントは限定されたものばかりです。皆さんはこの章で，入試に出てくるパターンを学ぶことができていますので，不安に思うことは全くありません。ゴールまでもう少し。ラストスパートをかけて一気に駆け抜けましょう。

WORDS CHECK TEST

- ☐ permanent　[答] [形]（半）永久的な
- ☐ duty　[答] [名]職務
- ☐ cure　[答] [動]（を）治療する
- ☐ extent　[答] [名]程度
- ☐ nuclear　[答] [形]核の
- ☐ exhausted　[答] [形]疲れ果てた
- ☐ lean　[答] [動]もたれる
- ☐ revolution　[答] [名]革命
- ☐ exclude　[答] [動]（を）除外する
- ☐ earn　[答] [動]（を）稼ぐ

第 **18** 章

特殊構文

SPECIAL CONSTRUCTION

否定・倒置・省略・強調・挿入・
主語と動詞の関係

◀》英文音声

18
特殊構文

第 18 章 特殊構文

SPECIAL CONSTRUCTION

□■ 1
★★★
"Do you know Mr. Johnson, the new teacher? "
"Actually, I don't know him in the ⬚ ." [追手門学院大学]

① less　　② least　　③ more　　④ most

□■ 2
★★★
You eat like a horse and it's by no ⬚ good for your health.

① manner　② means　③ methods　④ angles

[千葉商科大学 改]

□■ 3
★★★
The boy looked anything ⬚ happy in his dirty baseball uniform. [青山学院大学]

① such　　② but　　③ at　　④ to

□■ 4
★★★
I was so late arriving at the airport yesterday that I ⬚ had time to do any souvenir shopping. [北海学園大学]

① almost　② scarcely　③ nearly　④ seldom

□■ 5
★★
There was ⬚ anything left in the store, as I arrived there late in the evening. [関西学院大学 改]

① hardly　② mostly　③ temporary　④ nearly

□■ 6
★★
When we visited the river, it was dry and there was ⬚ any water in it. [東京経済大学]

① almost　② hardly　③ little　④ mostly

□■ 7
★★★
Since we live very far apart now, we ⬚ see each other.

① daily　② rarely　③ usually　④ always

[芝浦工業大学]

1 [答] ② least
「新任のジョンソン先生を知っていますか？」
「実は，全く彼のことを知らないんです。」
▶not ~ in the least は「決して～ない」という強い否定を表す表現。
☞【「決して～ない」を表す表現】

2 [答] ② means
あなたは大食いだけれど，決して健康には良くないよ。
▶by no means は「決して～ない」という強い否定を表す表現。

3 [答] ② but
その少年は汚い野球のユニホームを着て，決して幸せではなかった。
▶anything but *A* は「決して *A* でない」という強い否定を表す表現。

4 [答] ② scarcely
昨日空港に着くのがとても遅かったので，お土産を買う時間がほとんどなかった。
▶空所には②scarcely「ほとんど～ない」（程度）が最も文意に合う。hardly と同意表現。

5 [答] ① hardly
私が夜遅くにそこに着いたとき，お店に残っているものはほとんどなかった。
▶空所直後の anything に注目する。hardly anything ~ は「ほとんど何も～ない」という意味になり，文意に合う。

6 [答] ② hardly
私たちが川を訪れたとき，川は乾燥していて水がほとんどなかった。
▶空所直後の any に注目する。hardly any ~ は「ほとんど～ない」という意味になり，文意に合う。

7 [答] ② rarely
私たちは今かなり遠くに離れて住んでいるので，お互いに会うことはめったにない。
▶文意から，②rarely「めったに～ない」（頻度）が正解。seldom/hardly[scarcely] ever ~ と同意表現。

□ actually
[副]実は

□ means
[名]手段

□ angle
[名]角度

□ dirty
[形]汚れた

□ scarcely
[副]ほとんど～ない

□ souvenir
[名]土産

□ mostly
[副]たいていは

□ temporary
[形]一時的な

□ dry
[形]乾燥した

□ daily
[形]毎日の
[副]毎日

□ **8** ［　　　］ of them understood the theory of impact. ［追手門学院大学 改］
★★★
① No any　　② No　　③ Not all　　④ Never

□ **9** Frank shot at two targets with his arrows, but he couldn't hit ［　　　］
★★ of them. ［南山大学 改］
① every　　② none　　③ either one　　④ neither one

□ **10** Tom has been found guilty of fraud. He is the ［　　　］ person we can
★★★ trust. ［愛知工業大学 改］
① first　　② last　　③ latter　　④ least

□ **11** I cannot walk ［　　　］ dragging my leg because of the injury.
★★★ ① with　　② without　　③ which　　④ whose
［追手門学院大学 改］

□ **12** I ［　　　］ him sacrifice anything. ［福岡大学 改］
★★★ ① haven't yet to see　　　② have yet to see
③ have to yet seeing　　　④ have yet to seeing

整序 □ **13** 彼が自分の才能を無駄にしていることを考えると，どうも我慢できない。
★★ It's ［ ① can　② think　③ more　④ bear　⑤ than　⑥ to　⑦ I]
of his wasting his talents. ［立命館大学］

□ **14** Little ［　　　］ he realize that we kept glancing at him when we were
★★★ decorating the room for the party. ［千葉商科大学 改］
① did　　② do　　③ has　　④ is

8 [答] ③ Not all
彼ら全員が衝突の理論を理解したわけではなかった。
▶②No と④Never は of them と続けて表現することができず，any of の直前には no を置くことができないため，①No any も不可。③Not all は「すべてが～というわけではない」という部分否定の意味になり，文意に合う。

□ theory
[名]理論
□ impact
[名]衝撃

9 [答] ③ either one
フランクは矢で２つの的をねらったが，どちらの的にも当てることができなかった。
▶２つ［人］の場合の全体としての否定は not ~ either ... = neither ...「どちらも…ない」になる。①every は直後に of ~ が続かない。②none は前提の数が３つ［人］以上のときに用いる。

□ target
[名]標的
□ arrow
[名]矢

10 [答] ② last
トムは詐欺で有罪になっている。彼は私たちが一番信じることのできない人だ。
▶the last ＋名詞＋関係詞節 [to *do*] ~ は「最も～（しそう）でない〈名詞〉」という否定の表現になる。

□ guilty
[形]有罪の
□ fraud
[名]詐欺

11 [答] ② without
私は怪我のせいで，足を引きずらずに歩くことができない。
▶cannot *do* ~ without *doing* ... は，「…しないで～できない，～すると必ず…する」という表現になる。

□ drag
[動]（を）引きずる
□ injury
[名]負傷

12 [答] ② have yet to see
私は彼が何かを犠牲にするのをまだ見ていない。
▶have[be] yet to *do* は，「まだ～していない」という意味。remain to be *done* は「まだ～されていない」という表現もおさえておくこと。

□ sacrifice
[動]（を）犠牲にする

13 [答] ③ - ⑤ - ⑦ - ① - ④ - ⑥ - ②
It's more than I can bear to think of his wasting his talents.
▶more than S can bear は，「S が我慢できる以上」から「S が我慢できない」という意味の否定表現。文頭の It は形式主語で to think 以下を指す。

□ bear
[動]（を）我慢する
□ talent
[名]才能

14 [答] ① did
私たちがパーティーのために部屋の飾りをしていたとき，彼をちらっと見続けたことに彼は全く気づかなかった。
▶文頭に否定の副詞（語・句・節）がくるとき，主節は倒置（疑問文語順）になる。空所直後の he realize に注目して，①did が正解。

□ realize
[動]（に）気づく
□ glance
[動]ちらっと見る
□ decorate
[動]（を）飾る

☐ 15 Rarely [____] tension headaches, but I've had a bad one for a few
★★　　days.　　　　　　　　　　　　　　　　　　　　　　　[松山大学 改]

① do I get　　② have I get　　③ I get　　④ I have got

☐ 16 She does not appeal for justice, nor [____] appear that she wants to.
★★

① do it　　② it will　　③ it does　　④ does it

[神奈川大学 改]

☐ 17 Only once [____] to think what to say during her speech.
★★

① did she pause　　　　② was she pause

③ she did pause　　　　④ do she pause　　　　[立命館大学 改]

☐ 18 Only when you prove your potential [____] a reward.　　[松山大学 改]
★★

① can you get　　　　② you can get

③ could you get　　　④ you get

☐ 19 [____] had someone rung the bell than my cat vanished from sight.
★★

① Much less　　② No sooner　　③ Not until　　④ Seldom

[日本女子大学 改]

☐ 20 Hardly [____] started when the item went out of stock.
★★

① has the sale　　　　② had the sale

③ the sale has　　　　④ the sale had　　　　[東京電機大学 改]

☐ 21 He donates a good deal to the charity, and so [____] Helen.
★★★

① is　　② does　　③ will be　　④ shall do

[北海学園大学 改]

☐ 22 "You've spilled coffee on your dress."
★★　　"Oh, dear, [____]."　　　　　　　　　　　　　　[東洋大学]

① so I have　　② so I do　　③ so have I　　④ so do I

15 [答] ① do I get
私はめったに緊張性頭痛になることはないが，数日間ひどい頭痛がある。
▶文頭に否定の副詞 rarely があるので，主節は倒置になる。

16 [答] ④ does it
彼女は正義を訴えないし，そうしたいと思ってもいないように見える。
▶nor が文頭にきたときは，主節は倒置になる。主語が it なので，do ではなく does を用いる。

17 [答] ① did she pause
彼女はスピーチの途中でたった一度だけ，何を言うか考えるために話すのをやめた。
▶文頭に only ＋副詞（語・句・節）がきたとき，主節は倒置になる。

18 [答] ① can you get
あなたが自分の能力を証明して初めて，報酬を得ることができる。
▶文頭に only ＋ when 節 があるので，主節は倒置になる。

19 [答] ② No sooner
誰かがベルを鳴らすとすぐに，私の猫が視界から消えた。
▶No sooner had S *done* ~ than S' 過去形 V' ... は「～するとすぐに…する」という表現。No sooner が文頭にあるため，主節は倒置になる。

20 [答] ② had the sale
セールが始まるとすぐに，その商品は在庫切れになった。
▶Hardly が文頭にあることで，主節は倒置になる。Hardly[Scarcely] had S *done* ~ when[before] S' 過去形 V' ...「～するとすぐに…する」という表現。

21 [答] ② does
彼はかなりのお金をその慈善団体に寄付している。そして，ヘレンもそうだ。
▶肯定文の後，so V S の形を用いて「S もまたそうだ」と表現する。V の部分は前に出た動詞に合わせる。本問では，一般動詞 donates を用いているため②does が正解。

22 [答] ① so I have
「ドレスの上にコーヒーをこぼしましたよ。」
「おや，まあ，確かにそうです。」
▶so S V の形で，「確かにその通りです」という意味になる。have spilled に注目して①so I have を選ぶ。

□ tension
[名]緊張（状態）
□ headache
[名]頭痛
□ appeal
[動]（人の心に）訴える
□ justice
[名]正義
□ pause
[動]（を）一時停止する
□ potential
[名]潜在能力
□ reward
[名]報酬
□ vanish
[動]消える
□ seldom
[副]めったに～（し）ない
□ stock
[名]在庫
□ donate
[動]（を）寄付［贈与］する
□ charity
[名]慈善（団体）
□ spill
[動]（を）こぼす

□ 23 ★★★ "I don't want to undertake the process."

    "[＿＿＿]."   [立命館大学 改]

  ① Neither I don't   ② Neither do I

  ③ I don't, neither   ④ Neither I do

整序 □ 24 ★★ 私には彼女の言うことは一言も理解できなかったし，彼女も私を理解できなかった。

I couldn't understand [＿＿＿] (1) she [＿＿＿], [＿＿＿] (2) [＿＿＿] [＿＿＿] me.   [専修大学]

  ① a   ② could   ③ nor   ④ said

  ⑤ she   ⑥ understand   ⑦ word

□ 25 ★★ Avocado is delicious [＿＿＿] salad.   [日本女子大学]

  ① when eaten with   ② when eating with

  ③ with when eaten   ④ with when eating

□ 26 ★★ There's little, [＿＿＿], chance of finding a witness.   [広島工業大学 改]

  ① if ever   ② if any   ③ if not   ④ if only

□ 27 ★★ True greatness in people has little, [＿＿＿], to do with status or social rank.   [玉川大学 改]

  ① as well as   ② if anything   ③ less than   ④ more or less

□ 28 ★★ Such beautiful songs have rarely, if [＿＿＿], been heard in this hall before.   [青山学院大学]

  ① any   ② ever   ③ not   ④ some

□ 29 ★★ Please correct the mistakes in the document, if [＿＿＿].

  ① few   ② a little   ③ much   ④ any

         [広島工業大学 改]

23＼ 答 ② Neither do I
「そのプロセスには手をつけたくないな。」
「僕もだ。」
▶否定文に続いて，Neither V S と表現すると「S もまた…ない」という意味を表す。③は I don't, either であればよい。

24＼ 答 (1) ⑦ word　(2) ② could　(① - ⑦ - ④ - ③ - ② - ⑤ - ⑥)
I couldn't understand <u>a word</u> she <u>said</u>, <u>nor could she understand</u> me.
▶否定文 ~, nor V S ... は「~でない，また…でない」という意味になる。nor の後は倒置になる。

25＼ 答 ① when eaten with
アボカドはサラダと一緒に食べると美味しい。
▶副詞節をとる接続詞では，S + be 動詞 の省略が可能。when の後に it[avocado] is が省略されていると考える。

26＼ 答 ② if any
目撃者を見つける可能性は，たとえあるにしてもほとんどない。
▶if any は数や量を表す little[few] と用いて，「たとえあってもほとんど~ない」という意味になる。

27＼ 答 ② if anything
人々の中にある真実の偉大さは，身分や社会的地位とたとえ関係があるとしても，ほとんどない。
▶little, if anything, ~ は，「たとえあってもほとんど~ない」という表現になる。

28＼ 答 ② ever
そのような美しい歌は，これまでこのホールでたとえ聞いたことがあるにしてもめったにない。
▶if ever は頻度や回数を表す seldom[rarely] と用いて，「たとえあってもめったに~ない」という意味になる。

29＼ 答 ④ any
もしあれば，その書類にある間違いを直してください。
▶本問での if any は「もしあれば」という意味で，if there are any mistakes と考えればよい。

□ undertake
　働(を)引き受ける
□ process
　客工程

□ delicious
　形美味しい

□ witness
　客目撃者

□ greatness
　客偉大(さ)
□ status
　客地位
□ rank
　客階級

□ document
　客文書

18

特殊構文

□30 You should stay in the district for at least a week, ☐ a month.
① if not　　② as well as　　③ as long as　　④ even if
[名古屋学院大学 改]

□31 "Do you think he'll overcome his difficulties?"
"Yes, I ☐." [日本大学 改]
① hope so　　② hope not　　③ hope　　④ hope that

□32 Why on ☐ did Kate reveal the secret? [南山大学 改]
① heavens　　② grounds　　③ world　　④ earth

□33 It is not what you have, but what you are ☐ matters.
① it　　② nothing　③ that　　④ this　　⑤ what
[明治学院大学]

□34 It was ☐ the concept of cost-free, tax-supported universal education was introduced in the United States. [中央大学]
① in Michigan in which　　② in Michigan that
③ in Michigan which　　④ that in Michigan
⑤ where in Michigan that

□35 ☐ that spread such a groundless rumor? [立命館大学 改]
① Who could　　② Who should be
③ Who was it　　④ Who would it

整序 □36 健康のありがたさは病気になってみないとわからない。
It is ☐ ☐ we ☐ ☐ we ☐. [桜美林大学]
① until　　② that　　③ lose our health
④ realize its value　　⑤ not

30 [答] ① if not
あなたは1ヶ月とは言わないまでも，少なくとも1週間はその地区に滞在すべきだ。
▶本問の if not ~ は「～とは言わないまでも」という表現になる。

☐ district
[名]地区

31 [答] ① hope so
「彼は困難を克服すると思いますか？」
「ええ，そうだと思いますよ。」
▶Yes で答えているため肯定の内容とわかる。肯定内容の that 節の代わりに so を用いることが可能なので，①hope so が正解。

☐ overcome
[動]（を）克服する

32 [答] ④ earth
いったいなぜケイトは秘密を暴露したのですか？
▶疑問詞の直後にある on earth や in the world は疑問詞を強める表現になり，「いったい」という意味になる。

☐ reveal
[動]（を）暴露する
☐ heaven
[名]天国

33 [答] ③ that
重要なのは，あなたの財産ではなくあなた自身です。
▶It is ＋名詞（語・句・節）＋ that ~〈不完全文〉の構造のとき，It is と that ではさまれた部分を強調することができる。これを強調構文といい，「～するのは…だ」という意味になる。

34 [答] ② in Michigan that
税金でまかなわれた無償の万人教育という考えが合衆国で導入されたのは，ミシガン州においてであった。
▶It is ＋副詞（語・句・節）＋ that S V ~〈完全文〉のときは強調構文になる。

☐ concept
[名]概念
☐ introduce
[動]（を）導入する

35 [答] ③ Who was it
そのような根も葉もない噂を広めたのはいったい誰ですか？
▶疑問詞＋ is it that ~? は「～なのはいったい〈疑問詞〉か？」という意味になり，疑問詞を強調する強調構文になる。

☐ spread
[動]（を）広げる
☐ groundless
[形]根拠のない

36 [答] ⑤ - ① - ③ - ② - ④
It is not until we lose our health that we realize its value.
▶It is not until ~ that S V ... や It is only when[after] ~ that S V ... は，「～して初めて…する」という意味の強調構文を用いた表現。

☐ value
[名]価値

37 Within the next six days, [   ], he will be forced to resign from his post.　　　　　　　　　　　　　　　　　　　　　　　　　[立命館大学 改]
★★

① he is said　　　　　　　　② as the rumor is

③ it is said　　　　　　　　　④ he is rumored

38 Both John and I [   ] fond of sailing.　　　　　[大阪経済大学 改]
★★★

① is　　　　　② are　　　　　③ am　　　　　④ be

39 Neither Michael nor his coworkers [   ] aware of the phenomenon.　　　　　　　　　　　　　　　　　　　　　　　[福岡大学 改]
★★★

① are　　　　　② be　　　　　③ being　　　　　④ is

40 About two thirds of the money [   ] on restoring the temple.
★★

① have spent　② spent　　　③ was spent　④ were spent

[近畿大学 改]

41 We must take some measures so that the poor [   ] properly cared for.　　　　　　　　　　　　　　　　　　　　　　　[南山大学 改]
★★★

① are　　　　　② has　　　　　③ have　　　　　④ is

42 The number of students in the standard English class [   ] limited to forty.　　　　　　　　　　　　　　　　　　　　　[松山大学 改]
★★

① is　　　　　② are　　　　　③ have　　　　　④ has

43 When I was young, ten minutes [   ] enough for me to solve that kind of puzzle, but now it takes me forever.　　　　[追手門学院大学]
★★

① are　　　　　② is　　　　　③ was　　　　　④ have been

37　答 ③ it is said

あと6日以内に彼は役職を辞任させられると言われている。

▶主節のSVがコンマで挿入されることがある。このときのVは，that 節をとる動詞 (think/believe/say/hope/be afraid など) になる。①he is said は it is said，④he is rumored は it is rumored であれば that 節をとることができるが，主語が it ではなく〈人〉だと that 節を続けることができないため不可。よって，③it is said が正解。

38　答 ② are

ジョンも私もヨット遊びが好きです。

▶both *A* and *B* は複数扱いになるので，②are が正解。

39　答 ① are

マイケルも彼の同僚もその現象に気づいていない。

▶neither *A* nor *B* 「*A* も *B* も～ない」の表現では，*B* を主語として考えるので，①are が正解。

40　答 ③ was spent

およそ3分の2のお金がその寺の修復に費やされた。

▶分数＋ of ＋名詞 が主語のとき，動詞の形は of の直後の名詞で決まる。本問では，the money が単数扱いになるため，③was spent が正解。

41　答 ① are

貧しい人たちが適切に気遣われるよう，なんらかの方策をとらなければならない。

▶the ＋形容詞 は「～な人々」という意味で複数扱い。本問では，文意から受動の意味になるので，①are が正解。

42　答 ① is

標準英語クラスの学生は40名以内です。

▶the number of ＋複数名詞「～の数」は単数扱い。文意から，受動態にした①is が正解。

43　答 ③ was

私が若い頃はこの種のパズルを解くのに10分あれば十分だったが，現在では永遠に時間がかかってしまう。

▶主語が〈金額・重量・時間・距離〉を表す名詞の場合，複数形であっても単数扱いになる。

□ force
　働(を)強いる
□ resign
　働(を)辞職する
□ rumor
　働【通例受身】
　(の)噂をする

□ fond
　形～が大好きで
　ある
□ sail
　働航海する
□ coworker
　名同僚
□ aware
　形気づいて
□ phenomenon
　名現象
□ restore
　働(を)修復する
□ temple
　名寺

□ measures
　名対策

□ standard
　形標準の
□ limit
　働(を)制限する

□ forever
　働永遠に

18

特殊構文

■ SCORE

	1回目	2回目	3回目
日付	／	／	／
★★★	／18問	／18問	／18問
★★	／25問	／25問	／25問
★	／0問	／0問	／0問
合計	／43問	／43問	／43問

目標ライン		
基礎	標準	難関
14 ／18	16 ／18	18 ／18
13 ／25	20 ／25	22 ／25
0 ／0	0 ／0	0 ／0
27 ／43	36 ／43	40 ／43

※問題を解き終わったら，上の表に日付・結果を記入して学習を振り返りましょう。
※間違えた問題はよく復習し，繰り返し演習することで定着を図りましょう。

Today is the first day of the rest of your life. 「今日という日は残りの人生の最初の日である。」という格言があります。私の大好きな格言です。今日という日を常に特別な日だと思って生きていく。その先にきっと今以上に良いことが待っていると私は確信しています。

■ WORDS CHECK TEST

□ scarcely　　圏 圓ほとんど～ない

□ mostly　　圏 圓たいていは

□ temporary　　圏 圏一時的な

□ sacrifice　　圏 圓(を)犠牲にする

□ reward　　圏 ⑤報酬

□ vanish　　圏 圓消える

□ district　　圏 ⑤地区

□ groundless　　圏 圏根拠のない

□ resign　　圏 圓(を)辞職する

□ measures　　圏 ⑤対策

熟語
IDIOMS

第 **19** 章 # 熟語

IDIOMS

1 必修熟語

1
★★★ As I grew up, I _____ to understand the importance of making an effort.

① became ② came ③ made ④ took

2
★★★ He is a popular comedian, and the owner of an IT company _____.

① as well ② as usual ③ as that ④ as a whole

3
★★★ Paula put her raincoat _____ and went out in the rain.

① on ② off ③ in ④ out

4
★★★ Virtually all human babies _____ to talk without any particular training.

① study ② learn ③ lean ④ stop

5
★★★ "Did you clean your room, Debbie?"
"Sorry, Mom. I'll do it _____."

① just now ② right now
③ now and then ④ at the moment

6
★★★ Kana met her teacher _____ her way to school this morning.

① on ② in ③ with ④ among

7
★★★ With the help of some other employees, we _____ to finish the job by the deadline.

① managed ② failed ③ kept ④ maintained

1\ 答 ② came

成長するにつれて，努力することの大切さがわかるようになった。
▶come to *do* や get to *do* で「〜するようになる」という意味になる。
become to *do* とは言わない。

2\ 答 ① as well

彼は人気のある芸人であり，また IT 企業の社長でもある。
▶too/also とも言う。as usual は「いつもの通り」，as a whole は
「概して，大体において」という意味。

3\ 答 ① on

ポーラはレインコートを着て雨の中を出かけた。
▶take off *A*/take *A* off で「*A* を脱ぐ」という意味。put out *A*/put *A*
out は「*A* を消す」という意味。

4\ 答 ② learn

ほとんどすべての人間の赤ちゃんは皆，特別な訓練もせずに話せ
るようになる。
▶〜することを身に付けるというニュアンス。

5\ 答 ② right now

「デビー，自分の部屋を掃除したの？」
「ごめんなさい，お母さん。今すぐやります。」
▶just now は「たった今，今しがた」という意味で，過去形の文で
用いる。now and then は「時々」，at the moment は「今は」という
意味。

6\ 答 ① on

カナは今朝学校に行く途中で先生に会った。
▶on *one's* way from *A* だと「*A* から帰る途中で」という意味。

7\ 答 ① managed

ほかの従業員の助けを借りて，私たちは締切までになんとかその
仕事をやり終えた。
▶fail to *do* は「〜しそこなう」という意味。

□ come to *do*
　〜するようになる

□ *A* as well
　その上 *A* も

□ put on *A*/put *A* on
　A を着る，*A* を
　身につける

□ learn to *do*
　〜するようになる

□ right now
　今すぐに

□ on *one's* way (to *A*)
　（*A* へ行く）途中で

□ manage to *do*
　〜をなんとかや
　り遂げる

19

熟語

1

281

□8 All the students are [____] to get together in the gym after the lunch break.

① supposed ② surrounded ③ supported ④ suffered

□9 They were telling jokes about Ben [____] his back.

① behind ② on ③ beneath ④ off

□10 Sean is such a shy person that he seldom speaks in [____].

① private ② anger ③ public ④ particular

□11 A big earthquake [____] place in Christchurch, New Zealand in 2011.

① took ② found ③ gave ④ broke

□12 He must be tired from driving [____] from Seattle to visit us.

① far away ② all the way ③ by the way ④ all in the way

□13 We were waiting in excitement, and the parade started right on [____].

① earth ② business ③ time ④ fire

□14 The people of the village took [____] to build a bridge over the river.

① pain ② pains ③ a pain ④ the pain

□15 If there are words you don't know, look them [____] in a dictionary.

① on ② up ③ out ④ down

□16 Kevin ran all the way to school and got there [____] class.

① in the result of ② in the name of
③ in place for ④ in time for

8 \ 答 ① supposed
全校生徒は昼休みの後体育館に集まることになっている。
▶be expected to *do* とも言う。

9 \ 答 ① behind
彼らはこっそりベンに関する冗談を言っていた。
▶*A* のいないところで，陰でこそこそとというニュアンス。

10 \ 答 ③ public
ショーンはとても内気なので人前ではめったにしゃべらない。
▶publicly とも言う。in anger は「怒って」，in particular は「とりわけ，特に」という意味。

11 \ 答 ① took
2011 年にニュージーランドのクライストチャーチで大きな地震が起こった。
▶happen とも言う。

12 \ 答 ② all the way
彼は私たちに会うためはるばるシアトルから運転してきて，疲れているに違いない。
▶far away は「遠く離れて」，by the way は「ところで，ついでながら」という意味。

13 \ 答 ③ time
私たちがわくわくしながら待っていると，パレードはぴったり時間通りに始まった。
▶in time for *A* は「*A* に間に合って」，on earth は「一体全体」，on business は「仕事で，商用で」，on fire は「燃えて（いる）」という意味。

14 \ 答 ② pains
村の人々はその川に橋をかけるのに苦労した。
▶go to pains とも言う。

15 \ 答 ② up
知らない単語があれば辞書で調べなさい。
▶look out はしばしば命令文で「気をつけろ」の意味で用いる。

16 \ 答 ④ in time for
ケビンは学校までずっと走って，授業に間に合う時間に着いた。
▶in time「間に合って」だけでも用いる。in the name of *A* は「*A* の名において」という意味。

□ be supposed to *do*
〜することになっている

□ behind *A*'s back
A に内緒で，密かに

□ in public
人前で，公然と

□ take place
起こる

□ all the way
はるばる，わざわざ，ずっと

□ on time
時間通りに

□ take pains
苦労する，骨を折る

□ look up *A*/look *A* up
A を調べる

□ in time for *A*
A に間に合って

19

熟語

1

☐17 The plane took ☐ from Madrid for Paris at 3:45 p.m.
★★★
① off　　　② on　　　③ up　　　④ out

☐18 My sister has visited more than 20 countries ☐.
★★★
① so long　　② by far　　③ far out　　④ so far

☐19 His Japanese is ☐ perfect, but we try to understand what he
★★★ wants to say.

① for sure　② no doubt　③ far from　④ by now

☐20 Mary ☐ asleep while putting her daughter to bed last night.
★★★
① felt　　　② fell　　　③ dropped　　④ came

☐21 He set ☐ for Alaska to see the northern lights.
★★★
① in　　　② on　　　③ out　　　④ away

☐22 My brother's friend is in ☐ of our class.
★★★
① danger　　② case　　　③ spite　　　④ charge

☐23 She ☐ up three children while working as a journalist.
★★★
① grew　　　② brought　　③ carried　　④ took

☐24 When she heard the news of her mother's injury, she was ☐ to
★★★ cry.

① only　　　② so　　　③ far　　　④ about

☐25 The button on your sleeve cuff could come off at ☐.
★★★
① no time　　② any way　　③ any cost　　④ any time

☐26 I ☐ a couple of days off to visit my friend in Kyoto.
★★★
① picked　　② saved　　　③ paid　　　④ took

17\ 答 ① off

飛行機は午後3時45分にパリに向けてマドリッドを発った。

▶land で「着陸する」という意味。

□ take off
離陸する

18\ 答 ④ so far

私の姉は今までのところ20か国以上に行ったことがある。

▶So far, so good. は「これまでのところは順調だ。」という意味。

□ so far
今までのところ

19\ 答 ③ far from

彼の日本語は決して完璧ではないが，私たちは彼の言いたいことを理解しようと努めている。

▶for sure は「確かに」，no doubt は「疑いなく，確かに」，by now は「今ごろは」という意味。

□ far from *A*
決して *A* でない

20\ 答 ② fell

昨夜メアリーは娘を寝かしつけながら寝入ってしまった。

▶一般的に go[get] to sleep で「寝る」という意味を表す。fall asleep には「無意識に寝入る」のニュアンスがある。英文中の put *A* to bed は「*A*〈人〉を寝かしつける」という意味。

□ fall asleep
寝入る

21\ 答 ③ out

彼はオーロラを見るためにアラスカへ出発した。

▶set in は「〈天候・季節などが〉始まる」という意味。

□ set out
出発する

22\ 答 ④ charge

私の兄の友人が私たちのクラスの担任だ。

▶a person in charge は「担当者」，in danger of *A* は「*A* の危険があって」，in spite of *A* は「*A* にもかかわらず」という意味。

□ in charge of *A*
A の担任の，*A* を預かって

23\ 答 ② brought

彼女はジャーナリストとして働きながら3人の子どもを育てた。

▶raise とも言う。grow up は「成長する」という意味。

□ bring up *A*
A〈人〉を育てる

24\ 答 ④ about

母親が怪我をしたという知らせを聞くと，彼女は今にも泣きそうになった。

▶「～することになっている」という意味もある。

□ be about to *do*
今にも～しそうだ

25\ 答 ④ any time

あなたのそで口のボタンはいつ取れてもおかしくない。

▶at any cost は「ぜひとも，どんな犠牲を払っても」という意味。

□ at any time
いつなんどき，いつでも

19

熟語

26\ 答 ④ took

私は京都の友人を訪ねるため数日間の休みを取った。

▶take *A* off は「*A* を脱ぐ」などの意味でも用いる。

□ take *A* off
A〈期間〉を休みとして取る

1

□27 A famous musician is now [_____] a project to help children in Africa.
★★★

① working into   ② writing down
③ writing to   ④ working on

□28 My grandfather always [_____] me for my brother.
★★★

① mistakes   ② accuses   ③ pays   ④ asks

□29 Don't forget to hand [_____] your homework by the end of the week.
★★★

① to   ② for   ③ on   ④ in

□30 The new members of the national team will be announced [_____].
★★★

① soon after   ② long before   ③ long ago   ④ before long

□31 Ann came [_____] her old diary in one of her desk drawers.
★★★

① from   ② for   ③ over   ④ across

□32 A war [_____] out between the two nations in the late 20th century.
★★★

① turned   ② broke   ③ found   ④ took

□33 Trust was all he could [_____] for from his friends.
★★★

① hope   ② prepare   ③ wait   ④ pass

□34 Some passengers got [_____] the bus to go to the restroom.
★★★

① off   ② down   ③ up   ④ at

□35 She is getting [_____] of things she doesn't use anymore.
★★★

① hold   ② grip   ③ rid   ④ touch

27\ 答 ④ working on

ある有名なミュージシャンは今，アフリカの子どもたちを救うプロジェクトに取り組んでいる。

▶write down *A*/write *A* down は「*A*を書き留める」，write to *A* は「*A*に手紙を書く」という意味。

28\ 答 ① mistakes

祖父はいつも僕を弟と間違える。

▶take *A* for *B* とも言う。ask *A* for *B* は「*A*に*B*を求める」という意味。

29\ 答 ④ in

週末までに宿題を提出するのを忘れないように。

▶submit とも言う。

30\ 答 ④ before long

まもなく国家代表チームの新メンバーが発表される。

▶soon とも言う。long ago は「ずっと昔に」という意味。

31\ 答 ④ across

アンは机の引き出しの1つに古い日記を見つけた。

▶偶然見つける，偶然出会うのニュアンスがある。come from *A* は「*A*の出身である」という意味。

32\ 答 ② broke

20世紀の終わり頃，その2国の間で戦争が勃発した。

▶turn out (to be ~) は「(~であると) わかる」，find out *A*/find *A* out は「*A*を発見する」という意味。

33\ 答 ① hope

彼が友人たちに望むことができたのは信頼だけだった。

▶wish for *A* とも言う。prepare for *A* は「*A*の準備をする」，wait for *A* は「*A*を待つ」，pass for *A* は「*A*で通用する」という意味。

34\ 答 ① off

トイレに行くため数人の乗客がバスから降りた。

▶get on *A* で「*A*〈乗り物〉に乗る」という意味。

35\ 答 ③ rid

彼女はもう使わなくなった物を処分している。

▶do away with *A* とも言う。

□ work on *A*
  *A*に取り組む

□ mistake *A* for *B*
  *A*を*B*と間違える

□ hand in *A*/
  hand *A* in
  *A*を提出する

□ before long
  まもなく

□ come across
  A
  *A*を見つける，
  *A*に出会う

□ break out
  勃発する

□ hope for *A*
  *A*を望む

□ get off *A*
  A〈乗り物〉から
  降りる

□ get rid of *A*
  *A*を取り除く，
  *A*を免れる

19

熟語

1

36 The police will look ☐ the cause of the fire.
① like ② into ③ after ④ over

37 She does sing well, but she is ☐ an amateur.
① something of ② nothing but
③ anything but ④ nothing of

38 Jennifer is having an audition tomorrow. I hope she'll ☐.
① make do ② make it ③ make for it ④ make believe

39 His shoes were ☐ out, and had holes in the toes.
① down ② died ③ worn ④ reached

40 The retired actress is ☐ a quiet life in a small village in Switzerland.
① living ② doing ③ going ④ working

41 You say we should try our best, and I completely agree ☐ you.
① with ② of ③ in ④ toward

42 Fred's parents want him to take ☐ their family business.
① over ② on ③ to ④ down

43 He has gone ☐ a lot of hardship since his father died.
① through ② over ③ under ④ with

44 A large number of Japanese people ☐ from pollen allergy.
① suffer ② differ ③ date ④ save

36\ 答 ② into
　　警察はその火事の原因を調査するだろう。
　　▶「Aをのぞき込む」から転じて「Aを調査する」という意味を表
　　す。investigate とも言う。look like A は「Aのように見える」，look
　　after A は「Aの世話をする」という意味。

☐ look into A
　　A を調査する

37\ 答 ② nothing but
　　彼女は確かに歌がうまいが，素人にすぎない。
　　▶only とも言う。something of a ~ は「ちょっとした〜」という意味。

☐ nothing but A
　　A にほかならな
　　い，A だけ

38\ 答 ② make it
　　ジェニファーは明日オーディションを受ける。彼女がうまくい
　　くといいなと思う。
　　▶make believe A は「A というふりをする」という意味。

☐ make it
　　うまくいく，成
　　功する，都合を
　　つける

39\ 答 ③ worn
　　彼の靴はすり減って，つま先に穴が開いていた。
　　▶die out は「絶滅する」，reach out A は「A〈手など〉を伸ばす」と
　　いう意味。

☐ wear out A/
　　wear A out
　　A をすり減らす

40\ 答 ① living
　　その引退した女優はスイスの小さな村で静かな生活を送っている。
　　▶lead a ~ life とも言う。

☐ live a ~ life
　　〜な生活を送る

41\ 答 ① with
　　あなたは私たちが最善を尽くすべきだと言い，私はあなたの意見
　　に全く同感です。
　　▶〈人〉に同意する場合は with，〈提案・計画など〉に同意する場合
　　は to を用いる。

☐ agree with A
　　A〈人〉に賛成する

42\ 答 ① over
　　フレッドの両親は彼に家業を継いでもらいたいと思っている。
　　▶take over from A as B は「A〈人〉から B として引き継ぐ」という
　　意味になる。

☐ take over A
　　A を引き継ぐ

43\ 答 ① through
　　彼は父親が亡くなってから多くの苦難を経験した。
　　▶experience とも言う。go with A は「A と調和する，A と一緒に
　　行く」という意味。

☐ go through A
　　A を経験する

19

熟語

1

44\ 答 ① suffer
　　多くの日本人が花粉症に苦しんでいる。
　　▶differ from A は「A と異なる」，date from A は「A にさかのぼる，
　　A に始まる」という意味。

☐ suffer from A
　　A で苦しむ

45 ★★★ Jeff [　　] up a company which imports glassware from Italy.

① set　　　② took　　　③ saw　　　④ ate

46 ★★★ They changed the plan in order to make [　　] the lost time.

① up of　　② up for　　③ use for　　④ use of

47 ★★★ Some scientists say that we will run [　　] oil within 50 years.

① into　　② out of　　③ over　　④ as of

48 ★★★ Hasn't Tom come to the office yet? Call him [　　] right now!

① up　　② on　　③ out　　④ by

49 ★★★ He made a long excuse, but in [　　] he failed with the experiment.

① short　　② part　　③ succession　　④ use

50 ★★★ Megan is such a popular celebrity that the press will not [　　] her alone.

① stand　　② live　　③ stay　　④ leave

51 ★★★ Dr. Smith is not [　　] a professor as a researcher.

① more than　② as many　③ so much　④ so many

52 ★★★ Although he has studied really hard, he is [　　] failing the exam.

① anxious to　　　　　② anxious about
③ concerned of　　　　④ concerned with

53 ★★★ My sister is anxious [　　] the drama club when she enters high school.

① of joining　② in joining　③ to join　④ joining

45\ 答 ① set
ジェフはイタリアからガラス製品を輸入する会社を立ち上げた。
▶establish とも言う。eat up A は「A を食べ尽くす」という意味。

46\ 答 ② up for
無駄にした時間を埋め合わせるために彼らは計画を変更した。
▶compensate for A とも言う。make use of A は「A を利用する」
という意味。

47\ 答 ② out of
科学者の中には，私たちは50年以内に石油を使い果たすと言っ
ている人もいる。
▶run into A は「A にぶつかる」，run over A は「A をひく」という意
味。

48\ 答 ① up
トムはまだ会社に来ていないのか？ 今すぐ彼に電話しろ！
▶call 単独でも「〜に電話する」という意味になる。call on A は「A
〈人〉を訪問する」という意味。

49\ 答 ① short
彼は長々と言い訳をしたが，要するに実験で失敗したのだ。
▶in part は「ある程度，幾分」，in use は「使われて (いる)」という
意味。

50\ 答 ④ leave
メーガンはとても人気のある有名人なのでマスコミは彼女を放っ
ておかないだろう。
▶A を一人にしておくというニュアンス。

51\ 答 ③ so much
スミス博士は教授というよりむしろ研究者だ。
▶B rather than A とも言う。

52\ 答 ② anxious about
彼はとても熱心に勉強してきたが，試験に落ちるのではないかと
心配している。
▶be concerned with A は「A に関係している，A に関心がある」と
いう意味。be concerned about A だと「A を心配している」という
意味になる。

53\ 答 ③ to join
妹は高校に入学したら演劇部に入りたがっている。
▶be eager to do とも言う。

□ set up A/set A
up
A を設立する

□ make up for A
A の埋め合わせ
をする

□ run out of A
A を使い果たす

□ call up A/call
A up
A に電話する

□ in short
要するに

□ leave A alone
A〈人〉を放って
おく

□ not so much A
as B
A というよりむ
しろ B

□ be anxious
about A
A を心配している

19

熟語

1

□ be anxious to
do
しきりに〜した
がっている

291

54 ★★★ There are new findings ☐ whether chocolate is good for your health or not.

① of to   ② as to   ③ of well as   ④ as well as

55 ★★★ The committee consists ☐ renowned researchers, scientists, and doctors.

① in   ② of   ③ with   ④ for

56 ★★★ Fashion-conscious people are said to ☐ about their shoes.

① look   ② bring   ③ care   ④ take

57 ★★★ My son ☐ of our dog as his brother.

① takes   ② makes   ③ thinks   ④ looks

58 ★★★ As time goes ☐, you learn how to deal with difficult situations.

① up   ② well   ③ wrong   ④ by

59 ★★★ Most local governments are ☐ with financial problems.

① pleased   ② along   ③ faced   ④ angry

60 ★★ At ☐, my father takes me fishing at the lake.

① a time   ② work   ③ works   ④ times

61 ★★★ We went to the hospital to ☐ our sick friend.

① call up   ② call to   ③ call on   ④ call at

62 ★★★ The next train leaves in 30 minutes. In ☐, let's eat something.

① a while   ② the end   ③ the meantime   ④ the future

54\ 答 ② as to
チョコレートが健康に良いかどうかについて新たな発見がある。
▶as to whether ~ で「~かどうかについて」という意味を表す。as well as *A* は「*A* と同様に」という意味。

□ as to *A*
A について，*A* に関して

55\ 答 ② of
その委員会は著名な研究者，科学者と医師から成る。
▶consist in *A* は「*A* にある，含まれる」という意味。

□ consist of *A*
A から成る

56\ 答 ③ care
おしゃれに気を遣う人々は靴を気にすると言われている。
▶bring about *A*/bring *A* about は「*A* を引き起こす」という意味。

□ care about *A*
A を気にする［気づかう］

57\ 答 ③ thinks
息子は我が家の犬を自分の兄弟とみなしている。
▶regard *A* as *B* とも言う。

□ think of *A* as *B*
A を *B* とみなす

58\ 答 ④ by
時が経つにつれて，あなたは困難な事態に対処する方法を学ぶだろう。
▶pass とも言う。go up は「〈数・量などが〉増える」，go well は「うまくいく」，go wrong は「うまくいかない，失敗する」という意味。

□ go by
〈時が〉過ぎる

59\ 答 ③ faced
ほとんどの地方自治体は経済的な問題に直面している。
▶be pleased with *A* は「*A* が気に入っている」，be angry with *A* は「*A* 〈人〉に腹を立てている」という意味。

□ be faced with *A*
A に直面している

60\ 答 ④ times
時々，父は私を湖での釣りに連れていく。
▶at a time は「一度に」，at work は「働いて，取りかかって」という意味。

□ at times
時々

61\ 答 ③ call on
私たちは病気の友人を見舞うために病院に行った。
▶call upon *A* とも言う。call at *A* で「*A* 〈場所〉を訪問する」という意味。visit「~を訪問する」は〈人〉の場合も〈場所〉の場合も使う。call up *A*/call *A* up は「*A* に電話する」という意味。

□ call on *A*
A 〈人〉を訪問する

19

62\ 答 ③ the meantime
次の列車は30分後に出発します。その間に何か食べましょう。
▶(in the) meanwhile とも言う。in a while は「間もなく，しばらくして」という意味。

□ in the meantime
その間に

熟語

1

63 ★★★ Lisa [____] her umbrella behind on the train.

① left　　　② forgot　　　③ reminded　　　④ took

64 ★★★ [____], I will be more careful when using those tools.

① Up until now　　　　② Now or never
③ Once upon a time　　④ From now on

65 ★★★ Their ultimate goal is to make a society [____] from discrimination.

① far　　　② away　　　③ free　　　④ apart

66 ★★★ It is often difficult to distinguish edible plants [____] poisonous ones.

① into　　　② with　　　③ from　　　④ between

67 ★★★ He may be a successful businessman, but he is [____] a respectable politician.

① by all means　　　② for no means
③ for all means　　　④ by no means

68 ★★★ Dr. Hill [____] an important part in the study of the disease.

① prayed　　　② placed　　　③ played　　　④ picked

69 ★★★ When talking to me on the phone, my mother always tells me to take [____] of myself.

① advantage　② a course　③ concern　④ care

70 ★★★ My mother accused me [____] not telling the truth.

① of　　　② for　　　③ in　　　④ with

71 ★★★ The ear is made [____] three parts − the outer, middle and inner ear.

① from　　　② up of　　　③ into　　　④ up for

63 答 ① left
リサは電車に傘を置き忘れた。
▶behind のあとにはしばしば場所を表す表現がくる。

64 答 ④ From now on
今後は，これらの道具を使うときもっと注意するようにします。
▶up until now は「これまで（は），今まで（は）」，once upon a time は「昔々」という意味。

65 答 ③ free
彼らの究極の目的は差別のない社会をつくることだ。
▶from の代わりに of も用いられる。

66 答 ③ from
食べられる植物と有毒な植物はしばしば区別するのが難しい。
▶tell[know] A from B とも言う。

67 答 ④ by no means
彼は成功した実業家かもしれないが，決して尊敬できる政治家ではない。
▶by all means は「もちろんです」（承認の返事）という意味。

68 答 ③ played
ヒル博士はその病気の研究において重要な役割を果たした。
▶play a role in A とも言う。

69 答 ④ care
電話で私と話すとき母はいつも私に体に気をつけるよう言う。
▶take care of A は「A の世話をする」という意味。

70 答 ① of
母は本当のことを言わなかったという理由で私を責めた。
▶「A を B で訴える，告訴する」という意味でも用いる。

71 答 ② up of
耳は外耳，中耳，内耳という 3 つの部分から成り立っている。
▶make A from B は「B〈原料〉から A を作る」，make A into B は「A〈材料〉から B を作る」，make up for A は「A の埋め合わせをする」という意味。

□ leave A
behind
A を置き忘れる

□ from now on
今後は

□ free from A
A がなく

□ distinguish A
from B
A と B とを区別
する

□ by no means
決して～ない

□ play a part in
A
A において役割
を果たす

□ take care of
oneself
体に気をつける

□ accuse A of B
B の理由で A
〈人〉を責める

□ be made up of
A
A から成り立っ
ている

19

熟語

1

72 ★★★ Amy must be a nice person, because no one speaks [____] of her.

① ill ② bad ③ sick ④ little

73 ★★★ The food and drink are all set, and we are [____] for the party.

① late ② busy ③ ready ④ tired

74 ★★★ The castle was beautifully illuminated, in contrast [____] the darkness of the night.

① of ② with ③ against ④ for

75 ★★★ We enjoyed the dancing and music [____].

① to tell the truth ② to our hearts' contest
③ to telling the truth ④ to our hearts' content

76 ★★★ He remembers [____] Hawaii with his parents when he was small.

① to visit ② about visiting
③ visiting ④ to have visited

77 ★★★ Amundsen left [____] the South Pole in October, 1911.

① at ② for ③ to ④ out

78 ★★★ Do all police officers [____] duty carry guns?

① in ② of ③ on ④ at

79 ★★★ Security guards helped him [____] his way through the crowd of fans.

① give ② pay ③ earn ④ make

80 ★★★ Everyone at the party was waiting for Oliver, but he didn't [____].

① show off ② dress up ③ show up ④ dress off

72\ 答 ① ill
エイミーはいい人に違いない，なぜなら誰も彼女のことを悪く言わない。
▶speak well of A で「A のことを良く言う」という意味。

☐ speak ill of A
A を悪く言う

73\ 答 ③ ready
食べ物と飲み物がすべてそろって，パーティーの準備はできています。
▶get ready for A で「A の準備をする」という意味になる。be late for A は「A に遅れる」という意味。

☐ be ready for A
A の準備ができている

74\ 答 ② with
夜の闇と対照的に，城は美しくライトアップされていた。
▶by contrast with[to] A は「A と比べて，対照的に」という意味。

☐ in contrast with[to] A
A と対照的に

75\ 答 ④ to our hearts' content
私たちはダンスと音楽を心ゆくまで楽しんだ。
▶to tell (you) the truth は「実を言うと」という意味。

☐ to one's heart's content
心ゆくまで

76\ 答 ③ visiting
彼は小さいころ両親とハワイに行ったことを覚えている。
▶remember to do だと「忘れずに～する」という意味になる。

☐ remember doing
～したことを覚えている

77\ 答 ② for
アムンゼンは1911年10月に南極に向けて出発した。
▶leave A for B は「B に向けて A を出発する」という意味。

☐ leave for A
A に向けて出発する

78\ 答 ③ on
勤務時間中の警察官は全員銃を携行していますか？
▶off duty で「勤務時間外で，非番で」という意味。

☐ on duty
勤務時間中で，当直で

79\ 答 ④ make
警備員たちは彼がファンの群れの中を進めるよう助けた。
▶pay one's way は「自分で払う，自活する」という意味。

☐ make one's way
進む

80\ 答 ③ show up
パーティーに来ていた誰もがオリバーを待っていたが，彼は現れなかった。
▶show off は「見せびらかす」，dress up は「正装する」という意味。

☐ show up
現れる，目立つ

19
熟語
1

81 ★★★ I was on the same flight as an old friend of mine ☐ chance.

① in   ② for   ③ by   ④ with

82 ★★★ After talking with Steve, I ☐ with a brilliant idea.

① came up   ② caught up   ③ came down   ④ got along

83 ★★★ The little girl was ☐ at me with her mouth tightly closed.

① staring   ② staying   ③ arriving   ④ arising

84 ★★★ I regret ☐ her the truth; she didn't need to know that.

① to tell   ② from telling
③ as to tell   ④ telling

85 ★★★ There are various courses, and it's ☐ you which one you choose.

① on to   ② up against   ③ up to   ④ to do

86 ★★★ My grandparents say that they can't ☐ advances in technology.

① stay up with   ② shake hands with
③ keep up with   ④ make up with

87 ★★★ Will electronic dictionaries take ☐ of paper ones?

① the place   ② place   ③ a place   ④ places

88 ★★★ Volunteers have greatly ☐ to the cleanup of the city.

① contributed   ② attributed   ③ distributed   ④ retrieved

89 ★★★ The volunteers' effort and devotion are ☐ of praise.

① worthy   ② worth   ③ proud   ④ pride

81\ 答 ③ by

私は偶然旧友と同じ航空便に乗り合わせた。
▶by accident とも言う。

☐ by chance
偶然に

82\ 答 ① came up

スティーブと話した後，私は素晴らしいアイデアを思いついた。
▶catch up with *A* は「*A* に追いつく」，come down with *A* は「*A*〈風邪など〉にかかる」，get along with *A* は「*A* とうまくやっていく」という意味。

☐ come up with
A
A〈考えなど〉を
思いつく

83\ 答 ① staring

その小さな女の子は口をぎゅっと閉じて私のことをじっと見つめていた。
▶stay at *A* は「*A*〈場所〉に泊まる」，arrive at *A* は「*A* に到着する」という意味。

☐ stare at *A*
A をじっと見つ
める

84\ 答 ④ telling

私は彼女に本当のことを話したことを後悔している。彼女はそれを知る必要はなかった。
▶regret to *do* だと「残念ながら〜する」という意味になる。

☐ regret *doing*
〜したことを後
悔する

85\ 答 ③ up to

さまざまなコースがあり，どれを選ぶかはあなた次第です。
▶be to *do* は「〜することになっている」という意味。

☐ be up to *A*
A 次第だ，*A* の
責任だ

86\ 答 ③ keep up with

祖父母は科学技術の進歩についていけないと言っている。
▶keep pace with *A* とも言う。shake hands with *A* は「*A*〈人〉と握手する」，make up with *A* は「*A*〈人〉と仲直りする」という意味。

☐ keep up with
A
A に遅れずにつ
いて行く

87\ 答 ① the place

電子辞書は紙の辞書に取って代わるだろうか？
▶replace とも言う。

☐ take the place
of *A*
A の代わりをする

88\ 答 ① contributed

ボランティアの人たちは町をきれいにすることに多大な貢献をした。
▶make a contribution to *A* とも言う。attribute *A* to *B* は「*A* を *B* のせいにする」という意味。

☐ contribute to
A
A に貢献する

89\ 答 ① worthy

ボランティアの人たちの努力と献身は賞賛に値する。
▶be worth *doing* で「〜する価値がある」という意味になるので，are worthy of praise は are worth praising と言いかえられる。be proud of *A* は「*A* を誇りに思う」という意味。

☐ be worthy of *A*
A に値する，*A*
にふさわしい

19

**熟
語**

1

299

□90 Kyle put on his T-shirt inside out ☐ purpose.
★★★
   ① to   ② into   ③ on   ④ under

□91 I'm sorry, I didn't ☐ to hurt your feelings.
★★★
   ① get   ② tend   ③ learn   ④ mean

□92 Hard-working people should spoil themselves ☐.
★★★
   ① now and then   ② now or never
   ③ and now on   ④ and so on

□93 People ☐ rice in many countries in Eastern and Southern Asia.
★★★
   ① go on   ② live on   ③ rely to   ④ take on

□94 When my father died, my sister Jane took his ☐ and worked very hard.
★★★
   ① seat   ② place   ③ time   ④ risks

□95 When he was injured, he gave up playing baseball in ☐.
★★★
   ① joy   ② detail   ③ repair   ④ despair

□96 The Indian family has been trying to adapt themselves ☐ the Japanese community.
★★★
   ① to   ② with   ③ for   ④ of

□97 Michael informed his teammates ☐ his decision to leave the team.
★★★
   ① for   ② in   ③ from   ④ of

□98 Bob's mother ☐ him for not doing his homework.
★★★
   ① punished   ② kept   ③ thanked   ④ prevented

□99 Local people looked ☐ the cat as a good-luck charm.
★★★
   ① up   ② to   ③ on   ④ of

90\ 答 ③ on

カイルはわざとTシャツを裏表に着た。

▶英文中の inside out は「裏返しに」という意味。

91\ 答 ④ mean

ごめんなさい，あなたの気持ちを傷つけるつもりはなかったんです。

▶intend to *do* とも言う。tend to *do* は「〜する傾向がある」という意味。

92\ 答 ① now and then

仕事熱心な人たちは時おり自分を甘やかすべきだ。

▶every now and then とも言う。and so on は「〜など」という意味。

93\ 答 ② live on

東アジアや南アジアの多くの国で人々は米を常食としている。

▶go on は「起こる，続く」という意味。

94\ 答 ② place

父が亡くなると，姉のジェーンが父の代わりになって一生懸命働いた。

▶take *one's* time は「ゆっくりやる，ぐずぐずする」という意味。

95\ 答 ④ despair

彼はその怪我をしたとき，絶望して野球をするのを諦めた。

▶in detail は「詳細に」という意味。

96\ 答 ① to

そのインド人家族は日本人コミュニティーに順応しようと努力している。

▶adapt to *A* とも言う。

97\ 答 ④ of

マイケルはチームを去る決心をチームメートに伝えた。

▶inform *A* that ~ 「*A*〈人〉に〜を知らせる」でも用いる。

98\ 答 ① punished

ボブの母親は宿題をしなかったことで彼を罰した。

▶thank *A* for *B* は「*A*〈人〉に *B* のお礼を言う」という意味。

99\ 答 ③ on

地元の人々はその猫を幸運のお守りとみなした。

▶regard *A* as *B* とも言う。

□ on purpose
　わざと

□ mean to *do*
　〜するつもりだ

□ now and then
　時おり

□ live on *A*
　A を常食とする，
　A で生活する

□ take *A*'s place
　A の代わりをする

□ in despair
　絶望して

□ adapt *oneself*
　to *A*
　A に順応する

□ inform *A* of *B*
　A〈人〉に *B* を知
　らせる

□ punish *A* for *B*　**19**
　A〈人〉を *B*〈行
　為〉で罰する **熟語**

□ look on *A* as *B*　**1**
　A を *B* とみなす

☐**100** Once I start playing video games, I keep playing for hours. I cannot
★★★ ☐.

   ① end in it   ② do with it   ③ save it   ④ help it

2 重要熟語

☐**101** The children in the parade were dressed ☐ white and blue.
★★

   ① in   ② for   ③ by   ④ of

☐**102** He had sent twenty invitations, but ☐ five people came to the
★★ party.

   ① no many than   ② not less than

   ③ no more than   ④ not so much as

☐**103** Just hold ☐ a second, and I'll put Ken on the phone.
★★

   ① on   ② up   ③ back   ④ off

☐**104** He is very thrifty, and that is true ☐ many other millionaires.
★★

   ① to   ② in   ③ among   ④ of

☐**105** The city has decided to ☐ all its streetlamps with LED bulbs.
★★

   ① deal   ② place   ③ connect   ④ replace

☐**106** The government should compensate them for the loss, ☐ some
★★ extent.

   ① for   ② in   ③ on   ④ to

☐**107** The president has said that they will never give ☐ to terrorist
★★ threats.

   ① up   ② away   ③ in   ④ out

100 答 ④ help it
いったんビデオゲームを始めたら，何時間もプレーしてしまう。私にはどうしようもない。
▶It cannot be helped. とも言う。end in *A* は「結局 *A* に終わる」という意味。

101 答 ① in
パレードに参加した子どもたちは白と青の服を着ていた。
▶wear とも言う。

102 答 ③ no more than
彼は20通の招待状を出したが，パーティーに来たのはほんの5人だった。
▶only とも言う。no less than *A* は「*A* ほど多くの」，not so much as *A* は「*A* ほどではない」，not less than *A* は「少なくとも *A*」，not more than *A* は「せいぜい *A*」という意味。

103 答 ① on
電話を切らずに少しお待ちください，ケンを呼びますから。
▶hold up *A*/hold *A* up は「*A* を遅らせる」，hold back *A*/hold *A* back は「*A* を控える，*A* を抑える」，hold off *A* は「*A* を遅らせる」という意味。

104 答 ④ of
彼はとても倹約家だが，それはほかの多くの大金持ちにも当てはまる。
▶be true to *A* は「*A* に忠実だ」という意味。

105 答 ④ replace
市はすべての街灯を LED 電球に取り替えることを決定した。
▶connect *A* with *B* は「*A* と *B* を結びつける」という意味。

106 答 ④ to
政府は彼らの損失に対してある程度保障をすべきだ。
▶to a certain extent[degree] とも言う。

107 答 ③ in
大統領はテロリストの脅しには決して屈服しないと言った。
▶yield とも言う。give up は「諦める」という意味。

□ I cannot help it.
私にはどうしようもない。

□ be dressed in *A*
A を着ている

□ no more than *A*
ほんの *A* だ，*A* にすぎない

□ hold on
電話を切らずに待つ

□ be true of *A*
A に当てはまる

□ replace *A* with *B*
A を *B* と取り替える

□ to some extent
ある程度まで

19

熟語

□ give in to *A*
A に屈服する，降参する

1
〜
2

□ **108** ★★ We could have never gotten [　　] the crisis without your help.

① together　　② through　　③ behind　　④ across

□ **109** ★★ Apart [　　] going shopping for daily necessities, we stayed home all day long.

① with　　② for　　③ to　　④ from

□ **110** ★★ It looks like he is holding [　　] the glory days of the past.

① up to　　② on to　　③ off in　　④ on in

□ **111** ★★ Emma looked at his face, trying to make [　　] his intentions.

① into　　② out　　③ over　　④ up

□ **112** ★★ [　　] we haven't had any complaints about the product from customers.

① At any moment　　② For the moment
③ In an instant　　④ For the instance

□ **113** ★★ Guy let me use his apartment for [　　] while he was away on business.

① nothing　　② anything　　③ everything　　④ one thing

□ **114** ★★ I was off school for a week, so I have to work hard to [　　] my classmates.

① catch up with　　② look up to
③ put up with　　④ catch up for

□ **115** ★★ Jonathan came to Japan for [　　] of learning aikido.

① the most part　　② the part
③ the purpose　　④ the most

□ **116** ★★ Please fill [　　] this form and proceed to the customs counter.

① into　　② on　　③ out　　④ with

答 ② through

あなたの助けなしでは私たちは危機を乗り越えることはできなかっただろう。

▶困難などを切り抜けるというニュアンス。get together は「集まる，〜を集める」という意味。

□ get through *A*
   A をやり遂げる，
   A を通り抜ける

109 答 ④ from

生活必需品の買い物に出かける以外，私たちは一日中家にいた。

▶aside from *A*/except for *A* とも言う。

□ apart from *A*
   A は別として

110 答 ② on to

彼は過去の栄光にしがみついているように見える。

▶具体的なものにも抽象的なものにも用いる。

□ hold on to *A*
   A にしがみつく

111 答 ② out

エマは彼の意図を理解しようと彼の顔を見た。

▶understand とも言う。

□ make out *A*/
   make *A* out
   A を理解する

112 答 ② For the moment

さしあたりその製品に関しては顧客から何も苦情がきていない。

▶for the time being とも言う。

□ for the
   moment
   さしあたり

113 答 ① nothing

ガイは仕事で留守にしている間，私にただでアパートを使わせてくれた。

▶for free とも言う。

□ for nothing
   ただで，無駄に

114 答 ① catch up with

私は1週間学校に行かなかったので，クラスメートに追いつくために一生懸命勉強しなければならない。

▶look up to *A* は「*A* を尊敬する，*A* を見上げる」，put up with *A* は「*A* を我慢する」という意味。

□ catch up with
   A
   A に追いつく

115 答 ③ the purpose

ジョナサンは合気道を学ぶ目的で日本にやってきた。

▶for the most part は「大部分は」という意味で，mostly とほぼ同じ意味になる。

□ for the
   purpose of
   doing
   〜する目的で，
   〜するために

116 答 ③ out

こちらの用紙に記入して税関のカウンターにお進みください。

▶fill in *A*/fill *A* in とも言う。

□ fill out *A*/fill *A*
   out
   A〈書類など〉に
   書きこむ

19

熟語

2

☐ **117** Born and raised by the ocean, he is accustomed ☐.
★★
  ① to swimming   ② in swimming
  ③ for swim   ④ to swim

☐ **118** It is often said that dogs are ☐ to their owners.
★★
  ① true   ② royal   ③ real   ④ false

☐ **119** He's not fluent, but can at least make himself ☐ in English.
★★
  ① understood   ② understand
  ③ understanding   ④ to understand

☐ **120** If it rains, the game will be canceled. In ☐, I'll call you
★★ tomorrow.
  ① any case   ② a sense   ③ a place   ④ some time

☐ **121** I tried to train my dog to do some tricks, but in ☐.
★★
  ① case   ② order   ③ vain   ④ fact

☐ **122** He ☐ his success to Mr. and Mrs. Harper.
★★
  ① owes   ② changes   ③ adds   ④ sees

☐ **123** Her illness has ☐ with the new virus.
★★
  ① to do nothing   ② nothing to do
  ③ difficulty in doing   ④ difficulty to doing

☐ **124** He ☐ up a story to explain why he was late.
★★
  ① ran   ② cheered   ③ made   ④ picked

☐ **125** Quite ☐ university students joined in the volunteer activity.
★★
  ① a few   ② a little   ③ many   ④ much

117\ 答 ① to swimming
海のそばで生まれ育ったので，彼は泳ぐことに慣れている。
▶to の後には名詞もくる。be used to *doing* とも言う。

118\ 答 ① true
犬が自分の飼い主に忠実だということはよく言われている。
▶be loyal to *A* とも言う。

119\ 答 ① understood
彼は流暢ではないが，少なくとも英語で意思を伝えることができる。
▶make *oneself* heard だと「自分の声が聞こえるようにする」という意味になる。

120\ 答 ① any case
雨が降れば試合は中止になります。いずれにしても明日電話します。
▶anyway とも言う。in a sense は「ある意味では」という意味。

121\ 答 ③ vain
私は飼い犬に芸を教えようとしたが無駄に終わった。
▶to no avail とも言う。in order は「順番に」，in fact は「実際は，つまり」という意味。

122\ 答 ① owes
彼が成功したのはハーパー夫妻のおかげだ。
▶change *A* to[into] *B* は「*A* を *B* に変える」，add *A* to *B* は「*A* を *B* に加える」という意味。

123\ 答 ② nothing to do
彼女の病気は新型ウイルスとは全く関係がない。
▶have something to do with *A* は「*A* と関係がある」という意味になる。have to *do* は「～しなければならない」，have difficulty[trouble] (in) *doing* は「～するのに苦労する」という意味。

124\ 答 ③ made
彼はなぜ遅れたかを説明するために話をでっちあげた。
▶cheer up *A*/cheer *A* up は「*A*〈人〉を元気づける」という意味。

125\ 答 ① a few
かなり多くの大学生がそのボランティア活動に参加した。
▶quite a few people は quite a number of people と言いかえることができる。

□ be accustomed to *doing*
～することに慣れている
□ be true to *A*
A に忠実だ
□ make *oneself* understood
自分の意思を伝える
□ in any case
いずれにせよ，とにかく
□ in vain
無駄に
□ owe *A* to *B*
A は *B* のおかげだ
□ have nothing to do with *A*
A とは全く関係がない
□ make up *A*/make *A* up
A をでっちあげる，*A* を作り上げる
19
熟語
□ quite a few
かなり多数（の）
2

307

□ 126 These comic books are [＿＿＿] little value to many people.
★★
① in   ② with   ③ for   ④ of

□ 127 My wife and I have decided to take [＿＿＿] doing the dishes.
★★
① a turn   ② turn   ③ turns   ④ the turns

□ 128 Without their leader, they were [＿＿＿] a loss for what to do next.
★★
① in   ② at   ③ with   ④ under

□ 129 A group of tourists was [＿＿＿] that famous temple.
★★
① heading of   ② hearing from
③ hearing into   ④ heading for

□ 130 Vera is always complaining, and I'm [＿＿＿] of listening to her
★★ complaints.

① ill   ② filled   ③ sick   ④ slow

□ 131 He is a fun-loving person and takes everything positively [＿＿＿].
★★
① from nature   ② in nature
③ out of nature   ④ by nature

□ 132 I was [＿＿＿] in a shower on my way home from school.
★★
① caught   ② lacking
③ at home   ④ at house

□ 133 If you click the "Send" button, the e-mail will be sent [＿＿＿].
★★
① right away   ② up and down
③ up away   ④ upside down

□ 134 I learned a lot from how he had [＿＿＿] with his difficult problems.
★★
① stayed   ② coped   ③ cooperated   ④ yielded

126 答 ④ of
これらの漫画は多くの人にとってはほとんど価値のないものだ。
▶ of great value で「大いに価値がある」という意味。

127 答 ③ turns
妻と私は交替で洗い物をすることに決めた。
▶ この turn は「番，順番」という意味の名詞。in turn で「交替で，順番に」という意味。

128 答 ② at
リーダー不在で，彼らは次に何をすればいいのか途方に暮れていた。
▶ (be) at *one's* wits' end とも言う。

129 答 ④ heading for
観光客の一団がその有名な寺院に向かっていた。
▶ for の代わりに toward も用いる。hear from A は「A から便りがある」という意味。

130 答 ③ sick
ベラはいつも愚痴をこぼしていて，私は彼女の愚痴を聞くのにうんざりしている。
▶ be fed up with A とも言う。

131 答 ④ by nature
彼は生まれつき楽しいことが好きで何事も前向きに受け止める。
▶ in nature は「事実上，自然界で」という意味。

132 答 ① caught
学校から帰宅する途中でにわか雨にあった。
▶ be lacking in A は「A が欠けている」，be at home in A は「A に精通している」という意味。

133 答 ① right away
「送信」ボタンを押すと，E メールはただちに送信される。
▶ immediately/at once とも言う。up and down は「上下に，行ったり来たり」，upside down は「逆さに，混乱して」という意味。

134 答 ② coped
彼がいかにして困難な問題をうまく処理してきたかということから私は多くを学んだ。
▶ stay with A は「A の家に泊まる」，cooperate with A は「A に協力する」という意味。

□ **135** A lot of people longing [____] a better life migrated from Japan to
★★　　Brazil.

　① for　　　　② to　　　　③ at　　　　④ off

□ **136** Kevin applied [____] the job even though he had no experience in
★★　　journalism.

　① in　　　　② at　　　　③ for　　　　④ to

□ **137** Some peoples have [____] down their traditions and culture
★★　　through folktales.

　① given　　　　② torn　　　　③ handed　　　　④ cut

□ **138** The view from the top of the mountain was [____] description.
★★

　① off　　　　② beyond　　　　③ over　　　　④ under

□ **139** We had [____] sat down when the waiter served us water.
★★

　① scarcely　　② seldom　　③ rarely　　④ necessarily

□ **140** With a storm approaching, we have [____] to cancel the picnic.
★★

　① no choice as　　　　② other choice than
　③ no choice but　　　　④ any other choice

□ **141** Amy's room is small but is [____] her favorite things.
★★

　① filled in　　② filled with　　③ full with　　④ full in

□ **142** My uncle has been [____] in importing carpets from Turkey since
★★　　2005.

　① expressed　　② developed　　③ engaged　　④ managed

□ **143** This discount [____] people aged 60 and over, so you have to pay a
★★　　standard fee.

　① applies to　　② applies for　　③ appealed to　　④ appealed for

135\ 答 ① for
よりよい生活を求めた多くの人々が日本からブラジルに移住した。
▶yearn for A とも言う。

136\ 答 ③ for
ケビンは報道関係での経験がなかったがその仕事に応募した。
▶apply to A は「A に当てはまる」という意味。

137\ 答 ③ handed
民話を通じて伝統や文化を伝えてきた民族もある。
▶「〈判決など〉を言い渡す」という意味もある。tear down A は「A
〈建物などを〉取り壊す」，cut down A は「A〈費用など〉を切りつめ
る」という意味。

138\ 答 ② beyond
山頂からの眺めは言葉で言い表せないほどだった。
▶beyond は「～を超えて」を意味し，beyond A's understanding 「A
の理解の範囲を超えて」などの表現もある。

139\ 答 ① scarcely
私たちが席に着くとすぐにウェイターが水を持ってきた。
▶scarcely は hardly と言いかえられる。

140\ 答 ③ no choice but
嵐が近づいているので私たちはピクニックを中止せざるを得ない。
▶「～する以外選択肢がない」という意味。have little choice but to
do は「～する選択の余地がほとんどない」という意味。

141\ 答 ② filled with
エイミーの部屋は小さいが，彼女のお気に入りのものでいっぱい
だ。
▶be full of A とも言う。

142\ 答 ③ engaged
叔父は 2005 年からトルコからじゅうたんを輸入する仕事に従事
している。
▶be engaged to A は「A と婚約している」という意味。

143\ 答 ① applies to
この割引は 60 歳以上の人に適用されるので，あなたは通常料金
を支払わなければならない。
▶apply for A は「A の申し込みをする」，appeal to A は「A（の心）
に訴える」という意味。

□ long for A
A を切望する

□ apply for A
A の申し込みを
する，A〈物・地
位〉を求める

□ hand down A/
hand A down
A〈伝統など〉を
伝える

□ beyond
description
言い表せないほ
どに

□ scarcely ~
when ...
～するとすぐに…

□ have no
choice but to
do
～せざるを得ない

□ be filled with
A
A でいっぱいだ

□ be engaged in
A
A に従事している

□ apply to A
A〈人・団体〉に
当てはまる

19

**熟
語**

2

☐ **144** ☐ _____ to our expectations, the new product didn't sell well.
★★
① Thanks   ② Owing   ③ Contrary   ④ According

☐ **145** All employees are _____ to a certain number of paid holidays.
★★
① eliminated   ② entitled   ③ essential   ④ evidential

☐ **146** That company is aiming _____ improving the working conditions
★★ of their employees.

① to   ② of   ③ within   ④ at

☐ **147** Many schools have begun to _____ online teaching into practice.
★★
① work   ② divide   ③ change   ④ put

☐ **148** You did a good job and should take pride _____ your achievement.
★★
① of   ② with   ③ for   ④ in

☐ **149** Despite the evidence against him, he _____ on his innocence.
★★
① informed   ② insisted   ③ decided   ④ depended

☐ **150** Fans and supporters are all anxious _____ their favorite team's
★★ victory.

① for   ② to   ③ of   ④ by

☐ **151** Everyone _____ the doctors and nurses for their devotion.
★★
① admitted   ② admired   ③ prevented   ④ provided

144 答 ③ Contrary

我々の期待に反して，その新製品はあまり売れなかった。

▶thanks to A は「A のおかげで〈理由〉」，owing to A は「A のために〈理由〉」，according to A は「A によれば，A にしたがって」という意味。

145 答 ② entitled

すべての従業員は一定の日数の有給休暇の権利がある。

▶be entitled to do は「～する資格 [権利] がある」という意味。be essential to A は「A にとって不可欠である」という意味。

146 答 ④ at

その会社は従業員の労働環境を向上させることを目指している。

▶aim A at B は「A を B に向ける」という意味になる。

147 答 ④ put

多くの学校がオンラインの授業を実施し始めた。

▶A を実行に移す，A を実践するのニュアンス。divide A into B は「A を B に分ける」という意味。

148 答 ④ in

君はよくやったのだから，自分のやり遂げたことを誇りに思うべきだ。

▶be proud of A とも言う。

149 答 ② insisted

自分に対する不利な証拠にもかかわらず，彼は無罪を主張した。

▶he insisted on his innocence は he insisted that he was innocent と言いかえることができる。decide on A は「A に決める」，depend on A は「A に頼る」という意味。

150 答 ① for

ファンやサポーターたちは皆，ひいきのチームの勝利を切望している。

▶「A を心配している」の意味でも用いる。

151 答 ② admired

皆が医師や看護師の献身を賞賛した。

▶have admiration for A で「A を賞賛する」のようにも表せる。provide B for A は「A〈人〉に B を与える」という意味。

□ contrary to A
A に反して

□ be entitled to A
A の資格 [権利] がある

□ aim at A
A をねらう，A を目掛ける

□ put A into practice
A を実行する

□ take pride in A
A を誇りに思う

□ insist on A
A を主張する

□ be anxious for A
A を切望している

□ admire A for B
A〈人〉の B を賞賛する

19

熟語

2

152 ★★ The parents of the injured boy said they didn't ☐ anyone for the accident.

① declare   ② competed with

③ complained of   ④ blame

153 ★★ She talked me ☐ giving up on my plan to open a café.

① on   ② out   ③ from   ④ into

154 ★★ The island is registered as a World Natural Heritage Site and should be respected ☐.

① as so   ② as such   ③ such as   ④ so as

155 ★★ She set ☐ the money she had earned for the trip.

① back   ② away   ③ by   ④ aside

156 ★★ We must find a solution in some way or ☐.

① others   ② other   ③ the other   ④ the others

157 ★★ My sister has taken ☐ watching American TV drama series.

① into   ② to   ③ from   ④ of

158 ★★ The fields of lavender are at ☐ in July.

① its best   ② their best   ③ their most   ④ its good

159 ★★ Jessica gave up sweets in order to avoid ☐ on weight.

① falling   ② gathering   ③ putting   ④ making

160 ★★ Buying a car is ☐. First you should earn a living.

① out of the answer   ② out of the question

③ out of breath   ④ out of sight

152 答④ blame

怪我をした子どもの両親はその事故について誰も責めないと言った。

▶*A* is to blame. は「*A* は責めを負うべきだ。」という意味。compete with *A* for *B* は「*B* を得るために *A* と競争する」という意味。

□ blame *A* for *B*
  B で *A*〈人〉を非難する

153 答④ into

彼女は私を説得してカフェを開くという計画を諦めさせた。

▶talk *A* out of *doing* とすると「*A*〈人〉を説得して~するのをやめさせる」という意味。英文中の give up on *A* は「*A* に見切りをつける」という意味。

□ talk *A* into *doing*
  A〈人〉を説得して~させる

154 答② as such

その島は世界自然遺産に登録されており，そういうものとして尊重されるべきだ。

▶この such は代名詞で「そのようなもの」という意味。such as *A* は「*A* のような」という意味。

□ as such
  そういうものとして

155 答④ aside

彼女は旅行のために稼いだお金を取っておいた。

▶reserve とも言う。set back *A*/set *A* back は「*A* を遅らせる」という意味。

□ set aside *A*
  A をとっておく，*A* をわきに置く

156 答② other

私たちはどうにかして解決策を見つけなければならない。

▶in some way or other は直訳すると「何らかの方法で」という意味。

□ some *A* or other
  何らかの *A*

157 答② to

姉はアメリカの連続テレビドラマを見ることに熱中している。

▶to の後には名詞もくる。

□ take to *A*
  A に熱中する，*A* をし始める

158 答② their best

ラベンダー畑は 7 月がいちばんいい時期だ。

▶at *one's* worst で「最悪な状態で」という意味。

□ at *one's* best
  最高の状態で，最盛期だ

159 答③ putting

ジェシカは体重が増えないように甘いものをやめた。

▶gain weight とも言う。fall on *A* は「〈曜日などが〉*A* に当たる」などの意味。

□ put on weight
  太る

160 答② out of the question

車を買うなんて問題外だ。まずあなたは生活費を稼ぐべきだ。

▶out of breath は「息を切らして」，out of sight は「見えないところに」という意味。

□ out of the question
  問題にならない，不可能で

19

熟語

2

315

181 He tried to reach the picture on the wall, but a big bookshelf was
[　　　].

① on his way　　② on the way　　③ in the way　　④ in a way

182 Jane Fonda [　　　] the Korean film director with an Oscar.

① received　　② presented　　③ preserved　　④ shared

183 The event has been put [　　　] due to the bad weather.

① down　　　　② off　　　　③ away　　　　④ up

184 She used wrapping paper in [　　　] of a table cloth.

① time　　　　② pursuit　　　　③ change　　　　④ place

185 Joe is [　　　] soccer, while his father was a professional baseball
player.

① likely about　　　　　② sorry for
③ crazy about　　　　　④ responsible for

186 Our school [　　　] their uniforms ten years ago.

① did away with　　　　② put up with
③ made up for　　　　　④ took up with

187 He has a lot of faults, but I like him [　　　] the same.

① only　　　　② more　　　　③ none　　　　④ just

188 Chris finally [　　　] in his new home in Oregon at age 38.

① came true　　　　　② made sense
③ settled down　　　　④ called off

189 [　　　] advantage of living by the sea, he went surfing almost every
day.

① Taking　　　　② Making　　　　③ Trying　　　　④ Seeing

161\ 答 ③ in the way
彼は壁の絵に手を伸ばしたが，大きな本棚が邪魔になっていた。
▶in a way は「ある意味では」という意味。

□ in the way
邪魔になって

162\ 答 ② presented
ジェーン・フォンダがその韓国の映画監督にオスカー像を贈った。
▶share B with A は「B を A〈人〉と共有する」という意味。

□ present A
(with) B
A〈人〉に B を贈る

163\ 答 ② off
そのイベントは悪天候のため延期された。
▶postpone とも言う。put down A/put A down は「A を置く，A を下におろす」，put away A/put A away は「A を片付ける，A を蓄える」，put up A/put A up は「A を建てる，A をかかげる」という意味。

□ put off A/put
A off
A を延期する

164\ 答 ④ place
彼女は包装紙をテーブルクロスの代わりに使った。
▶in A's place とも言う。in pursuit of A は「A を求めて」という意味。

□ in place of A
A の代わりに

165\ 答 ③ crazy about
父親はプロ野球選手だったが，ジョーはサッカーに夢中だ。
▶be sorry for A は「A を気の毒に思う，A をすまなく思う」，be responsible for A は「A に対して責任がある」という意味。

□ be crazy
about A
A に夢中だ

166\ 答 ① did away with
我が校は10年前に制服を廃止した。
▶abolish とも言う。put up with A は「A を我慢する」，make up for A は「A の埋め合わせをする」，take up with A は「A〈好ましくない人〉と親しくなる」という意味。

□ do away with
A
A を廃止する

167\ 答 ④ just
彼にはたくさんの欠点があるが，それでもやはり私は彼が好きだ。
▶all the same とも言う。

□ just the same
それでもやはり，
でも，全く同じ

168\ 答 ③ settled down
クリスは38歳にしてついにオレゴンの新しい家に落ち着いた。
▶come true は「実現する」，make sense は「意味をなす，道理にかなう」という意味。

□ settle down
落ち着く

169\ 答 ① Taking
海のそばに住んでいる利点を生かして，彼はほぼ毎日サーフィンに行った。
▶make use of A とも言う。

□ take
advantage of
A
A を利用する，
A につけこむ

19

熟語

2

☐ **170** You've been chosen as an exchange student, so you must make
★★   ☐ of the opportunity.

     ① most   ② the least   ③ least   ④ the most

☐ **171** I was surprised that such a young boy could ☐ himself during
★★   the concert.

     ① beware   ② help   ③ express   ④ behave

☐ **172** Mr. Hopkins handed ☐ the management of his firm to his
★★   nephew.

     ① over   ② with   ③ for   ④ off

☐ **173** Harry had turned ☐ the paper three days before it was due.
★★

     ① away   ② on   ③ in   ④ off

☐ **174** My elder brother often made fun ☐ me when we were small.
★★

     ① at   ② on   ③ to   ④ of

☐ **175** He revived the company, which was ☐ dead 10 years ago.
★★

     ① as good as   ② as well as   ③ as much as   ④ as long as

☐ **176** Will you ☐ me a favor and get some milk on your way home?
★★

     ① ask   ② do   ③ make   ④ pay

☐ **177** My aunt is always finding ☐ with my mother and me.
★★

     ① a fault   ② faults   ③ the fault   ④ fault

☐ **178** Don't forget to ☐ name tags to all your belongings.
★★

     ① compare   ② attach   ③ replace   ④ prefer

170\ 答 ④ the most

あなたは交換留学生に選ばれたのだから，その機会を最大限に活用すべきだ。

▶make the best of *A* は「*A* 〈不利な状況〉を受け入れて最大限活用する」という意味になる。

171\ 答 ④ behave

私は，そんなに幼い男の子がコンサートの間行儀よくしていられたことに驚いた。

▶express *oneself* は「自分の考えを述べる」という意味。

172\ 答 ① over

ホプキンズ氏は会社の経営権を甥に引き渡した。

▶「*A* を差し出す，*A* を手渡す」の意味でも用いる。

173\ 答 ③ in

ハリーは締切の 3 日前にレポートを提出した。

▶hand in *A*/submit *A* とも言う。turn away は「向きを変える」，turn on *A*/turn *A* on は「*A* のスイッチを入れる」，turn off *A*/turn *A* off は「*A* のスイッチを切る」という意味。

174\ 答 ④ of

小さいころ，兄はよく私をからかった。

▶poke fun at *A* とも言う。

175\ 答 ① as good as

彼はその会社を立て直したが，10 年前は倒産同然だった。

▶almost とも言う。as well as *A* は「*A* だけでなく」，as long as ~ は「~する限り〈時間〉」という意味。

176\ 答 ② do

帰りに牛乳を買ってくるよう頼んでもいいですか？

▶ask *A* for a favor/ask a favor of *A* は「*A* に頼み事をする」という意味。

177\ 答 ④ fault

叔母は母や私のあら探しばかりしている。

▶criticize とも言う。

178\ 答 ② attach

自分の持ち物にはすべて名札を付けるのを忘れないように。

▶compare *A* to *B* は「*A* を *B* にたとえる」，replace *A* with *B* 「*A* を *B* と取り替える」，prefer *A* to *B* は「*B* より *A* を好む」という意味。

□ make the
  most of *A*
    A 〈有利な状況〉
    を最大限に活用
    する

□ behave *oneself*
    行儀よくする

□ hand over *A*/
  hand *A* over
    A を引き渡す

□ turn in *A*/turn
  A in
    A を提出する

□ make fun of *A*
    A をからかう

□ as good as *A*
    A も同然で

□ do *A* a favor
    A の願いを聞く

□ find fault with
  A
    A のあら探しを
    する

□ attach *A* to *B*
    A を *B* に取り付
    ける

19

熟語

2

179 In the marathon, half of the runners [____] out because of the heat.
★★
① carried ② cared ③ drove ④ dropped

180 The day started with a storm but [____] a beautiful sunset.
★★
① ended on ② ended with ③ did with ④ did on

181 The restaurant has been [____] out as one of the ten most popular restaurants in Tokyo.
★★
① picked ② pointed ③ pushed ④ paid

182 With little rain in June and July, the region is [____] of water this summer.
★★
① tired ② short ③ sufficient ④ abundant

183 They finally [____] to our proposal and signed the contract.
★★
① rejected ② belong ③ occurred ④ agreed

184 Just take it [____] and tell us what your problem is.
★★
① off ② down ③ easy ④ lazy

185 I think many baseball players in Japan look [____] Ichiro.
★★
① up for ② up on ③ over to ④ up to

186 The mountain rescue team saved the climber at the [____] of their lives.
★★
① beginning ② start ③ risk ④ end

187 A group of tourists walked past me [____] the direction of the river.
★★
① to ② on ③ in ④ with

179\ 答 ④ dropped

そのマラソンでは，暑さのために走者の半数が脱落した。

▶名詞 dropout は「脱落者，中退者」という意味。carry out *A*/carry *A* out は「*A* を実行する」という意味。

□ drop out
　脱落する

180\ 答 ② ended with

その日は嵐で始まったが，美しい夕焼けで終わった。

▶do with *A* は「*A* を処理する」などの意味。

□ end with *A*
　A で終わる

181\ 答 ① picked

そのレストランは東京で最も人気のある10のレストランの1つに選ばれている。

▶point out *A*/point *A* out は「*A* を指摘する」という意味。

□ pick out *A*/
　pick *A* out
　A を選ぶ，*A* を
　選び出す

182\ 答 ② short

6月と7月に雨が少なかったので，その地域はこの夏水不足だ。

▶run short of *A* は「*A* が不足する」，be short of breath は「息が切れている」，be tired of *A* は「*A* に飽きている」という意味。

□ be short of *A*
　A が不足している

183\ 答 ④ agreed

彼らはついに私たちの提案に同意し，契約書にサインした。

▶belong to *A* は「*A* に属する」，occur to *A* は「(考えなどが) *A* の心に浮かぶ」という意味。

□ agree to *A*
　A〈事柄〉に同意
　する

184\ 答 ③ easy

リラックスして私たちに悩みを話してください。

▶Take it easy. は別れのあいさつで「じゃあね。」という意味で用いられることもある。

□ take it easy
　あまり力まない，
　のんびりする

185\ 答 ④ up to

日本の多くの野球選手はイチローを尊敬していると思う。

▶respect とも言う。look down on *A* は「*A* を軽蔑する，*A* を見下す」という意味。

□ look up to *A*
　A を尊敬する，
　A を見上げる

186\ 答 ③ risk

山岳救助隊は命の危険を冒して登山家を救った。

▶at the beginning[start] of *A* は「*A* のはじめに」，at the end of *A* は「*A* の終わりに」という意味。

□ at the risk of *A*
　A の危険を冒して

187\ 答 ③ in

旅行者の一団が川の方に向かって私のそばを通り過ぎた。

▶from the direction of *A* は「*A* の方から」という意味。

□ in the
　direction of *A*
　A の方向に

19

**熟
語**

2

☐ **188** ★★ Becky is a very sociable person, so she is ☐ for the job.

① jealous　　　　　② spontaneous
③ suitable　　　　　④ skeptical

☐ **189** ★★ The man saved the little girl at ☐ of his life.

① the door　② the age　③ the cost　④ the foot

☐ **190** ★★ He had a different opinion at first, but eventually gave ☐ to peer pressure.

① away　　② forth　　③ off　　④ way

☐ **191** ★★ The prime minister described the summit talks ☐ a success.

① as　　② to　　③ in　　④ of

☐ **192** ★★ That hall is pretty small and only accommodates 100 people at ☐.

① least　　② most　　③ once　　④ last

☐ **193** ★★ Michael had no interest in show business, but he became a musical star ☐.

① by accident　② in turn　③ on time　④ for luck

☐ **194** ★★ When I'm working at home, my cat often comes and ☐ with me.

① interferes　② annoys　③ intermits　④ parts

☐ **195** ★★ Ryan seems quiet, but he isn't. ☐, he is a sociable person.

① In other words　　② On the contrary
③ For the first time　　④ At other time

☐ **196** ★★ Audrey Hepburn passed ☐ at the age of 63 in 1993.

① by　　② around　　③ away　　④ along

188 答③ suitable

ベッキーはとても社交的な人なので，その仕事に向いている。
▶be suitable to *do* で「～するのに適している」という意味。

189 答③ the cost

その男性は自らの命を犠牲にしてその少女を救った。
▶at the door は「玄関に」，at the age of *A* は「*A* 歳のときに」，at the foot of *A* は「*A* のふもとに」という意味。

190 答④ way

彼は最初は違う意見だったが，結局は同調圧力に屈した。
▶give off *A* は「*A* を放出する」という意味。

191 答① as

首相は，首脳会談は成功だったと述べた。
▶*A* を *B* と評するというニュアンスがある。

192 答② most

そのホールはかなり小さく，せいぜい100人しか収容できない。
▶at (the) least は「少なくとも」，at once は「すぐに」，at last は「ついに，とうとう」という意味。

193 答① by accident

マイケルは芸能界に興味がなかったが，たまたまミュージカルスターになった。
▶by chance とも言う。in turn は「交替で，順番に」，on time は「時間通りに」という意味。

194 答① interferes

家で仕事をしているとき，猫がしょっちゅうやってきて私の邪魔をする。
▶interfere in *A* は「*A* に干渉する，*A* を仲裁する」，part with *A* は「*A* を手放す」という意味。

195 答② On the contrary

ライアンはおとなしそうに見えるが，そうではない。反対に社交的な人間だ。
▶*A* to the contrary は「反対の *A*」という意味。in other words は「言いかえれば，すなわち」，for the first time は「初めて」という意味。

196 答③ away

オードリー・ヘップバーンは1993年に63歳で亡くなった。
▶die とも言う。

☐ **197** The city of Granada is known ☐ its exotic palace called the
★★   Alhambra.

    ① for   ② as   ③ to   ④ over

☐ **198** It's not like Emily to skip practice. What's the matter ☐ her?
★★   ① of   ② with   ③ in   ④ on

☐ **199** Dad ☐ his promise and bought me a bicycle for my birthday.
★★   ① kept   ② did   ③ took   ④ looked

☐ **200** I looked up and saw a little boy hanging ☐ to a branch of the
★★   tree.

    ① in   ② on   ③ up   ④ down

3 上級熟語

☐ **201** Some people may think otherwise, but he is ☐ a coward.
★   ① something but   ② anything but
    ③ anyone of   ④ nothing in

☐ **202** Although she's not in good shape, she will win third place at ☐.
★   ① best   ② worst   ③ good   ④ present

☐ **203** I ☐ a good idea when I was taking a nice, warm bath.
★   ① hit for   ② aimed at   ③ hit on   ④ came about

197 答 ① for

グラナダの町はアルハンブラという名の異国情緒あふれる宮殿で有名だ。

▶be famous for *A* とも言う。be known as *A* は「*A* として知られている」，be known to *A* は「*A* に知られている」という意味。*A* be known as *B* は *A* = *B* の関係だが，*A* be known for *B* は *A* ≠ *B* の関係である。

198 答 ② with

エミリーが練習を休むなんて彼女らしくない。彼女はどうしたのですか？

▶What's wrong with *A*? とも言う。

199 答 ① kept

父は約束を守り，私の誕生日に自転車を買ってくれた。

▶keep *one's* word とも言う。

200 答 ② on

上を見ると小さな男の子が木の枝にしがみついているのが見えた。

▶「電話を切らずに待つ」という意味もある。

201 答 ② anything but

違うふうに考える人もいるかもしれないが，彼は決して臆病者ではない。

▶by no means/far from *A* とも言う。

202 答 ② worst

彼女の体調は万全ではないが，最悪でも 3 位には入るだろう。

▶at best は「よくても，せいぜい」，at present は「現在は」という意味。

203 答 ③ hit on

私は気持ちよく暖かいお風呂につかっているときに良いアイデアを思いついた。

▶come across *A* とも言う。aim at *A* は「*A* をねらう」，come about は「生じる」という意味。

□ **be known for *A***
A で知られている［有名だ］

□ **What is the matter with *A*?**
A はどうしたのですか？

□ **keep *one's* promise**
約束を守る

□ **hang on**
しがみつく，続行する

□ **anything but *A***
決して *A* でない

□ **at (the) worst**
最悪でも，せいぜい

□ **hit on *A***
A 〈考えなど〉を思いつく

19

熟語

2
〜
3

325

204 "Would you make a reservation at the restaurant for us?"
"By _____."

  ① no means   ② all means   ③ any mean   ④ other means

205 This is the third time in _____ years that Laura has changed her job.

  ① as much   ② as many   ③ as soon as   ④ as much as

206 Though the experiment _____ in failure, there were some significant findings.

  ① succeeded   ② participated   ③ resulted   ④ caught

207 If you use a microwave, you can prepare meals in _____ time.

  ① most   ② other   ③ no   ④ fewer

208 Irregular weather patterns are _____ to appear because of global warming.

  ① bind   ② fixed   ③ afraid   ④ bound

209 _____ me, I have no objection to your plan.

  ① But for   ② As for   ③ All but   ④ As of

210 While my car was under repair, John _____ to the office.

  ① gave me a ride   ② gave birth
  ③ put me together   ④ put together

211 The store my mother runs deals _____ various fabrics from around the world.

  ① for   ② in   ③ at   ④ of

212 Every citizen has the right to be treated _____ the law.

  ① in return for   ② in accordance for
  ③ in return with   ④ in accordance with

204\ 答 ② all means
「私たちのためにそのレストランを予約してくれますか？」
「もちろんです。」
▶certainly/of course とも言う。by no means は「決して～ない」という意味。

205\ 答 ② as many
ローラが転職するのは 3 年間で 3 回目だ。
▶as many (years)「同数の (年)」は the third time「3 回目」の 3 と同じ数ということなので「3 年に 3 回」という意味になる。as soon as ～ は「～するとすぐ」，as much as A は「A と同量の」という意味。

206\ 答 ③ resulted
実験は失敗に終わったが，いくつか重要な発見があった。
▶succeed in A は「A に成功する」，participate in A は「A に参加する」という意味。

207\ 答 ③ no
電子レンジを使えばあっという間に食事を準備することができる。
▶immediately/quickly とも言う。

208\ 答 ④ bound
地球温暖化のため確実に異常気象が起こる。
▶be sure[certain] to do とも言う。be afraid to do は「こわくて～できない」という意味。

209\ 答 ② As for
私に関しては，あなたの案に異論はありません。
▶regarding A とも言う。but for A は「A がなかったら」，as of A は「A 現在で，A の時点で」という意味。

210\ 答 ① gave me a ride
私の車を修理に出している間，ジョンが私を会社まで乗せてくれた。
▶give birth to A は「A を生む」という意味。

211\ 答 ② in
母が経営する店は世界中からのさまざまな布地を扱っている。
▶「〈店が〉A〈商品など〉を扱う」という意味で用いられる。deal with A は「A〈問題など〉に対処する」という意味になる。

19

熟語

3

212\ 答 ④ in accordance with
すべての市民には法律に従って扱われる権利がある。
▶in return for A は「A のお返しに，A と引き換えに」という意味。

☐ **213** We have to finish this work by the end of this week, ☐.
★

   ① at rate   ② at first   ③ at any rate   ④ at first sight

☐ **214** I saw Miranda after a number of years and she was as beautiful
★   ☐.

   ① as one can   ② as never   ③ as ever   ④ for ever

☐ **215** Living far from home, Greg gives his wife ☐ every day.
★

   ① call   ② calling   ③ a call   ④ calls

☐ **216** Stephanie speaks Chinese, ☐ English and German.
★

   ① to be frank with you   ② to say nothing of
   ③ to be sure   ④ to begin with

☐ **217** It often takes me a while to get ☐ of his extraordinary ideas.
★

   ① out   ② well   ③ caught   ④ hold

☐ **218** The government is now ☐ its efforts on reviving the economy.
★

   ① basing   ② contributing
   ③ behaving   ④ concentrating

☐ **219** He wanted to do the job all by himself, but ☐, he'll need to ask
★ someone for help.

   ① as it were   ② what is more
   ③ as it is   ④ as to what

☐ **220** There are few grammatical errors, ☐, in her essay.
★

   ① if not   ② if any   ③ if never   ④ if only

213 答 ③ at any rate
私たちはとにかくこの仕事を今週の終わりまでに終えなければな
らない。
▶anyway とも言う。at first は「最初は」，at first sight は「一見し
て」という意味。

214 答 ③ as ever
久しぶりにミランダに会ったが，彼女はあいかわらず美人だった。
▶as A as *one* can は「できる限り A」という意味。

215 答 ③ a call
家から遠く離れて暮らしているので，グレッグは毎日妻に電話を
かける。
▶give A a ～ の形はほかに，give A a hand「A に手を貸す」，give
A a ride「A を車に乗せてやる」などがある。

216 答 ② to say nothing of
ステファニーは英語とドイツ語は言うまでもなく，中国語を話す。
▶to be frank with you は「率直に言えば」，to be sure は「確かに」，
to begin with は「まず第一に」という意味。

217 答 ④ hold
彼の途方もないアイデアを理解するのにしばらくかかることがよ
くある。
▶「A をつかむ，A を捕まえる」という意味もある。get out of A は
「A から出る」という意味。

218 答 ④ concentrating
現在，政府は経済を再建することに努力を集中させている。
▶base A on B は「A を B に基づかせる」という意味。

219 答 ③ as it is
彼はその仕事をすべて1人でやりたかったが，実際のところ誰か
に助けを求めることになるだろう。
▶「現状のままで，あるがままに」という意味もある。as it were は
「いわば」という意味。

220 答 ② if any
彼女のレポートには，文法の間違いはたとえあったとしてもごく
わずかしかない。
▶Correct errors, if any. 「間違いがあれば直せ。」のように「A があれ
ば」という意味でも用いる。if not は「もしそうでなければ」，if only
～ は「～するだけでも，～でありさえすれば」という意味。

□ at any rate
とにかく

□ as A as ever
あいかわらず A で

□ give A a call
A に電話をかける

□ to say nothing
of A
A は言うまでも
なく

□ get hold of A
A を理解する，
A を手に入れる

□ concentrate A
on B
A を B に集中さ
せる

□ as it is
実際のところは

19

□ if any
たとえあっても

熟語

3

329

□ 221 This type of sandal is back in ☐ now.
　① person　② advance　③ basic　④ fashion

□ 222 When you take Cookie out for a walk, don't let ☐ his leash.
　① go with　② go in　③ go ahead　④ go of

□ 223 The police haven't found any clues in ☐ to the incident.
　① addition　② contrast　③ proportion　④ relation

□ 224 My brother gave me some advice on how to go ☐ getting a job.
　① into　② after　③ about　④ in

□ 225 Maintenance costs money, but is beneficial in ☐.
　① the works　② the long run
　③ the meantime　④ those days

□ 226 Five-month-old kittens are full of energy and are often out of
☐.
　① date　② order　③ words　④ control

□ 227 The birthrate is high in Okinawa in comparison ☐ other
prefectures.
　① with　② of　③ for　④ over

□ 228 Recovery from the flood is still ☐ in that region.
　① in the way　② off the way　③ by the way　④ under way

□ 229 Just a small number of actors can make ☐ by acting alone.
　① a mistake　② a speech　③ a decision　④ a living

221\ 答 ④ fashion
このタイプのサンダルが今また流行している。
▶(go) out of fashion で「はやらなく(なる)」という意味。in person は「自分で，自ら」，in advance は「前もって」という意味。

222\ 答 ④ go of
クッキーを散歩に連れていくときは，リードを離してはいけません。
▶go ahead は「先へ進む」という意味。

□ let go of *A*
A を放す

223\ 答 ④ relation
警察はその事件に関する手がかりをまだつかんでいない。
▶in addition to *A* は「*A* に加えて」，in contrast to[with] *A* は「*A* と対照的に」，in proportion to *A* は「*A* と比例して」という意味。

□ in relation to *A*
A について

224\ 答 ③ about
兄は私に，就活を始めるにあたってのアドバイスをくれた。
▶go into *A* は「*A* を調査する」という意味。

□ go about *A*
A にとりかかる

225\ 答 ② the long run
点検にはお金がかかるが，長い目で見れば利益になる。
▶in the long term とも言う。in the short run[term] で「短期的には」という意味。in those days は「その当時は」という意味。

□ in the long run
長い目で見れば，
結局は

226\ 答 ④ control
5ヶ月の子猫は元気があふれていてしばしば手に負えない。
▶under control で「制御されて」という意味。out of date は「時代遅れで」，out of order は「故障して」という意味。

□ out of control
手に負えない

227\ 答 ① with
他県と比べて，沖縄は出生率が高い。
▶compared to[with] *A* とも言う。

□ in comparison
with *A*
A と比べて

228\ 答 ④ under way
その地域では洪水からの復旧がまだ進行中である。
▶by the way は「ところで，ついでながら」という意味。

□ under way
進行中で

229\ 答 ④ a living
ほんの一握りの役者しか演技だけで生計を立てられない。
▶earn[gain] a living とも言う。make a mistake は「間違える，誤りを犯す」，make a speech は「演説をする」，make a[the] decision は「決心する」という意味。

□ make a living
生計を立てる

19

熟語

3

230 [____] April 2020, the population of our city is about 150,000.

① As to　　② As for　　③ As of　　④ As in

231 Consumers aren't spending much money, so [____] that the economy will suffer.

① it is time　　② it takes　　③ it comes　　④ it follows

232 I think you are old enough to be [____] of your parents.

① dependent
② reliant
③ independent
④ responsible

233 After finding the missing boy, he has become [____] of a public figure.

① nothing　　② anything　　③ something　　④ everything

234 Deep in thought, John was pacing [____] with crossed arms.

① back to back
② inside out
③ back and forth
④ in between

235 A lot of companies will need government loans to get [____] their financial difficulties.

① off　　② down　　③ to　　④ over

236 He is a polite, hardworking person. It is no [____] that he succeeded in business.

① idea　　② chance　　③ wonder　　④ hope

237 Her new novel isn't popular, but I think it's superior [____] her previous one.

① than　　② over　　③ to　　④ of

238 These characteristics are peculiar [____] animals of the same species.

① of　　② for　　③ to　　④ among

230\ 答 ③ As of
2020年4月現在，我が市の人口は約15万人だ。
▶as to *A*/as for *A* はいずれも「*A* に関しては」という意味。

□ as of *A*
A 現在で，*A* 以降

231\ 答 ④ it follows
消費者があまりお金を使っていないので，当然経済は落ち込むことになるだろう。
▶It is time (that) ~ は「~してよい時間だ」という意味。

□ It follows that ~
当然~というこ
とになる

232\ 答 ③ independent
君は両親から独立してもおかしくない年齢だ。
▶be dependent on *A* で「*A* に頼っている」という意味。

□ be independent
of *A*
A から独立して
いる

233\ 答 ③ something
行方不明の男の子を見つけてから，彼はちょっとした有名人になった。
▶nothing of *A* は「少しも *A* でない」という意味。

□ something of
a ~
ちょっとした~

234\ 答 ③ back and forth
考え事をしながら，ジョンは腕を組んで行ったり来たりしていた。
▶inside out は「裏返しに」という意味。

□ back and forth
前後に，左右に，
あちこちに

235\ 答 ④ over
多くの会社は経営難を克服するために政府の貸付を必要とするだろう。
▶get to *A* は「*A* に到着する」という意味。

□ get over *A*
A を克服する

236\ 答 ③ wonder
彼は礼儀正しく仕事熱心な人だ。彼が事業で成功したのは当然だ。
▶しばしば it is と that を省略して，No wonder he succeeded in business. のように用いる。

□ It is no wonder
(that) ~
~なのは当然だ

237\ 答 ③ to
彼女の新しい小説は評判がよくないが，前作よりも優れていると思う。
▶be inferior to *A* で「*A* より劣っている」という意味。

□ be superior to
A
A より優れている

19

238\ 答 ③ to
これらの特徴は同じ種の動物に特有だ。
▶be proper to *A* とも言う。

□ be peculiar to
A
A に特有である

**熟
語**

3

☐ **239** ★ He felt that he was at the ☐ of the court when he went before the judge.

① sake   ② mercy   ③ justice   ④ sight

☐ **240** ★ Light rain didn't ☐ them from going on a hike.

① encourage   ② astonished   ③ illuminated   ④ discourage

☐ **241** ★ They had a question in ☐ of the contract.

① honor   ② respect   ③ need   ④ favor

☐ **242** ★ I yelled, but could not make myself ☐ because of the noise.

① hear   ② heard   ③ hearing   ④ to hear

☐ **243** ★ A group of youngsters ☐ an old woman of her bag.

① took   ② made   ③ robbed   ④ stole

☐ **244** ★ The leader of the country has ☐ over several decades.

① had his way   ② had his own
③ taken its way   ④ given way

☐ **245** ★ She answered my phone call, but ☐ up before I could even finish talking.

① picked   ② hung   ③ put   ④ called

☐ **246** ★ When food goes bad, it usually gives ☐ a bad smell.

① away   ② off   ③ over   ④ around

239 答 ② mercy
裁判官の前に立ったとき，彼は自分が法廷のなすがままだと感じた。
▶at the sight of A は「A を見て」という意味。

240 答 ④ discourage
小雨が彼らにハイキングに行くのを思いとどまらせることはなかった。
▶encourage A to do で「A に～するように勧める」という意味。

241 答 ② respect
契約書に関して，彼らには疑問があった。
▶with respect to A とも言う。in need of A は「A を必要として」，in favor of A は「A に賛成して，A のために」という意味。

242 答 ② heard
私は叫んだが，騒音のために私の声が聞こえるようにすることができなかった。
▶make oneself understood だと「話が通じる」という意味になる。

243 答 ③ robbed
若者の集団が年配の女性からバッグを奪った。
▶力ずくで奪うというニュアンスがある。steal B from A だとこっそり盗むというニュアンスになる。make A (out) of B は「B〈材料〉で A を作る」，make A from B は「B〈原料〉から A を作る」という意味。

244 答 ① had his way
その国の指導者は何十年も自分の思い通りに振る舞ってきた。
▶しばしば have one's own way のようにも用いる。

245 答 ② hung
彼女は私の電話に出たが，私が話を終える前に電話を切った。
▶hang on で「電話を切らずに待つ」という意味。put up A/put A up は「A を建てる，A をかかげる」という意味。

246 答 ② off
食べ物が腐るときは，たいてい嫌なにおいを出す。
▶熱・光などを発する場合は，give out A も用いられる。

□ at the mercy of A
A のなすがままに

□ discourage A from doing
A に～するのを思いとどまらせる

□ in respect of A
A に関しては

□ make oneself heard
自分の声が聞こえるようにする

□ rob A of B
A〈人〉から B を奪う

□ have one's way
思い通りに振る舞う

□ hang up
電話を切る

□ give off A
A を放出する

19

熟語

3

335

247 ☐ [ ] do is click, and your purchase will be delivered to you.

① You all have to   ② You have all to

③ All you have to   ④ Have you all to

248 ☐ "FYI" [ ] for "for your information" and is commonly used in e-mails.

① means   ② searched   ③ looks   ④ stands

249 ☐ When the teacher asked a question, the pupils raised their hands [ ].

① all over   ② all at once

③ once and for all   ④ above all

250 ☐ The donations for the victims of the typhoon [ ] to 30 million yen.

① amounted   ② moved   ③ accounted   ④ referred

251 ☐ He is going to employ a nurse who will attend [ ] his grandmother.

① to   ② for   ③ of   ④ at

252 ☐ Most vegetables in this area do not grow well for [ ] of sunlight.

① need   ② necessity   ③ short   ④ want

253 ☐ You will need to [ ] to our privacy policy when making purchases online.

① contend   ② content   ③ consent   ④ dissent

254 ☐ There is no clear explanation that [ ] one's likes and dislikes.

① counts on   ② relies on

③ accounts for   ④ gives for

255 ☐ You are old enough to [ ] to get into serious trouble.

① had better   ② learn better than

③ catch better   ④ know better than

247\ 答 ③ All you have to
あなたはクリックさえすればよく, 買った物はあなたのもとに届けられます。
▶All you have to do is click は You only have to click/You have only to click でもほぼ同じ意味になる。

□ all *one* have to do is (to) *do*
〜しさえすればよい

248\ 答 ④ stands
「FYI」は「参考までに」を表し, E メールでは普通に使われる。
▶mean/represent とも言う。search for *A* は「*A* を検索する」, look for *A* は「*A* を探す」という意味。

□ stand for *A*
A を表す

249\ 答 ② all at once
先生が質問をすると, 生徒たちは一斉に手を挙げた。
▶at once だけでも同じ意味を表す。all over *A* は「*A* じゅうで[に]」, once and for all は「きっぱりと」, above all は「とりわけ, 特に」という意味。

□ all at once
一斉に

250\ 答 ① amounted
台風の被災者のための義援金は 3 千万円に達した。
▶come to *A*/run to *A* とも言う。move to *A* は「*A*〈場所〉へ引越す」, refer to *A* は「*A* に言及する」という意味。

□ amount to *A*
A に達する

251\ 答 ① to
彼は祖母の世話をする看護師を雇う予定だ。
▶「*A*〈仕事など〉を処理する」という意味もある。take care of *A* とも言う。attend *A* は「*A* に出席する」という意味。

□ attend to *A*
A の世話をする

252\ 答 ④ want
この地域のほとんどの野菜は日照不足のために十分に育たない。
▶for lack of *A* とも言う。

□ for want of *A*
A の不足のために

253\ 答 ③ consent
オンラインでご購入の際は, 私どものプライバシーポリシー (個人情報保護方針) に同意していただく必要があります。
▶agree to *A* とも言う。

□ consent to *A*
A に同意する

254\ 答 ③ accounts for
人の好き嫌いについてはっきり説明できることはない。
▶count on *A*/rely on *A* は「*A* を頼りにする」という意味。

□ account for *A*
A を説明する, *A*〈割合〉を占める

19

熟語

3

255\ 答 ④ know better than
あなたはもう深刻なトラブルに巻き込まれないだけの分別があってしかるべき年齢だ。
▶had better *do* だと「〜した方がよい」という意味になる。

□ know better than to *do*
〜しないだけの分別を持つ

☐ **256** The researchers were content ☐ the results of the experiment.
★
   ① of   ② for   ③ about   ④ with

☐ **257** After ☐ school, he was engaged in various jobs.
★
   ① leaving   ② coming   ③ going   ④ heading

☐ **258** Children's opinions are ☐ influence from their parents.
★
   ① subjective of   ② subject to
   ③ subjecting to   ④ subject from

☐ **259** An important person like a president is usually ☐ secret service agents.
★
   ① capable of   ② accustomed with
   ③ accompanied by   ④ contained by

☐ **260** Participants at the event are ☐ to try the new product.
★
   ① free   ② open   ③ quiet   ④ afraid

☐ **261** One pound is roughly ☐ 450 grams.
★
   ① familiar to   ② able to   ③ due to   ④ equal to

☐ **262** My office is close to Jim's house, so I often ☐ him.
★
   ① drop in on   ② drop on in   ③ drop in at   ④ drop on at

☐ **263** I read the poem over and over until I learned it by ☐.
★
   ① heart   ② hands   ③ eyes   ④ blank

☐ **264** ☐ the sky, it will soon start raining.
★
   ① But for   ② Judging from
   ③ By means of   ④ When it comes to

256\ 答 ④ with
研究者たちは実験の結果に満足だった。
▶be satisfied with A とも言う。

257\ 答 ① leaving
学校を卒業してから，彼はさまざまな仕事に従事した。
▶「卒業する」と「退学する」のどちらの意味になるかは文脈から判断
する。graduate from A は「A を卒業する」という意味。

258\ 答 ② subject to
子どもたちの意見というものは親の影響を受けやすい。
▶「A の支配下にある」という意味もある。

259\ 答 ③ accompanied by
大統領のような要人はたいていシークレットサービスに付き添わ
れている。
▶be capable of *doing* は「～できる」という意味。of の後には名詞
もくる。

260\ 答 ① free
そのイベントの参加者は新製品を自由に試すことができる。
▶feel free to *do* はしばしば命令文で「自由に～してください」とい
う意味で用いられる。

261\ 答 ④ equal to
1 ポンドはおおよそ 450 グラムに等しい。
▶be familiar to A は「A によく知られている」，be due to A は「A
のせいである」という意味。

262\ 答 ① drop in on
私の職場はジムの家に近いので，私はよく彼のところに立ち寄る。
▶「〈人〉を訪ねる」という意味。drop in at A で「A〈場所〉に立ち寄
る」という意味。

263\ 答 ① heart
私はその詩を何度も読んでいるうちに暗記してしまった。
▶memorize とも言う。

264\ 答 ② Judging from
空模様から判断すると，もうすぐ雨が降り出すだろう。
▶judging by A とも言う。but for A は「A がなければ」，by means
of A は「A によって」，when it comes to A は「A のことになると」
という意味。

□ be content
with A
A に満足している

□ leave school
卒業する，退学
する

□ be subject to
A
A を受けやすい

□ be
accompanied
by A
A に付き添われる

□ be free to *do*
自由に～するこ
とができる

□ be equal to A
A に等しい

□ drop in on A
A〈人〉に立ち寄る

□ learn A by
heart
A を暗記する

□ judging from
A
A から判断すれば

19

**熟
語**

3

☐ **265** Ted ☐ his girlfriend among the people waiting for the crossing
★　signal.

①　took sight in　　　　　②　caught sight in
③　took sight of　　　　　④　caught sight of

☐ **266** This is an amazing achievement, taking his age ☐
★　consideration.

①　into　　　②　with　　　③　on　　　④　for

☐ **267** Keep in mind you can always ☐ on me anytime you need help.
★
①　try　　　②　ask　　　③　carry　　　④　count

☐ **268** Kelly visits her grandparents in Seattle ☐.
★
①　from place to place　　　②　from A to Z
③　from time to time　　　④　from side to side

☐ **269** Her parents were both ☐ to her becoming an actress.
★
①　reversed　　②　oppressed　　③　similar　　④　opposed

☐ **270** When you are ☐ with the comic book, give it to me.
★
①　among　　②　through　　③　between　　④　above

☐ **271** On ☐ we invite our neighbors to a barbecue.
★
①　average　　②　occasion　　③　foot　　④　place

☐ **272** The 17-year-old soccer genius will meet the team's expectations
★　☐ fail.

①　without　　②　despite　　③　with　　④　beyond

☐ **273** Both my parents approved ☐ my going abroad to study music.
★
①　at　　②　with　　③　for　　④　of

265＼ 答 ④ caught sight of
テッドは信号待ちをしている人たちの中に自分のガールフレンドを見つけた。
▶lose sight of A で「A を見失う」という意味。

266＼ 答 ① into
彼の年齢を考慮に入れると，これは驚くべき偉業だ。
▶take A into account とも言う。

267＼ 答 ④ count
助けが必要なときはいつでも私を頼りにしていいということを覚えていてください。
▶rely on A とも言う。carry on A は「A を続ける」という意味。

268＼ 答 ③ from time to time
ケリーは時々シアトルの祖父母を訪ねる。
▶occasionally とも言う。from place to place は「あちらこちらへ」，from A to Z は「初めから終わりまで」，from side to side は「左右に，横に」という意味。

269＼ 答 ④ opposed
彼女の両親は 2 人とも彼女が女優になることに反対した。
▶be similar to A は「A に似ている」という意味。

270＼ 答 ② through
その漫画を読み終わったら，私にください。
▶get through with A で「A を終える」という意味になる。

271＼ 答 ② occasion
私たちは時おり隣人たちをバーベキューに招く。
▶occasionally とも言う。on average は「平均して」，on foot は「徒歩で」という意味。

272＼ 答 ① without
17 歳のサッカーの天才少年は必ずチームの期待に応えるだろう。
▶約束や命令を強調する場合などに用いる。

273＼ 答 ④ of
両親とも私が音楽を勉強するために留学することに賛成してくれた。
▶disapprove of A で「A に賛成しない」という意味。

☐ **274** I can never [   ] you for such rude behavior.
★
     ① change   ② exchange   ③ demand   ④ excuse

☐ **275** Weather [   ], we'd like to hold our wedding outdoors.
★
     ① permitting   ② admitting   ③ submitting   ④ persuading

☐ **276** [   ] all his efforts, he hasn't been able to stop smoking.
★
     ① Of   ② Above   ③ In   ④ With

☐ **277** Jude was [   ] to take piano lessons when he was small.
★
     ① excelled   ② compelled   ③ composed   ④ expressed

☐ **278** She never eats out [   ] checking if the restaurant has vegetarian food.
★
     ① with   ② without   ③ on   ④ over

☐ **279** Brigit started a part-time job for the [   ] of financial independence.
★
     ① sake   ② best   ③ merit   ④ reason

☐ **280** She started making dolls just for fun, but eventually went [   ] to open an online store.
★
     ① as long as   ② as soon as   ③ so far as   ④ so as much

☐ **281** No [   ] had the phone started to ring than she picked it up.
★
     ① sooner   ② later   ③ better   ④ earlier

☐ **282** I don't have any musical ability, but that doesn't mean I'm [   ] to music.
★
     ① known   ② related   ③ indifferent   ④ difficult

274\ 答 ④ excuse
あなたのそんなに無礼な振る舞いは決して許すことができません。
▶change A for B は「A と B を交換する」という意味。

275\ 答 ① permitting
天気が良ければ，私たちは結婚式を屋外でやりたいと思っている。
▶if the weather is good と言いかえることができる。

276\ 答 ④ With
努力したにもかかわらず，彼は禁煙できていない。
▶for all A/despite A とも言う。above all は「とりわけ，特に」，in all は「全部で」という意味。

277\ 答 ② compelled
ジュードは小さいころピアノのレッスンを受けさせられた。
▶be forced to do とも言う。

278\ 答 ② without
彼女は外食するときは必ずそのレストランにベジタリアン料理があるかどうかを調べる。
▶without doing は「～しないで」という意味。

279\ 答 ① sake
ブリジットは経済的に自立するためにアルバイトを始めた。
▶for A's sake とも言う。

280\ 答 ③ so far as
彼女はほんの趣味で人形を作り始めたが，最終的にウェブショップを開くまでに至った。
▶しばしば I wouldn't go so far as to say A. 「A とまでは言わないけれど。」の形で用いられる。as long as ～ は「～する限り〈時間〉」，as soon as ～ は「～するとすぐに」という意味。

281\ 答 ① sooner
電話が鳴るとすぐに彼女は電話を取った。
▶Hardly[Scarcely] ～ before[when] ... とも言う。

282\ 答 ③ indifferent
私に音楽の才能はないが，だからといって音楽に無関心というわけではない。
▶be known to A は「A に知られている」，be related to A は「A に関係のある」という意味。

□ excuse A for B
A〈人〉の B を許す

□ weather permitting
天候が良ければ[許せば]

□ with all A
A にもかかわらず

□ be compelled to do
やむなく～する

□ never ... without doing
…すると必ず～する

□ for the sake of A
A のために〈利益〉

□ go so far as to do
～までもする，～しさえする

□ no sooner ～ than ...
～するとすぐに…

□ be indifferent to A
A に無関心だ

19

熟語

3

343

283 My sister is on ☐ with her husband's parents and relatives.
① a good term ② good term ③ good terms ④ the good terms

284 All the actors and backstage staff were convinced ☐ the success of the play.
① at ② for ③ of ④ to

285 When I read the letter, I jumped to my feet in ☐ of myself.
① front ② spite ③ chance ④ terms

286 In some countries, poverty ☐ children of educational opportunities.
① affects ② delivers ③ reminds ④ deprives

287 The forest fire resulted ☐ the intense dry weather.
① from ② in ③ to ④ with

288 Experience in various jobs will make ☐ success.
① for ② with ③ to ④ in

289 This is ☐, but Josh is going to quit his job.
① of ourselves ② between ourselves
③ by ourselves ④ for ourselves

290 The students at this school are corresponding ☐ children in several African countries.
① with ② to ③ for ④ between

291 The museum ☐ visitors from taking photos or videos inside.
① provides ② produces ③ protects ④ prohibits

283\ 答 ③ good terms

私の姉は夫の両親や親戚と仲が良い。

▶good の代わりに bad を用いると「(A と) 仲の悪い間柄だ」という意味になる。

□ be on good terms (with A)
(A と) 仲の良い間柄だ

284\ 答 ③ of

役者と裏方のスタッフ全員がその劇の成功を確信していた。

▶be sure of A とも言う。

□ be convinced of A
A を確信している

285\ 答 ② spite

その手紙を読んで，私は思わず立ち上がった。

▶我を忘れてというニュアンス。in spite of A で「A にもかかわらず」という意味になる。英文中の jump to one's feet は「急に立ち上がる」という意味。in front of A は「A の前に」，in terms of A は「A の点から，A によって」という意味。

□ in spite of oneself
思わず

286\ 答 ④ deprives

いくつかの国々では，貧困が子どもたちから教育の機会を奪っている。

▶remind A of B は「A〈人〉に B を思い出させる」という意味。

□ deprive A of B
A から B を奪う

287\ 答 ① from

山火事は激しく乾燥した天候の結果起こった。

▶result in A は「A の結果になる」という意味。

□ result from A
A の結果として生じる

288\ 答 ① for

さまざまな仕事での経験は成功するのに役立つだろう。

▶ここでの make for A は「A の結果をもたらす」というニュアンス。

□ make for A
A に役立つ，A の方へ向かって行く

289\ 答 ② between ourselves

これはここだけの話だが，ジョシュは仕事を辞めるつもりだ。

▶between you and me とも言う。by oneself で「自分で」，for oneself で「自分で，自分のために」という意味。

□ between ourselves
ここだけの話だが

290\ 答 ① with

この学校の生徒たちはいくつかのアフリカの国の子どもたちと文通をしている。

▶correspond to A は「A に相当する，A に対応する」という意味。

□ correspond with A
A〈人〉と文通する

19

熟語

291\ 答 ④ prohibits

博物館は来館者に館内で写真や動画を撮影することを禁止している。

▶protect A from B は「A を B から守る」という意味。

□ prohibit A from doing
A が～するのを禁止する

3

345

292 ☐ ☐☐☐☐ to the budget, we need to talk with the person in charge of
★ this project.

① On regard   ② In addition

③ With regard   ④ At addition

293 ☐ As the CEO, Mr. Reed was ☐☐☐☐ of his responsibility for his
★ employees.

① conspicuous   ② conscious

③ conscience   ④ contagious

294 ☐ Virgil didn't get the teaching job for ☐☐☐☐ experience.
★

① lack in   ② short of   ③ want in   ④ lack of

295 ☐ My mother goes to the hairdresser's every ☐☐☐☐ month.
★

① other   ② another   ③ one   ④ the other

296 ☐ The doctor advised my father to ☐☐☐☐ from drinking alcohol.
★

① repeat   ② recover   ③ reverse   ④ refrain

297 ☐ He walks so fast that I cannot keep ☐☐☐☐ with him.
★

① face   ② pace   ③ distance   ④ temper

298 ☐ The Queen's birthday celebration coincided ☐☐☐☐ Easter last year.
★

① as   ② with   ③ on   ④ of

299 ☐ Josh is a calm person and seldom ☐☐☐☐ his temper.
★

① catches   ② takes   ③ loses   ④ gets

300 ☐ He is so stubborn that it's almost impossible to convince him ☐☐☐☐
★ anything.

① to   ② in   ③ of   ④ for

292 答 ③ With regard
予算に関しては，このプロジェクトの責任者と話す必要がある。
▶in addition to A は「A に加えて」という意味。

293 答 ② conscious
最高経営責任者として，リード氏は従業員に対する責任を自覚している。
▶be aware of A とも言う。

□ be conscious of A
A を自覚している

294 答 ④ lack of
バージルは経験がないため教える仕事を得ることができなかった。
▶for want of A とも言う。

□ for lack of A
A がないために

295 答 ① other
母は1ヶ月おきに美容院へ行く。
▶この場合 every second month と言いかえられる。

□ every other A
1つおきの[に] A

296 答 ④ refrain
医者は父に飲酒を控えるよう忠告した。
▶from の後には名詞もくる。recover from A は「A から回復する」という意味。

□ refrain from A
A を控える

297 答 ② pace
彼は歩くのがとても速いので，遅れずについて行くことができない。
▶keep up with A とも言う。

□ keep pace with A
A に遅れずについて行く

298 答 ② with
去年は女王の誕生日祝いがイースターと重なった。
▶「A と一致する」という意味もある。

□ coincide with A
A と同時に起きる

299 答 ③ loses
ジョシュは穏やかな人でめったに腹を立てない。
▶keep one's temper で「平静を保つ」という意味。

□ lose one's temper
腹を立てる

300 答 ③ of
彼はとても頑固なので，彼に何かを納得させるのはほぼ不可能だ。
▶A be convinced of B は「A〈人〉は B のことを確信している」という意味。

□ convince A of B
A〈人〉に B のことを確信させる

19
熟語
3

347

■ SCORE

	1回目	2回目	3回目
日付	／	／	／
★★★	／100問	／100問	／100問
★★	／100問	／100問	／100問
★	／100問	／100問	／100問
合計	／300問	／300問	／300問

目標ライン		
基礎	標準	難関
80 ／100	90 ／100	100 ／100
50 ／100	80 ／100	90 ／100
30 ／100	50 ／100	70 ／100
160 ／300	220 ／300	260 ／300

※問題を解き終わったら，上の表に日付・結果を記入して学習を振り返りましょう。
※間違えた問題はよく復習し，繰り返し演習することで定着を図りましょう。

　とうとう最終章になりました。ここまで本当によく頑張りました。自分を褒めてあげてください。この章では入試に頻出の熟語を扱っていますので，集大成として300個の熟語を整理できたと思います。この本が一通り終われば，間違った問題を中心に，なぜその答えになったのかという解法のプロセスをもう一度確認しましょう。ここまで乗り越えることができた皆さんの英語力は間違いなく伸びています。これからも何度もこの本を開いて，繰り返し演習をしてください。

　こうして皆さんと繋がれたことに心から感謝しています。この本が皆さんの英語力の向上に役立ち，皆さんが英語をこれまで以上に好きになってくれたなら本当に嬉しいです。健闘をお祈りしています。

巻末

特別付録
SPECIAL SUPPLEMENT

▶ワンポイント解説

各章で扱っている問題のうち，解説の最後に☞マークがある問題について，詳しい解説を掲載しています。☞マークがない問題の疑問点については，教科書などで確認しましょう。

▶索引（INDEX）

本書の解説や語彙リストに登場する語法・熟語を掲載しています。見出し語の右側にある数字はページ数です。問題によって表記の仕方が異なる場合もありますが，索引では見出し語の表記を統一しています。

1 動詞　　…p11

40 【speak/talk/say/tell の用法】

① speak
おもに自動詞として機能する。
speak to A「A〈人〉に話しかける」
speak with A「A〈人〉と話す」
speak about[of]「〜について話す」
He spoke to Kei.
「彼はケイに話しかけた。」
Kenji spoke about his dream.
「ケンジは夢について話した。」
▶目的語に「言語」が続き，speak ＋〈言語〉の形になると他動詞として機能する。

② talk
おもに自動詞として機能する。
talk to A「A〈人〉に話しかける」
talk with A「A〈人〉と話す」
talk about[of]「〜について話す」
You should talk with the teacher.
「あなたは先生と話すべきだ。」
She talked about her homework.
「彼女は宿題について話した。」
▶他動詞としての用法として，talk A into *doing*「A〈人〉を説得して〜させる」，talk A out of *doing*「A〈人〉を説得して〜をやめさせる」も覚えておく。

③ say
おもに他動詞として機能する。
say to A that S V「A〈人〉に〜を言う」
S say that S' V'「S〈新聞・雑誌・手紙・掲示板・広告〉には〜と書いてある」
He said to me that he would return tomorrow.
「彼は私に明日に帰ってくると言った。」
The newspapers said that it was going to be cloudy.
「新聞では曇りだと書いてあった。」

④ tell
おもに他動詞として機能する。唯一第4文型をとることのできる動詞。

tell A that S V「A〈人〉に〜と言う」
tell A to *do*「A〈人〉に〜するように言う」
tell A about[of]「〜について A〈人〉に話す」
tell A ＋名詞〈a lie/a joke/a secret/the truth〉「A〈人〉に〈名詞〉を言う」
Kana told me that she would go to America.
「カナは私にアメリカに行くと言った。」
The teacher told the students to sit down.
「先生は生徒に着席するように言った。」
The man told me about the accident.
「その男性は事故のことについて私に話した。」
The boy told me a lie.
「その少年は私に嘘をついた。」

61 【「〜に合う」の表現】

① become「〈服装など〉が〈人〉に似合う」
Your new dress becomes you very well.
「君の新しい服はとても似合っています。」
② suit「〈服装など〉が〈人・物〉に似合う」
Black suits you well.
「黒がよくお似合いです。」
③ go with「〈物〉が〈物〉に調和する」
Red wine goes with meat.
「赤ワインは肉とよく合う。」
④ match「〈物〉が〈物〉に調和する」
The white bag matches this red skirt.
「その白い鞄はこの赤いスカートと合っている。」
⑤ agree with「〈風土・気候・食べ物〉が〈人〉に合う」(通常否定文で用いる)
This food doesn't agree with Tom.
「この食べ物がトムに合わない。」
⑥ fit「〈大きさ・形〉が〈人〉に合う」
This hat fits me perfectly.
「この帽子は私にぴったりの大きさだ。」

3 【代表的な状態動詞】

I 知覚・感覚の意味
feel, hear, see, seem, smell, sound, taste

II 思考・認識の意味
believe, imagine, know, suppose, understand, wish

III 存在の意味
belong, contain, consist, exist, live, remain

14 【時・条件を表す接続詞】

I 「時」を表す接続詞
when S V ~「~するときに」
after S V ~「~した後に」
before S V ~「~する前に」
as soon as S V ~「~するとすぐに」
by the time S V ~「~する頃までに」
until S V ~「~するまでずっと」

II 「条件」を表す接続詞
if S V ~「もし~ならば」
unless S V ~「~でなければ」

18 【when と if 節の使い方】

I when 節
① 副詞節のとき「~するとき」
I'll tell him so when he comes back.
「彼が戻って来たとき、そう伝えます。」
▶ when 節は時を表す副詞節。⇒動詞は comes

② 名詞節のとき「いつ~するか」
I don't know when he will come back.
「彼がいつ戻るか私はわからない。」
▶ when 節は know の目的語なので名詞節。⇒動詞は will come

③ 形容詞節のとき（訳出しない）
Please tell me the time when he will come back.
「彼が戻って来る時間を教えてください。」
▶ when 節は the time を修飾する形容詞節。⇒動詞は will come

II if 節
① 副詞節のとき「もし~ならば」
He will not go out if it rains tomorrow.
「彼は明日雨が降れば外出しません。」
▶ if 節は条件を表す副詞節。⇒ 動詞は rains

② 名詞節のとき「~かどうか」
He doesn't know if it will rain tomorrow.
「彼は明日雨が降るかどうかわかりません。」
▶ if 節は know の目的語なので名詞節。⇒ 動詞は will rain

23 【期間を表す例文】

「私の叔父は死んで 3 年になる。」
① My uncle died three years ago.
② My uncle has been dead for three years.
③ It is[has been] three years since my uncle died.
④ Three years have passed since my uncle died.

3 | 受動態　　…p47

21 【代表的な句動詞】

speak to *A*「*A* に話しかける」
look after *A*「*A* を世話する」
look down on *A*「*A* を軽視する」
look up to *A*「*A* を尊敬する」
make fun of *A*「*A* をからかう」
pay attention to *A*「*A* に注意を払う」
take care of *A*「*A* を世話する」
laugh at *A*「*A* を笑う」
deal with *A*「*A* を扱う」
catch up with *A*「*A* に追いつく」

31 【by 以外の前置詞を用いた表現】

be covered with *A*「*A* に覆われている」
be involved in *A*「*A* に関係している」
be filled with *A*「*A* でいっぱいである」
be absorbed in *A*「*A* に夢中である」
be engaged in *A*「*A* に従事している」
be surprised at *A*「*A* に驚いている」
be interested in *A*「*A* に興味がある」
be pleased with *A*「*A* に満足している」
be killed in *A*「*A*〈戦争・事故〉で死ぬ」
be known to *A*「*A*〈人〉に知られている」
be known for *A*「*A* で知られている」
be known as *A*「*A* として知られている」

▶ be known の使い分け
① Her name is known to everyone in the town.
　「彼女の名前は町の皆に知られている。」
② Our president is known for his eloquent speech.
　「私たちの社長は雄弁な演説で知られている。」

③ Our president is known as a famous singer.
　「私たちの社長は有名な歌手として知られている。」
④ A man is known by the company he keeps.
　「人は付き合っている仲間で判断される。」
※②と③の違いは，主語と *A* にイコール関係が成立するなら as，イコール関係が成立しないなら for になる。

4 | 助動詞　　…p57

19 【should の注意すべき用法】

Ⅰ 〈判断・感情〉などを表す名詞・形容詞に続く that 節で用いられる用法
名詞
a pity, a shame
形容詞
natural, ridiculous, strange, surprising
Ⅱ 〈要求・提案・決定・命令〉などを表す動詞・形容詞に続く that 節で用いられる用法（should が省略されて原形動詞になることがある）
動詞
advise, ask, command, demand, insist, order, propose, request, require, suggest
形容詞
desirable, essential, important, necessary

28 【need の用法】

	肯定形	否定形	疑問形
一般動詞	need to *do* （needs）	don't need to *do* （doesn't）	Do S need to *do* ～ ? （Does）
助動詞	×	need not *do*	Need S *do* ～ ?

29 【推量や後悔を表す助動詞＋ have *done*】

「現在」の時点から「過去」の事柄についての推量や後悔を表す場合には，助動詞＋ have *done* を用いる。

> Ⅰ may[might] have *done*
>   「～したかもしれない」（推量）
> Ⅱ cannot[could not] have *done*
>   「～したはずがない」（推量）
> Ⅲ must have *done*
>   「～したにちがいない」（推量）
> Ⅳ should[ought to] have *done*
>   「～したはずだ」（推量）
>   「～すべきだったのに」（後悔）
> Ⅴ need not have *done*
>   「～する必要はなかった」（後悔）

5 仮定法   …p71

6 【仮定法過去形と仮定法過去完了形の混合パターン】

If 節は過去の事実に反する内容で，主節は現在の事実に反する内容を仮定する。
「もし（あのとき）～だったら（今頃）…だろう」
If S had *done* ～, S' would[could/might] have *do*...

8 【未来についての実現性の低い仮定】

未来の事柄において，実現の可能性が低いだろう，あり得ないだろうと考えられていることを仮定する。
「万一～したら…するだろうに」
① should を用いた場合
   If S should *do* ～,
   { S' will[can/may] *do*...
   { S' would[could/might] *do*...
   { 命令文...
② were to *do* を用いた場合
   If S were to *do* ～, S' would[could/might] *do*...

13 【「もし～がなければ」（仮定法過去形）の表現】

「もし水がなければ，私たちはもはや生きることはできないだろう。」
If it were not for water, we could not live any longer.
= Were it not for water, we could not live any longer.
= But for water, we could not live any longer.
= Without water, we could not live any longer.

14 【「もし~がなかったならば」(仮定法過去完了形)の表現】

「もし彼の助けがなかったならば, 彼女は成功しなかっただろう。」

If it had not been for his help, she would not have succeeded.

= Had it not been for his help, she would not have succeeded.

= But for his help, she would not have succeeded.

= Without his help, she would not have succeeded.

20 【as if の仮定法の表現】

Ⅰ as if S 過去形 do ~ (仮定法過去形)
「まるで~であるかのように」

▶主節の動詞の時と同じ時を表す。

① Kenji talks as if he knew everything.
　　 [現在]　　　 [現在]
「ケンジはまるですべてを知っているかのように話す。」

② Kenji talked as if he knew everything.
　　 [過去]　　　 [過去]
「ケンジはまるですべてを知っているかのように話した。」

Ⅱ as if S had done ~ (仮定法過去完了形)
「まるで~であったかのように」

▶主節の動詞の時よりも一つ前の時を表す。

① Kenji talks as if he had known everything.
　　 [現在]　　　 　　[過去]
「ケンジはまるですべてを知っていたかのように話す。」

② Kenji talked as if he had known everything.
　　 [過去]　　　 　　[大過去]
「ケンジはまるですべてを知っていたかのように話した。」

---

6 | 動名詞　　…p83

5 【動名詞と不定詞の使い分け】

Ⅰ 目的語に動名詞をとるおもな動詞
admit, avoid, consider, deny, dislike, enjoy, escape, finish, give up, mind, miss, postpone, practice, put off, quit, resist, risk, suggest

Ⅱ 目的語に不定詞をとるおもな動詞
afford, decide, determine, expect, fail, hesitate, hope, learn, manage, offer, plan, pretend, promise, refuse

Ⅲ 目的語に不定詞と動名詞の両方をとるおもな動詞
forget, regret, remember, stop, try

▶目的語に不定詞と動名詞の両方をとる場合, 意味が異なるので覚えておこう。

{ forget to do 「~することを忘れる」
{ forget doing 「~したことを忘れる」

{ regret to do 「残念ながら~する」
{ regret doing 「~したことを後悔する」

{ remember to do 「忘れずに~する」
{ remember doing 「~したことを覚えている」

{ stop to do 「~するために立ち止まる, 立ち止まって~する」
{ stop doing 「~することをやめる」

{ try to do 「~しようとする」
{ try doing 「試しに~してみる」

18 【動名詞の主語（意味上の主語）を示す必要があるとき】

動名詞の主語（意味上の主語）を示す必要がある時は以下のように区別をする。

① 代名詞の場合は，動名詞の直前に所有格か目的格を置いて表現する。

My boss insisted on her going there.

「上司は彼女にそこへ行くよう強く主張した。」

② 名詞の場合は所有格か目的格（そのままの形）で表現する。

My boss insisted on a new employee('s) going there.

「上司は新入社員にそこへ行くよう強く主張した。」

③ 無生物が主語の場合は目的格（そのままの形）で表現する。

He complained of his room being small.

「彼は自分の部屋が狭いと不平を述べた。」

25 【動名詞の重要構文】

There is no *doing*
「～することはできない」

It is no good[use] *doing*
「～するのは無駄だ」

It goes without saying that
「～は言うまでもない」

make a point of *doing*
「いつも～することにしている」

feel like *doing*「～したい気がする」

cannot help *doing*
「思わず～してしまう」

on[upon] *doing*「～するとすぐに」

in *doing*「～するときに」

be on the point of *doing*
「まさに～しようとしている」

be worth *doing*「～する価値がある」

be busy (in) *doing*「～するのに忙しい」

have difficulty[trouble] (in) *doing*
「～するのに苦労する」

spend *A* (in) *doing*
「～するのに *A* を費やす」

How about *doing*？
「～するのはいかがですか？」

look forward to *doing*
「～するのを楽しみに待つ」

with a view to *doing*「～する目的で」

object to *doing*
「～することに反対する」

what do you say to *doing*？
「～するのはどうですか？」

when it comes to *doing*
「～するということになると」

be used[accustomed] to *doing*
「～することに慣れている」（状態）

get used[accustomed] to *doing*
「～することに慣れる」（動作）

7 | 不定詞　…p95

1 【不定詞の名詞的用法】

不定詞が動詞の主語・目的語・補語になる。

① 動詞の主語

To swim in this river is dangerous.

= It is dangerous 〔to swim in this river〕.
　形式主語　　　　　　　　　　真主語

「この川で泳ぐことは危険です。」

② 動詞の目的語

Ken decided to go to New York.

「ケンはニューヨークに行くことを決めた。」

③ 動詞の補語

My dream is to become a policeman.

「私の夢は警察官になることです。」

6 【不定詞の形容詞的用法】

不定詞が直前の名詞を修飾する。

① 修飾する名詞と主語 - 述語の関係

I'm looking for someone to help me.

「私は私を助けてくれる人を探している。」

② 修飾する名詞と目的語 - 述語の関係

Tom has books to read in the park.

「トムは公園で読む本を持っている。」

I want something to write with.

「私は書くための物が欲しい。」

③ 修飾する名詞と同格関係

I made a promise to take her to the beach.

「私は彼女をビーチに連れて行くという約束をした。」

9 【不定詞の副詞的用法】

不定詞が名詞以外の語句や文を修飾する。

① 目的「〜するために」

She went to London to study art.

「彼女は芸術を勉強するためにロンドンに行った。」

② 感情の原因「〜して」

My parents were pleased to hear the news.

「私の両親はその知らせを聞いて嬉しかった。」

③ 判断の根拠「〜するなんて，〜するとは」

She was lucky to find such a nice bag.

「そのような素敵な鞄を見つけるなんて，彼女は幸運だった。」

④ 結果「その結果〜する」

He grew up to be a doctor.

「彼は成長して医者になった。」

・only to *do*「…だが（残念ながら）結局〜した」

・awake[wake up] to find「目を覚ますと〜だとわかる」

・grow up to be「成長して〜になる」

・never to *do*「二度と〜しなかった」

18 【不定詞が形容詞の意味を限定する用法】

A is ＋形容詞＋ to *do* の形で「*A* を〜するのは〈形容詞〉だ」の意味となり，形式主語 It を用いて，It is ＋形容詞＋ to *do A* と書きかえることができる。この用法では，easy/hard/difficult/dangerous/impossible/comfortable/uncomfortable/safe/tough などの形容詞が用いられる。

This river is dangerous to swim in.

= It is dangerous to swim in this river.

「この川で泳ぐのは危険だ。」

36 【完了不定詞】

完了不定詞（to have *done*）は，主節の動詞が示す時よりも不定詞の示す時の方が一つ前であることを表す。

① 主節の動詞の時（現在）と同じ時（現在）

He is said to be a good teacher.
　　[現在]　　[現在]

= It is said that he is a good teacher.
　　[現在]　　　　　[現在]

「彼は良い教師だと言われている。」

② 主節の動詞の時（現在）より前の時（過去）

He is said to have been a good teacher.
　　［現在］　　［過去］

= It is said that he was a good teacher.
　　［現在］　　　　［過去］

「彼は良い教師だったと言われている。」

③ 主節の動詞の時（過去）と同じ時（過去）

He was said to be a good teacher.
　　［過去］［過去］

= It was said that he was a good teacher.
　　［過去］　　　　［過去］

「彼は良い教師だと言われていた。」

④ 主節の動詞の時（過去）より前の時（大過去）

He was said to have been a good teacher.
　　［過去］　　　［大過去］

= It was said that he had been a good teacher.
　　［過去］　　　　［大過去］

「彼は良い教師だったと言われていた。」

37【be 動詞 to do 構文】

① 意図「～するつもり」
おもに if 節の中で用いられる。
If you are to realize your dream, you should practice harder.
「もしあなたが夢をかなえたいのなら，もっと一生懸命練習すべきだ。」

② 可能「～できる」
おもに否定文かつ to be *done* の形で用いられる。
He was not to be found.
「彼は発見されなかった。」

③ 義務「～しなければならない」
文脈で判断する。
We are to finish this work by Monday.
「私たちは月曜日までにこの仕事を終えなければならない。」

④ 予定「～する予定だ」
文脈で判断する。
The player is to leave America today.

「その選手は今日アメリカを発つ予定だ。」

⑤ 運命「～する運命だ」
文脈で判断する。
He was never to meet his partner again.
「彼は二度と配偶者に会わない運命にあった。」

51【不定詞を用いた重要表現】

to tell (you) the truth「実を言うと」
to be frank with you「率直に言えば」
to say the least (of it)
「控えめに言っても」
to be sure「確かに」
to begin with「まず第一に」
to make matters worse
「さらに悪いことには」
to say nothing of
= not to speak of
= not to mention
「～は言うまでもなく」
not to say「～とは言わないまでも」
strange to say「奇妙な話だが」
needless to say「言うまでもなく」
so to speak「いわば」

52【原形不定詞を用いた重要表現】

all *one* have to do is (to) *do*
「～しさえすればよい」
do nothing but *do*
「ただ～するだけである」
there is nothing to do but *do*
「～するほか仕方ない」

3 【代表的な分詞形容詞】

amazing	amazed
「驚くべき」	「驚いて」
annoying	annoyed
「いらいらさせる」	「いらいらして」
astonishing	astonished
「驚くばかりの」	「驚いて」
boring	bored
「退屈な」	「退屈して」
disappointing	disappointed
「失望させる」	「失望して」
embarrassing	embarrassed
「やっかいな」	「当惑した」
exciting	excited
「刺激的な」	「興奮して」
frightening	frightened
「ぞっとさせる」	「ぞっとした」
interesting	interested
「興味深い」	「興味を持って」
irritating	irritated
「いらいらさせる」	「いらいらした」
moving	moved
「感動させる」	「感動して」
pleasing	pleased
「楽しい」	「喜んで」
satisfying	satisfied
「満足のいく」	「満足して」
surprising	surprised
「驚くべき」	「驚いて」
tiring	tired
「疲れさせる」	「疲れて」

23 【完了分詞構文】

主節の時よりも一つ前の時を表す場合は完了分詞構文 (having *done*) を用いる。

Having seen him before, I recognized him at once.

「以前に彼に会ったことがあるので, 私はすぐに彼とわかった。」

▶ having been は省略されることが多い。

(Having been) Written in English, the report is difficult to understand.

「英語で書かれていたため, そのレポートは理解するのが難しい。」

29 【分詞構文を用いた代表的な定型表現】

all things considered
「すべてのことを考慮すると」
considering *A*「*A* を考慮すると」
given *A*「*A* を考慮すると」
seeing (that) S V ~「~を考えると」
frankly speaking「率直に言えば」
generally speaking「一般的に言えば」
strictly speaking「厳密に言えば」
broadly speaking「大ざっぱに言うと」
talking[speaking] of *A*「*A* と言えば」
such being the case
「そういう事情なので」
granted[granting] (that) S V ~
「たとえ~だとしても」
weather permitting「天気が良ければ」

36 【付帯状況の with】

付帯状況の with は，with A〈名詞〉B〈分詞・形容詞・副詞・前置詞句〉の形で表現する。「A が B の状態で，B しながら」という意味を表すことが多く，A と B とは主語→述語の関係になる。

① She looked me with her eyes shining.
「彼女は目を輝かせながら私を見た。」
② He sat in the chair with his legs crossed.
「彼は足を組んだまま椅子に座った。」
③ Don't speak with your mouth full.
「口にものを入れたまま話してはいけません。」
④ She fell asleep with her computer on.
「彼女はコンピューターをつけたまま寝入ってしまった。」
⑤ He was standing with his hands in his pockets.
「彼は両手をポケットに入れたまま立っていた。」

9 接続詞 …p125

4 【等位接続詞を用いた代表的な表現】

命令文 ..., and ~
「…しなさい。そうすれば~，…すれば~」
命令文 ..., or ~
「…しなさい。さもないと~，…しないと~」
not A but B「A ではなくて B」
both A and B「A と B 両方とも」
either A or B「A か B かどちらか」
neither A nor B
「A も B も両方とも~ない」
not only A but (also) B
「A だけでなく B も」= B as well as A

14 【同格 that】

Ⅰ 同格 that を用いる名詞
直前の名詞 (限定された名詞) に対する説明の役割になる。
anxiety, belief, claim, command, demand, desire, fact, fear, feeling, hope, idea, information, knowledge, news, notion, opinion, order, report, request, rumor, suggestion, view

Ⅱ 同格 that を用いない名詞
attempt, emotion, experience, habit, misunderstanding, permission, tendency

22 【whether と if の名詞節の区別】

	whether	if
① 動詞の主語	○	×
② 動詞の目的語	○	○
③ 動詞の補語	○	×
④ 前置詞の目的語	○	×

① Whether he will win or lose does not actually matter.
「彼が勝つか負けるかは実際問題ではない。」
② Mari asked me whether[if] I knew his address.
「マリは私が彼の住所を知っているかどうか尋ねた。」
③ The problem is whether she will accept the plan.
「問題は彼女がその計画を受け入れるかどうかだ。」
④ Our success depends on whether Tom join our team or not.
「私たちの成功はトムが私たちのチームに参加するかどうかにかかっている。」

32 【「~するとすぐに」の表現】

「彼女が家に着くとすぐに雨が止んだ。」

① as soon as S V ~

As soon as she got home, it stopped raining.

② the moment[the instant/the minute/the second/instantly/immediately/directly] S V ~

The moment[The instant/The minute/The second/Instantly/Immediately/Directly] she got home, it stopped raining.

③ S had hardly[scarcely] *done* ~ when[before] S' 過去形 V' ...

She had hardly[scarcely] got home when[before] it stopped raining.

④ S had no sooner *done* ~ than S' 過去形 V' ...

She had no sooner got home than it stopped raining.

45 【as far as を用いた定型表現】

① as far as *A* be concerned「*A* に関する限り」

As far as I'm concerned, I am against the idea.

「私に関する限り,その考えに反対です。」

② as far as *A* know「*A* が知る限り」

As far as I know, she is a great singer.

「私が知る限り,彼女は素晴らしい歌手です。」

③ as far as the eye can reach「見渡す限り」

There is snow as far as the eye can reach.

「見渡す限りの雪景色だ。」

48 【if「~ならば」の代用表現】

① suppose[supposing] (that) S V ~

直説法・仮定法の両方の文で用いられる。

Suppose[Supposing] (that) you were in my place, what would you do?

「もし君が私の立場にあるとしたら,どうしますか?」

② providing [provided] (that) S V ~

仮定法の文には用いない。

I will go, providing[provided] (that) they are not there.

「彼らがそこにいなければ,私は行きます。」

55 【接続詞の as】

① 「~とき,~しながら」(時)

It began to rain as I was going out.

「外出しようとしていたとき,雨が降り出した。」

② 「~なので」(理由)

As I didn't have any money, I was at a loss.

「お金が全くなかったので,私は途方に暮れてしまった。」

③ 「~につれて」(比例)

As she grew older, she became more beautiful.

「彼女は歳を重ねるにつれて,より美しくなった。」

④ 「~のように」(様態)

You can do as you like.

「あなたが好きなようにできます。」

⑤ 「~だけれども」(譲歩)

Young as he is, he is very brave.

「彼は若いけれども,とても勇敢だ。」

10 疑問詞 ···p145

1 【代表的な疑問詞】

Ⅰ 疑問代名詞 (不完全文が続く)

what, who, which, whom, whose

① What did you do yesterday?

「昨日あなたは何をしましたか?」

(do の後に目的語が不足)

② Who bought this expensive bag?

「誰がこの高価な鞄を買ったのですか?」

（bought の前に主語が不足）
Ⅱ 疑問副詞（完全文が続く）
　　how, where, when, why
① When did you buy this bag?
　「この鞄をいつ買ったの？」
② Why did you go to Kyoto last summer?
　「なぜ去年の夏あなたは京都に行ったの
　ですか？」

12 【間接疑問文】

疑問文のかたまりを文の中に組み込むこと
で，相手に間接的に尋ねる疑問文のこと。
間接疑問文はかたまりで名詞節になり，疑
問詞の後はＳＶの語順になる。
通常の疑問文　　　Who is he?
間接疑問文　　　　I don't know who he is.

23 【付加疑問文】

「〜ですよね」といった相手の同意を期待す
るときや，自分の考えを確かめたいときに
用いる文を付加疑問文という。
Ⅰ 肯定の場合
　　否定形＋代名詞
Ⅱ 否定の場合
　　肯定形＋代名詞
▶付加疑問文の（助）動詞は，文の（助）動
詞で決まる。
① 動詞が be 動詞のとき
　It is a nice day, isn't it?
　「良いお天気ですね。」
　She is not an English teacher, is she?
　「彼女は英語教師ではないですよね。」
② 動詞が一般動詞のとき
　You watch the movie, don't you?
　「あなたはその映画を見ますよね。」
　He didn't come here, did he?
　「彼は来なかったですね。」
③ 助動詞を含むとき
　She can solve the problem, can't she?
　「彼女はその問題を解けますよね。」
④ There is[are] の文のとき

There were three books on the desk,
weren't there?
「机の上に本が３冊あったんですね。」

11 関係詞　…p155

1 【関係代名詞】

関係代名詞は，文と文をつなぐ接続詞のは
たらき＋名詞のはたらきをする。関係詞節
内は不完全文（名詞が１つだけ不足した文）
が続く。

	先行詞〈人〉	先行詞〈人〉以外	先行詞〈人〉＋〈人〉以外
① 主格	who that	which that	that
② 目的格	whom that	which that	that
③ 所有格	whose	whose	×

① 主格の場合
　The girl is Mary. She is cooking now.
　⇒ The girl who is cooking now is Mary.
　「今料理をしている少女はメアリーで
　す。」
② 目的格の場合
　The man is Mr. Murakami.
　You saw him at the airport.
　⇒ The man whom you saw at the airport
　is Mr. Murakami.
　「あなたが空港で会った人は，村上さんで
　す。」
③ 所有格の場合
　There were some signs.
　He didn't understand their meanings.
　⇒ There were some signs whose
　meanings he didn't understand.
　「彼がその意味を理解できない標識がい
　くつかあった。」

16 【関係副詞】

関係副詞は，文と文をつなぐ接続詞のはたらき＋副詞のはたらきをする。関係詞節内は完全文が続く。

	先行詞
① where	place, situation, position, case, point, area など
② when	time, day, year など
③ why	reason

① where
　This is the town.
　She was born in the town[there].
　⇒ This is the town where she was born.
　「これは彼女が生まれた町です。」
② when
　I remember the day.
　I graduated from high school on that day[then].
　⇒ I remember the day when I graduated from high school.
　「私は高校を卒業した日を覚えている。」
③ why
　This is the reason.
　He made her so uncomfortable for this reason.
　⇒ This is the reason why he made her so uncomfortable.
　「これが彼が彼女を大変不愉快にさせた理由です。」

23 【関係副詞 how】

関係副詞 how は the way how S V ～ とは表現できない。how S V/the way S V/the way that[in which] S V の形で表現する。

This is the way.
He overcame various difficulties for this way.
⇒ This is how he overcame various difficulties.

⇒ This is the way he overcame various difficulties.
⇒ This is the way that[in which] he overcame various difficulties.
「このようにして彼は様々な困難を克服した。」

24 【関係代名詞 what】

関係代名詞 what はかたまりで名詞節(動詞の主語・目的語・補語，前置詞の目的語)になる。the thing(s) which と同意表現で，先行詞はない。関係詞節内は不完全文が続く。
① 動詞の主語のはたらき
　What he said was true.
　「彼が言ったことは真実だった。」
② 動詞の目的語のはたらき
　He didn't remember what he bought the other day.
　「彼は，自分が先日買ったものを覚えていなかった。」
③ 動詞の補語のはたらき
　She is not what she used to be.
　「彼女は昔とは違う。」
④ 前置詞の目的語のはたらき
　We are not interested in what they talked about.
　「私たちは彼らが話し合っていたことに関心がない。」

27 【what を用いた慣用表現】

what *A* is[am/are]「現在の *A*」
what *A* will be「将来の *A*」
what *A* was[were/used to be]
「過去の *A*」
what *A* seem[appear] to be
「見かけの *A*」
what *A* should[ought to] be
「あるべき *A*（の姿）」
what is called ~/what we[you/they]
call ~「いわゆる~」
what is more「さらに，そのうえ」
what is worse「さらに悪いことに」
A is to *B* what[as] *C* is to *D*
「*A* と *B* との関係は *C* と *D* との関係と
同じだ」
what with *A* and (what with) *B*
「*A* やら *B* やらで」

36 【複合関係代名詞】

かたまりで名詞節か副詞節のどちらかのは
たらきになる。関係詞節内は不完全文が続
く。

▶ whomever は whoever で代用されるこ
とが多い。
You can invite whoever[whomever] you like.
「あなたが好きな人は誰でも招いていいよ。」

	名詞節のはたらき	副詞節のはたらき
① whoever	「~する人は誰でも」 (=anyone who)	「たとえ誰が~しても」 (=no matter who)
② whichever	「~するものはどれでも」 (=anything which[that])	「たとえどれが [を] ~しても」 (=no matter which)
③ whatever	「~するものは何でも」 (=anything which[that])	「たとえ何が [を] ~しても」 (=no matter what)

43 【複合関係副詞】

かたまりで副詞節だけのはたらきになる。
関係詞節内は完全文が続く。

	副詞節のはたらき
① whenever	「~する時はいつでも」 「たとえいつ~しても」 (=no matter when)
② wherever	「~するところはどこでも」 「たとえどこへ [で] ~して も」(=no matter where)
③ however	however[no matter how] +形容詞 [副詞] S V ~ 「たとえどんなに~しても」

48 【数量代名詞 +of which[whom] の用法】

ここでの数量代名詞は，all/most/many/
much/both/either/neither/some/none な
ど。
① I have many bags. Some of them are very
big.
⇒ I have many bags, some of which are
very big.
「私はたくさん鞄を持っていて，そのうち
のいくつかはとても大きい。」
② He has two sons. He loves both of them.
⇒ He has two sons, both of whom he
loves.
「彼は 2 人息子がいるが，彼ら 2 人とも愛
している。」

50 【連鎖関係代名詞】

おもに関係代名詞＋ＳＶＶ' となる形を連鎖関係代名詞という。問50は,

Ken is a student.

The teachers believe (that) the student is honest.

の2文が1文になったものである。元の2文に共通する要素の a[the] student を関係代名詞にして節の頭に移動し，that 節の主語として主格を用いた文と考えればよい。

Ken is a student who the teachers believe the student is honest.

53 【関係代名詞の as の頻出表現】

as is often the case with ~
「～にはよくあることだが」
as is usual with ~
「～にはいつものことだが」
as is evident from ~
「～から明らかだが」
as might be[have been] expected
「期待されたように」

12 形容詞 …p173

1 【特定の名詞と結びつく形容詞】

Ⅰ large/small で大小を表す名詞
amount, audience, income, number, population, quantity, salary
Ⅱ high/low で多少を表す名詞
income, fee, price, salary, wage

12 【〈人〉を主語にできない形容詞】

convenient「便利な，都合がよい」,
inconvenient「不便な，都合が悪い」,
necessary「必要な」, unnecessary
「不必要な」, possible「可能な」

27 【名詞修飾ができない形容詞】

afraid「恐れている」, alike「似ている」,
alive「生きている」, ashamed「恥じて」,
asleep「眠っている」,
awake「目が覚めている」,
aware「気づいている」

13 副詞 …p187

6 【名詞と間違いやすい副詞】

abroad「海外へ」, overseas「海外へ」,
home「家へ」, downtown「繁華街へ」,
upstairs「階上へ」, downstairs「階下へ」,
indoors「屋内へ」, outdoors「屋外へ」,
next door「隣へ」

9 【文と文の意味をつなぐ副詞】

Ⅰ 追加
also, besides, moreover, in addition
Ⅱ 逆接・対立
however, though, nevertheless, still, yet
Ⅲ 因果関係
therefore, consequently, hence
Ⅳ 言いかえ
namely, that is(to say)
Ⅴ 例示
for example, for instance

20【first に関する表現】

① at first「初めのうちは」
原則，後に but/later/then などがきて状況・事態が変わる場合。
② firstly/in the first place/first of all
「最初に，第一には」
③ for the first time
「(それまでになく経験上) 初めて」
④ the first time S V ~
「初めて~したときに」
接続詞として用いられる。

14 比較   …p199

10【比較慣用表現】

not so much *A* as *B*/*B* rather than *A*/
more *B* than *A*/less *A* than *B*
「*A* というよりむしろ *B*」
as+ 原級 +as any *A*〈単数名詞〉
「どんな *A* にも劣らず~」
as +原級+ as ever「いつも通り~」
as +原級+ as ever lived「並外れた~」
as +原級+ as can be「この上なく~」
as many *A*〈複数名詞〉「同数の *A*」
as good as *A*〈形容詞・副詞〉
「*A* も同然で」
as many[much] as *A*〈数詞を含む名詞〉
「*A* も多く」(数や量の多さを強調)
as recently as *A*「つい (最近の)*A*」
as early as *A*「早くも *A*」
not so much as *do* ~
「~さえもしないで」
without so much as *doing* ~
「~さえもしないで」
go so far as to *do* ~「~しさえする」

16【倍数表現】

half as +原級+ as *A*「*A* の半分の~」
one-third[a third] as +原級+ as *A*
「*A* の3分の1の~」
one and a half times as +原級+ as *A*
「*A* の1.5倍の~」

19【倍数の書きかえ表現】

... times as deep as *A*
... times the depth of *A*
「*A* の…倍深い」
... times as high as *A*
... times the height of *A*
「*A* の…倍高い」
... times as large as *A*
... times the size of *A*
「*A* の…倍大きい」
... times as long as *A*
... times the length of *A*
「*A* の…倍長い」
... times as wide as *A*
... times the width of *A*
「*A* の…倍幅広い」
... times as heavy as *A*
... times the weight of *A*
「*A* の…倍重い」

31 【to を用いて比較対象を表す表現】

be superior to *A*「*A* より優れている」
be inferior to *A*「*A* より劣っている」
be senior to *A*「*A* より年上である」
be junior to *A*「*A* より年下である」
prefer *A* to *B*「*B* より *A* を好む」

39 【比較の書きかえ表現】

no more than *A* ＝ only *A*
「ほんの *A* だ，*A* にすぎない」
not less than *A* ＝ at least *A*
「少なくとも *A*」
not more than *A* ＝ at most *A*
「せいぜい *A*，多くても *A*」
no less[fewer] than *A*
＝ as much [many] as *A*「*A* も（多く）」

41 【最上級の意味になる重要構文】

「時間ほど貴重なものはない。」
① Nothing is so (as) precious as time.
② There is nothing so (as) precious as time.
③ Nothing is more precious than time.
④ There is nothing more precious than time.
⑤ Time is more precious than anything else.
⑥ Time is the most precious thing of all.

16 代名詞 …p231

11 【another/the other/others/the others の使い分け】

Ⅰ 全体が2つ［人］のとき
one 〜, the other...

Ⅱ 全体が3つ［人］のとき
one 〜, another..., the other 〜

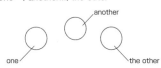

Ⅲ 全体が3つ［人］以上のとき
one 〜, the others...

Ⅳ その他のとき
① some 〜, others...

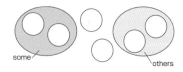

② some 〜, the others...

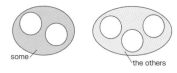

35 【most と almost の用法】

「〜のほとんど」という意味を表すとき，以下のような表現を用いる。

① most ＋名詞

（＝）almost all ＋名詞

② most of ＋限定名詞

（＝）almost all (of) ＋限定名詞

17 前置詞 …p245

■ 【時に関する重要表現】

① at

at five「5時に」, at noon「正午に」, at midnight「真夜中に」

② on

on Sunday「日曜に」, on May 10th「5月10日に」, on the weekend「週末に」, on the evening of May 10th「5月10日の夕方に」

③ in

in 2020「2020年に」, in March「3月に」, in the morning「午前に」, in summer「夏に」, in the 21th century「21世紀に」

18 特殊構文 …p265

■ 【「決して〜ない」を表す表現】

anything but 〜 / by no means 〜 /
far from 〜 / in no sense 〜 /
in no way 〜 /not 〜 in the least /
on no account 〜 /
under no circumstances 〜

INDEX

索引

この索引には，解説や語彙リストに掲載されている語法・熟語がアルファベット順に整理されています。

【備考】
※単語は掲載していません。
※解説によって表記が異なる場合もありますが，索引では表記を統一しています。
※見出し語の横にある数字はページ数です。

大学受験　一問一答シリーズ

英文法・語法 一問一答【完全版】

発行日：2021 年 12 月 22 日　初版発行

著　者：慎一之
発行者：永瀬昭幸
発行所：株式会社ナガセ
〒180-0003　東京都武蔵野市吉祥寺南町 1-29-2
出版事業部（東進ブックス）
TEL：0422-70-7456／FAX：0422-70-7457
www.toshin.com/books/（東進WEB書店）
（本書を含む東進ブックスの最新情報は，東進WEB書店をご覧ください）

編集担当：山鹿愛子

編集協力・校閲：日本アイアール株式会社
制作協力：柏木恵未　大澤ほの花　藪野三音奈　山蔦千尋
三木龍瑛　梁瀬善実　山下芽久
カバーデザイン：LIGHTNING
本文デザイン：東進ブックス編集部
イラスト：新谷圭子
音声収録：一般財団法人英語教育協議会（ELEC）
音声出演：Josh Keller　Rachel Walzer
DTP・印刷・製本：シナノ印刷株式会社

© SHIN Kazuyuki 2021　Printed in Japan
ISBN978-4-89085-882-8　C7382

合格の秘訣1 **全国屈指の実力講師陣**

東進の実力講師陣
数多くのベストセラー参考書を執筆!!

東進ハイスクール・
東進衛星予備校では、
そうそうたる講師陣が君を熱く指導する!

　本気で実力をつけたいと思うなら、やはり根本から理解させてくれる一流講師の授業を受けることが大切です。東進の講師は、日本全国から選りすぐられた大学受験のプロフェッショナル。何万人もの受験生を志望校合格へ導いてきたエキスパート達です。

英語

日本を代表する英語の伝道師。ベストセラーも多数。
安河内 哲也 先生
[英語]

予備校界のカリスマ。抱腹絶倒の名講義を見逃すな。
今井 宏 先生
[英語]

「スーパー速読法」で難解な長文問題の速読即解を可能にする「予備校界の達人」!
渡辺 勝彦 先生
[英語]

雑誌『TIME』やベストセラーの翻訳も手掛け、英語界でその名を馳せる実力講師。
宮崎 尊 先生
[英語]

情熱あふれる授業で、知らず知らずのうちに英語が得意教科に!
大岩 秀樹 先生
[英語]

国際的な英語資格(CELTA)に、全世界の上位5%(Pass A)で合格した世界基準の英語講師。
武藤 一也 先生
[英語]

数学

数学を本質から理解できる本格派講義の完成度は群を抜く。
志田 晶 先生
[数学]

「ワカル」を「デキル」に変える新しい数学は、君の思考力を刺激し、数学のイメージを覆す!
松田 聡平 先生
[数学]

短期間で数学力を徹底的に養成、知識を統一・体系化する!
沖田 一希 先生
[数学]

国語

東大・難関大志望者から絶大なる信頼を得る本質の指導を追究。

栗原 隆 先生
[古文]

ビジュアル解説で古文を簡単明快に解き明かす実力講師。

富井 健二 先生
[古文]

縦横無尽な知識に裏打ちされた立体的な授業に、グングン引き込まれる！

三羽 邦美 先生
[古文・漢文]

幅広い教養と明解な具体例を駆使した緩急自在の講義。漢文が身近になる！

寺師 貴憲 先生
[漢文]

文章で自分を表現できれば、受験も人生も成功できますよ。「笑顔と努力」で合格を！

石関 直子 先生
[小論文]

理科

丁寧で色彩豊かな板書と詳しい講義で生徒を惹きつける。

宮内 舞子 先生
[物理]

化学現象の基本を疑い化学全体を見通す"伝説の講義"

鎌田 真彰 先生
[化学]

全国の受験生が絶賛するその授業は、わかりやすさそのもの！

田部 眞哉 先生
[生物]

地歴公民

入試頻出事項に的を絞った「表解板書」は圧倒的な信頼を得る。

金谷 俊一郎 先生
[日本史]

つねに生徒と同じ目線に立って、入試問題に対する的確な思考法を教えてくれる。

井之上 勇 先生
[日本史]

"受験世界史に荒巻あり"といわれる超実力人気講師。

荒巻 豊志 先生
[世界史]

世界史を「暗記」科目だなんて言わせない。正しく理解すれば必ず伸びることを一緒に体感しよう。

加藤 和樹 先生
[世界史]

わかりやすい図解と統計の説明に定評。

山岡 信幸 先生
[地理]

政治と経済のメカニズムを論理的に解明しながら、入試頻出ポイントを明確に示す。

清水 雅博 先生
[公民]

革新的な学習システム

東進には、第一志望合格に必要なすべての要素を満たし、抜群の合格実績を生み出す学習システムがあります。

映像による授業を駆使した最先端の勉強法

高速学習

一人ひとりの
レベル・目標にぴったりの授業

　東進はすべての授業を映像化しています。その数およそ1万種類。これらの授業を個別に受講できるので、一人ひとりのレベル・目標に合った学習が可能です。1.5倍速受講ができるほか自宅のパソコンからも受講できるので、今までにない効率的な学習が実現します。

1年分の授業を
最短2週間から1カ月で受講

　従来の予備校は、毎週1回の授業。一方、東進の高速学習なら毎日受講することができます。だから、1年分の授業も最短2週間から1カ月程度で修了可能。先取り学習や苦手科目の克服、勉強と部活との両立も実現できます。

現役合格者の声

東京大学 理科一類
佐藤 洋太くん
東京都立 三田高校卒

　東進の映像による授業は1.5倍速で再生できるめ効率がよく、自分のペースで学習を進めることができました。また、自宅で授業が受けられるなど、東進のシステムはとても相性が良かったです。

先取りカリキュラム（数学の例）

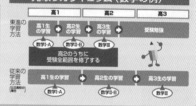

目標まで一歩ずつ確実に

スモールステップ・
パーフェクトマスター

自分にぴったりのレベルから学べる
習ったことを確実に身につける

　高校入門から超東大までの12段階から自分に合ったレベルを選ぶことが可能です。「簡単すぎる」「難しすぎる」といったことがなく、志望校へ最短距離で進みます。
　授業後すぐに確認テストを行い内容が身についていたかを確認し、合格したら次の授業に進むので、わからない部分を残すことはありません。短期集中で徹底理解をくり返し、学力を高めます。

現役合格者の声

慶應義塾大学 法学部
赤井 英美さん
神奈川県 私立 山手学院高校卒

　高1の4月に東進に入学しました。自分に必要な教科や苦手な教科を満遍なく学習できる環境がとても良かったです。授業の後にある「確認テスト」は内容が洗練されていて、自分で勉強するよりも、効率よく復習できました。

パーフェクトマスターのしくみ

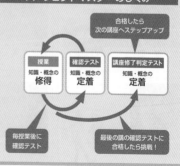

徹底的に学力の土台を固める
高速マスター 基礎力養成講座

高速マスター基礎力養成講座は「知識」と「トレーニング」の両面から、効率的に短期間で基礎学力を徹底的に身につけるための講座です。英単語をはじめとして、数学や国語の基礎項目も効率よく学習できます。インターネットを介してオンラインで利用できるため、校舎だけでなく、自宅のパソコンやスマートフォンアプリで学習することも可能です。

現役合格者の声

早稲田大学 政治経済学部
小林 隼人くん
埼玉県立 所沢北高校卒

受験では英語がポイントとなることが多いと思います。英語が不安な人には「高速マスター基礎力養成講座」がぴったりです。頻出の英単語や英熟語をスキマ時間などを使って手軽に固めることができました。

東進公式スマートフォンアプリ

スマートフォンアプリでスキマ時間も徹底活用！

東進式マスター登場！
（英単語／英熟語／英文法／基本例文）

1）スモールステップ・パーフェクトマスター！
頻出度（重要度）の高い英単語から始め、1つのSTEP（計100語）を完全修得すると次のSTAGEに進めるようになります。

2）自分の英単語力が一目でわかる！
トップ画面に「修得語数・修得率」をメーター表示。自分が今何語修得しているのか、どこを優先的に学習すべきなのか一目でわかります。

3）「覚えていない単語」だけを集中攻略できる！
未修得の単語、または「My単語（自分でチェック登録した単語）」だけをテストする出題設定が可能です。
すでに覚えている単語を何度も学習するような無駄を省き、効率良く単語力を高めることができます。

「共通テスト対応英単語1800」2021年共通テストカバー率99.8%！

君の合格力を徹底的に高める
志望校対策

第一志望校突破のために、志望校対策にどこよりもこだわり、合格力を徹底的に極める質・量ともに抜群の学習システムを提供します。従来からの「過去問演習講座」に加え、AIを活用した「志望校別単元ジャンル演習講座」が開講。東進が持つ大学受験に関するビッグデータをもとに、個別対応の演習プログラムを実現しました。限られた時間の中で、君の得点力を最大化します。

現役合格者の声

大阪大学 医学部医学科
二宮 佐和さん
愛媛県 私立 済美平成中等教育学校卒

東進の「過去問演習講座」は非常に役に立ちました。夏のうちに二次試験の過去問を10年分解くことで、今の自分と最終目標までの距離を正確に把握することができました。大学別の対策が充実しているのが良かったです。

大学受験に必須の演習
▌過去問演習講座

1. 最大10年分の徹底演習
2. 厳正な採点、添削指導
3. 5日以内のスピード返却
4. 再添削指導で着実に得点力強化
5. 実力講師陣による解説授業

東進×AIでかつてない志望校対策
▌志望校別単元ジャンル演習講座

過去問演習講座の実施状況や、東進模試の結果など、東進で活用したすべての学習履歴をAIが総合的に分析。学習の優先順位をつけ、志望校別に「必勝必達演習セット」として十分な演習問題を提供します。問題は東進が分析した、大学入試問題の膨大なデータベースから提供されます。苦手を克服し、一人ひとりに適切な志望校対策を実現する日本初の学習システムです。

志望校合格に向けた最後の切り札
▌第一志望校対策演習講座

第一志望校の総合演習に特化し、大学が求める解答力を身につけていきます。対応大学は校舎にお問い合わせください。

2021年東進生大勝利！
東大・難関大 現役合格 史上最高！ 続出

東大 現役合格 日本一！[※1]

816名

現役のみ！講習生含まず！

816名

昨対 +14名

東進史上最高記録を更新!!

史上最高！ 現役のみ！講習生含まず！

801名 802名 753名 742名 725名

'16 '17 '18 '19 '20 '21

文科一類 131名	理科一類 294名
文科二類 111名	理科二類 121名
文科三類 96名	理科三類 40名
	推薦 23名

※1 東大現役合格実績をホームページ・パンフレット・チラシ等で公表している予備校の中で2020年東進調べ。

東進生現役占有率 36.4%

現役合格者の36.4%が東進生！[※2]

※2 今年の東大全体の現役合格者は2,236名、東進の現役合格者は816名。東進生の占有率は36.4%、現役合格者の2.8人に1人が東進生です。

国公立 医・医

920名 昨対 +143名

東進生が超難関を続々突破！

920名

史上最高！ 現役のみ！講習生含まず！

754名 777名

'19 '20 '21

現役合格者の30.1%が東進生！

今年の全大学の合格者数は公表されていないため、仮に昨年の現役合格者数（推計）を分母として東進生占有率を算出すると、現役合格者における東進生の占有率は30.1％。国公立医学部医学科の3.4人に1人が東進生となります。

東進生現役占有率 30.1%

早慶

5,193名 昨対 +557名

5,193名

史上最高！ 現役のみ！講習生含まず！

4,511名 4,636名

'19 '20 '21

| 早稲田大 3,201名 | 慶應義塾大 1,992名 史上最高！ |

上理明青立法中 18,684名 昨対 +2,813名

18,684名

現役のみ！講習生含まず！

15,871名 15,871名

'19 '20 '21

上智大 1,314名	東京理科大 2,441名	明治大 4,555名
青山学院大 1,943名	立教大 2,464名 史上最高！	法政大 3,170名
中央大 2,797名		

関関同立

11,801名 昨対 +934名

11,801名

史上最高！ 現役のみ！講習生含まず！

10,867名 10,867名

'19 '20 '21

| 関西学院大 2,039名 史上最高！ |
| 関西大 2,733名 |
| 同志社大 2,779名 史上最高！ |
| 立命館大 4,250名 |

私立 医・医

671名 昨対 +73名

671名

史上最高！ 現役のみ！講習生含まず！

536名 598名

'19 '20 '21

日東駒専 9,094名 史上最高！

昨対 +1,094名

産近甲龍 5,717名 史上最高！

昨対 +442名

全国公立大

16,434名 昨対 +598名

16,434名

史上最高！ 現役のみ！講習生含まず！

15,836名 15,836名

'19 '20 '21

旧七帝大 ＋東工大・一橋大

史上最高！

3,868名 昨対 +260名

京都大 461名
昨対 +10名 461名
史上最高！

北海道大 396名
昨対 +29名 396名
史上最高！

東北大 327名
昨対 +32名 327名
史上最高！

名古屋大 381名
昨対 +0名 381名
史上最高タイ！

大阪大 644名
昨対 +104名 644名
史上最高！

九州大 476名
昨対 +34名 476名
史上最高！

現役のみ！講習生含まず！

東京工業大 174名
昨対 -3名 174名

一橋大 193名
昨対 +40名 193名
史上最高！

現役のみ！講習生含まず！

ウェブサイトでもっと詳しく

東進 🔍 検索

2021年3月31日締切

付録 6

各大学の合格実績は、東進ネットワーク（東進ハイスクール、東進衛星予備校、早稲田塾）の現役生のみ、高3時在籍者のみの合同実績です。一人で複数合格した場合は、それぞれの合格者数に計上しています。